KB151314

연극치료의 이해와적용

선원필

박영story

"모든 이야기는 자기로부터 시작된다."

　지난 수십 년간 연극치료계에 있으면서 연극치료라는 단어가 피부에 와닿는다기보다 실체 없는 구름 같다는 생각이 마음 한 켠에 차지하고 있었다. 더불어 연극치료는 연극인가? 심리극인가? 놀이인가? 심리학인가? 정신분석인가? 치유연극인가? 제의적 드라마인가?라는 이 모든 실존적 고민을 학자들이 제시하는 방법으로 나아가기에는 부족한 나의 한계가 실체적 갈증으로 작용했다.

　반면 내가 겪었던 경험들은 치유현장에서 있었던 많은 사람들의 이야기가 어떤 움직임과 역할의 변형 안에서 강력한 치유와 통찰의 힘이 있다는 것을 말해주고 있었다. 물론 그것을 정리한 것이 연극치료일 것이다. 그래도 나는 선배들이 개척한 연극치료라는 이름을 쓰는 것에 편하지만은 않은 점이 있다. 그것은 학자적인 책임을 함께 해야 한다는 부담감이 작용한 것이 가장 큰 이유일 것이다. 물론 내가 배운 연극치료가 학교에 뿌리를 둔 정통성 있는 제도권 교육 기반이었다는 것에 위안을 삼고자 한다.

역할확장에서 역할소거까지

　처음이자 마지막 치유, 자기에게로 되돌아가는 것.

　그것이야말로 지금 이 시대가 갈망하는 시대정신이다. 연극치료는 역할레퍼토리의 확장이라는 목표를 가지고 있다. 현대사회에서는 시대의 패러다임에 부응하기 위해 한 개인이 다양한 역할을 수행해야 한다. 요즘 아빠는 아이들과 놀아주는 것은 물론 가사노동을 분담해야 하며, 엄마들은 육아는 물론 가정경제의 한 부분을 담당해야 하는 시대이다.

　수행해야 할 역할의 가짓수가 많아서 정신적 혼란을 겪는 현대사회와 달리, 생존과 생산에 필수인 것에 한해서만 기능하면 충분했던 원시사회는 역할의 가짓수에 적응하는 것에 별 어려움이 없었을 것이다.

　현대사회가 요구하는 수많은 역할을 수용하지 못할 때 병리적인 현상을 가져온다. 연극치료는 억압받고 억눌린 자아의 대변인으로서 역할을 향상시키는 것에 도움을 준다. 예스맨에게는 노라고 말할 수 있는 역할을 부여하고, 가해자에게는 피해자의 역할을 경험하게 하고, 피해자에게는 가해자의 경험을 하게 한다. 이렇게 두 가지의 대립적 구도를 가지고 있는 역할을 수행하다보면 많은 역할들이 발견되고 성장하게 된다. 그리하여 우리가 일상생활에서 취할 수 있는 다양한 역할들을 능수능란하게 수행하게 된다면 연극치료의 1차적 목표는 달성하게 된다.

그런데 여기서 역할과 존재라는 문제에 부딪히게 된다. 그 역할이 과연 자기일까? 상처받은 자아가 과연 존재 자체일까?라는 물음이 있어야 한다. 존재 자체는 역할들의 합일체가 아니다. 그 존재 자체는 아이들이 가지고 있는 순수함을 말한다. 아무리 역할을 많이 취득한다고 해서 존재에 접근하는 것은 아니다. 오히려 더 멀어진다. 역할의 취득은 태양에서 떨어져 나간 행성들이 자기들끼리 만나서 엄마별을 찾고자 하는 제한된 정보습득에 비유될 수 있다. 엄마별에 이르고자 할 때는 옆 행성에서 찾을 것이 아니라 가만히 귀 기울여 보면 그 태양은 바로 자신 안에 있다는 것을 깨닫게 된다. 이것을 모르면 길 잃은 두 표류자가 정글에서 만나서 서로 기뻐하는 모습과 같은 것이다. 결국 두 표류자는 서로가 기대를 했으나 같은 신세임을 깨닫게 된다.

행성들의 어머니는 자신 안에 있으며 자기 안으로 들어갈 때 태양이라는 엄마별을 만날 수 있다. 모두가 거기서 떨어져 나왔으니까. 다시 말해 행성 자신도 태양의 일부였음을 알게 된다.

그래서 연극치료로 마지막까지 갈 수 있다면 역할을 버리는 것으로 다시 시작해야 한다. 버리고 버리다 보면 더 이상 버릴 수 없는 그 무엇, 난생 처음 만나는 새롭고 야릇한 느낌, 어색하고 어리둥절하지만 발견되어지는 생전 처음으로 느껴지는 자신. 이런 것에서 다시 시작하는 것이다.

> 거짓 미소를 버리고
> 거짓 울음을 버리고
> 기계적인 근육의 움직임을 인지하고
> 자신에게 깨어있고 알아차림이 일어날수록
> 세상과의 진정한 소통이 일어난다.
> 그때 보이는 세상은 그전과 같지 않다.
> 그 누구도 자신의 길을 막을 수 없으며
> 자신이 자신다워지는 것에 그 어떤 누구도 질투와 화를 낼 수는 없다.

"나는 그 어떤 누구에게도 기대하지 않으며, 나 또한 기대하게 만들지 않는다."

얼핏 들으면 세상에 상처받은 영혼들이 더 이상 상처받지 않기 위해 마음의 문을 단단히 걸어 잠그고 외딴섬으로 스스로 고립시키는 말처럼 들린다. 그러나 이것은 상처를 극복하고 세상에 나오기 위한 당당한 독립선언으로서 이 명제만이 우리를 자유롭게 할 것이다.

우리는 참으로 남의 시선 때문에 자신이 자신다워지는 것을 못하고 살아왔다. 사랑받기 위해서 미움받지 않기 위해서 엄청난 생존전략을 펼치면서 살아왔다. 내가 나다워지기를 시작하려 하면 즉시 저항에 부딪혀 왔다. 사람들은 그것을 원하지 않았다. 다들 '너를 위해서'라고 말하지만 사실은 '내 마음에 들게 행동 해.'라는 그들 자신을 위한 것들이다.

우리는 자신의 생존을 위해 다른 사람들을 조종하며 살아왔음을 깨달아야 한다. 그것은 칭찬이든 비난이든 조종의 한 방편이었을 뿐이다. 스스로의 삶을 산다는 것은 그 조종을 포기하는 것이어야 한다. 내가 타인에게 길들여지는 것을 포기할 때 나 스스로도 타인을 조종하는 것을 포기한다. 두려움을 극복하고 용기를 내어야 한다. 어쩌면 사랑하는 사람들을 잃을지도 모른다는 공포감에 사로잡힐지도 모른다. 만약 그렇다면 우리는 사랑이 무엇인지 단 한순간도 들어가 본 적이 없는 것이다.

"Be yourself no matter what they say"

영국의 가수 Sting이 부른 노래 'Englishman in New York'의 가사 한 부분으로 뉴욕에 사는 영국인의 정체성을 노래한 것이다. 가사 말은 '다른 이들이 뭐라 해도 당신 자신이 되세요.'라는 뜻을 담고 있지만 홀로 고립된 삶을 의미하지는 않는다. 오히려 사회적 관계 속으로 더 깊이 들어가도 자신으로 살 수 있음을 노래한다.

또한 이것은 '월터의 상상은 현실이 된다'라는 영화의 명대사와 닮아 있다.

'세상을 보기 위해 무수한 장애물을 넘어, 벽을 허물고, 더 가까이 다가가 서로를 알아가고 느끼는 것. 이것이 바로 우리가 살아가는 인생의 목적이다.'

이 책은 다음과 같은 목적으로 집필되었다.

이 책은 연극치료 전공자, 상담자, 교사, 전문가들에게는 구체적 실행방법으로 지침이 되고, 일상에서 억압받고 고통받는 사람들에게는 자기치유, 자기계발의 성장이 되기를 바란다.

Part1 '연극치료'에는 연극치료를 공부하고자 하는 학생에게는 이론적 도움과 현재의 학문적 흐름을, 전문가에게는 치료경험을 공유할 수 있는 다양한 현장의 이야기들이 녹아들어 있다.

특히 현대인들에게는 스트레스 상황에 반복적으로 등장하는 14개의 주제, Part2 '연극치료와 변증구조' 부분이 행복한 삶의 지혜를 일깨우리라 믿는다. 예술치료사와 연극반 및 상담교사들은 Part3 '연극치료의 실제'가 매뉴얼로써 치료현장에서 접목하는 데 훌륭한 자원이 될 것이며, 시간이 없는 독자라면 Part4 '연극치료 Interview'만으로도 연극치료의 실증적 효과에 대한 이해가 충분히 되리라 생각한다.

이 책이 나오기까지 물심양면으로 지원해 주신 박영사의 노현 이사님과 편집자 윤혜경 님에게 감사를 드린다. 지도교수였던 정신과 의사 김정일 선생님, 연극치료를 가르쳐주신 홍유진 교수님, 현장에서 같이 연구하는 동료와 제자들, 기꺼이 삶을 회복한 내담자들, 그리고 책을 쓸 수 있도록 창조적 영감(inspiration)을 주었던 든든한 동료 마음과공간 예술심리연구소 소희정 대표님과 끝까지 믿고 지지해준 가족에게 감사를 드린다.

2019년 4월

저자 선원필

차 례

PART 03

연극치료의 실제

PART 04

연극치료 Interview

Part 01

연극치료

CHAPTER 01

연극치료의 이해

1 연극치료의 정의와 역사

1) 연극치료의 정의

연극치료는 제학문의 융합 및 학제화 현상으로 복잡다단한 영역이 유기적으로 연결된 학문이다. 그러므로 정의를 내리는 것 또한 시대와 배경, 학자들마다 견해를 달리해 왔다. 한마디로 말하면 정의 자체를 규정하는 것에 매우 많은 설명이 필요한 것이다. 연극치료를 내담자의 심리치료에 더 방점을 둘 것인지, 극예술이라는 창조성에 더 방점을 둘 것인지부터 갈린다. 대상에서도 내담자의 병적인 증상호전에 중점을 둘 것인지, 존재론적인 개인적 성장이라는 것에 더 중점을 둘 것이지도 나뉜다. 현재에 와서는 연극치료를 바라보는 학자 및 실천가들의 인간관, 예술관, 세계관이 들어가 있는 아주 복잡한 문제를 일으켜 나중에는 영혼의 영적인 문제까지 포함하려고 하는 경향이 있다.

그럼에도 불구하고 고전적으로 사용되는 정의는 다음과 같다.

연극치료에 대해 영국 연극치료협회(B.A.D. 1979)에서는 "연극치료는 사회적, 심리적 문제와 정신 질환 및 장애를 이해하고 증상을 완화시키며 상징적 표현을 촉진하는 수단으로서 그것을 통해 내담자들을 음성적이고 신체적인 소통을 유발하는 창조적 구조 안에서 개인과 집단으로서 자신을 만날 수 있다."라고 말한다.

전미 연극치료협회(N.A.D. 1982)에서는 "연극치료는 증상 완화, 정서적이고 신체적인 통합, 개인의 성장이라는 치료 목표를 성취하기 위해 의도적으로 연극을 활용하는 것이다"라고 정의하고 있다.

데이비드 리드 존슨(Darid Read Johns, 1980)은 "연극치료는 다른 예술치료(미술, 음악, 무용)처럼 창조적 매체를 심리치료에 활용하는 것이다. 구체적으로 말하자면 내담자와 치료사간에 치료적 이해가 확립된 상태에서 치료 목표가 진행되는 활동의 우연한 부산물이 아니라 그에 우선하는 그런 활동을 말한다."라고 정의한다.

수 제닝스(Sue Emmy Jennings)는 "극적구조를 사용해 내담자가 현실과 상상을 오가는 특별한 공간 속에서 일어나는 사회적 만남 가운데 통찰을 얻고 감정을 탐험할 수 있도록 돕는 드라마를 통한 치유"라고 정의하였다.

한국공연예술치료협회에서는 다음과 같이 정의한다. "연극치료는 연극 및 연극의 본질을 이용하여 내담자의 정서, 인지, 행동상의 변화를 추구하는 심리치료이다. 여기서 연극이라 함은 흔히 우리가 직관적으로 생각하는 고유한 상연행위이며, 연극의 본질이라 함은 가상과 현실을 오가는 극적행위를 말한다."

정서적 표현은 기쁨, 슬픔, 분노 등 다양하다. 그 감정이 무엇을 의미하는지 의식적으로 인식 가능하도록 해야 하는 것이 인지적 변화이다. 슬프면 울고, 기쁘면 웃고, 화나면 소리지르는 등 내적정서와 외적표현 방법이 등가가치를 이루도록 해야 한다. 그것이 행동상 변화의 첫 출발점이다. 행동상의 변화를 위해서는 특별히 발성, 제스처, 역할모방훈련이 필요할 때가 있다.

2) 연극치료의 역사

연극치료의 역사를 보려면 선사시대 고대 원시인들의 예술적 행위까지 거슬러 올라간다. 그들은 현재의 영속성과 공동체의 결속을 위해 일정한 의식을 행했다. 거기에는 소리, 타악기, 춤 등이 무속의 형태로 있었고 전체적인 스토리는 연극적 형태를 띠고 있다. 개인의 치유를 위해서도 무속은 다양한 나라에서 여러 형태로 기능하였다.

아리스토텔레스는 연극의 정화적 기능에 대해 이야기 하였다. 고대 그리스인들은 연극의 카타르시스를 통하여 내적 갈등과 부정적 감정들을 해소하였으며 해학과 유머로서 현실에서 균형감을 유지하였다. 그러나 연극의 이러한 치료기능에도 불구하고 연극치료(drama therapy)라는 단어가 학문적 영역에서 공식적으로 등장하기까지는 오랜 시간이 걸렸다.

구체적인 현대 연극의 시도에 대해 기록된 것으로 가장 오래된 것은 프랑스의 드 세이드(De Sade, 1740–1814)에 의한 것이라고 할 수 있다. 성추행과 관련된 범죄자 경력을 가지고 있던 De Sade는 그가 한때 수감되었던 정신병동에서 환자들을 위한 대본을 쓰고 연극 공연을 함으로써 극한 상황에 처한 수감자나 환자들에게 치유와 해방감을 주는 의도적인 연극치료를 시도하였다.

이러한 측면에서 De Sade를 연극치료의 창시자로 간주하고 있으나 그의 시도는 개별적인 활동에 머물렀으며, 연극치료의 태동은 20세기에 들어서면서 본격적으로 시작되었다. 러시아의 블라디미르 일친(Vladimir Iljine)은 1908년에서 1917년 사이 정신병원 환자들과 정서장애 아동과의 작업, 그리고 연극 작업을 통해 '치료적 연극(therapeutic theater)'라는 방법론을 개발했다. 니콜라이 예브레이노프(Nikolai Evreinov)는 '공연치료(theatre therapy)'라는 용어를 사용해 처음으로 연극과 치료의 연계를 공식적으로 확인했고 1915년부터 1924년 사이에 공연치료와 관련된 여러 연구를 발표했다.

1920년대에 이르러서는 모레노(Moreno)가 역할 이론에 기초한 심리극을 시도하였고 1930년대에 스타니슬랍스키(Stanislawsky), 그로토프스키(Grotowski) 등이 내놓은 새로운 연극이론들과 프로이트(Freud), 융(Jung)의 심리학 이론이 현대 연극치료의 태동에 영향을 미쳤다.

연극치료라는 용어는 영국의 교육학자 피터 슬레이드(Peter Slade)가 처음 사용한 이후, 영국을 본거지로 삼아 배우와 교사로 구성된 치료극 그룹이 유럽의 여러 나라를 순회하면서 정신질환자를 치료하게 되었다. 연극치료라는 단어는 『사람됨의 길잡이로서의 연극치료(Drama therapy as an Aid to Becoming a Person)』(1959)에서 연극 교육학자이자 배우인 영국의 '피터 슬레이드(Peter Slade)'가 가장 먼저 사용하였다고 정의할 수 있다. '피터 슬레이드'는 아이들의 놀이에 관심을 기울였고 『어린이 드라마』(1954)에서 몸, 공간, 역할과의 관계 측면에서 아동의 발달을 이해하는 데 필요한 이론적이고 실제적인 틀을 제시했다. 또한, 드라마를 바탕으로 한 아이디어를 아동과 성인을 위한 치료에 적용한 최초의 영국인이다. 1976년 영국연극치료협회가 설립되었고 1979년 미국연극치료사협회가 설립되었다.

국내의 경우, 연극치료는 홍유진 박사가 1990년 '사랑의 전화 복지재단'에서 주최한

드라마 치료 워크숍을 진행하며 최초로 도입되었다. 그 이후 각 대학원에서 예술치료학과가 생겨나고 그 안에 하나의 과목으로만 편제되어 있던 연극치료는 독립된 학과로 분리되었다. 현재 동덕여자대학교와 용인대학교에 연극치료학과가 있으며 각각 한국연극치료학회와 한국연극치료협회를 운영하고 있다. 대학원 과정이 아닌 단체로는 한국공연예술치료협회와 마음과공간 예술심리연구소 및 연극치료전문가가 운영하는 개별 연구소 등에서 연극치료사 양성과정 및 내담자 치료를 운영하고 있다.

CHAPTER 02

연극치료의 이론

1 연극치료의 이론

1) 제이콥 레비 모레노의 심리극

Jacob Levy, Moreno
제이콥 레비 모레노, 정신과의사

정신과의사, 사회학자, 그리고 교육자, 심리극의 창시자, 그룹심리치료의 개척자인 그는 생애 동안 선도적인 사회과학자 중 한 명으로 인정받았다. 심리극 세션은 아직도 미국 전역에 걸쳐 심리치료 센터에서 진행되고 있고, 현재에도 그룹치료설정에서 대중적으로 남아있다. 모레노는 사회의학(Sociatry)과 사회측정학(Sociometry)이라는 용어를 만들어 내었다. 그는 건강한 사회적 관계를 언급하기 위해 Sociatry를 사용했고 그것은 역동적 정신의학의 진보뿐만 아니라 사회학의 국경을 통합하는 하위분야가 있음을 제안한 것이다. Sociometry는 사회적 관계를 측정하기 위한 정량적 방법이다. 모레노는 "집단의 진화와 조직에 대한 탐구와 그 안에 있는 개인의 위치"라고 정의하면서 개인 간의 관계에 대한 과학적 연구로서 Sociometry를 제안했다. 현재는 사회학 분야에서 소셜네트워크 분석을 개발하는 데 도움을 주고 있다.

① 심리극의 기본개념

◎ 역할

자아(self)는 역할에 의해 만들어진다. 자아가 형성되기 이전에 역할이 부여되기 때문에 자아보다 역할이 먼저라고 본다. 역할은 본인이 인지할 수 있는 자기의 실제이다. 모레노는 여기에 두 가지 정의를 내리고 있다. "개인이 다른 사람이나 대상이 관련된 특정한 상황에 반응하는 특정한 순간에 취하는 기능적인 형식" 그리고 "개인이 겪은 특별한 작용 범위에서 모든 상황의 최종적인 결정화"라고 하였다. 모레노는 반대역할에 대해서도 언급했는데, 사람들은 그것으로부터 그들의 사회적 세계에서 타자(他者)를 본다고 하였다.

◎ 텔레

텔레란 사람과 사람 사이에 당기고 밀어내는 감정의 기본 단위이다. 일반적으로 확장이 되면 입자와 입자, 사람과 환경, 자연 등으로 범위를 넓혀나갈 수 있다. 인간과 인간사이의 텔레는 직관적인 느낌이나 감각적인 오감의 형태로 다가온다. 좋고 싫은 느낌, 밀어내고 당기는 느낌, 적극적이거나 소극적인 느낌, 밀착과 분리의 느낌 등으로 나타난다. 관계적 차원에서 그것은 좋아한다 싫어한다, 친밀감이 강하다 약하다, 상호성이 있다 없다, 호혜성이나 수용성이 많다 적다 등으로 표현된다.

◎ 자발성

자발성은 낡은 역할을 버리고 새로운 역할을 습득하기 위한 기본 전제이다. 반복되고 익숙한 상황에서는 기존의 행동방식을 버리고 새로운 선택을, 낯선 상황에서는 얼어붙어 버리는 기존의 패턴을 버리고 적절한 반응을 할 수 있는 능력을 말한다. 모레노는 이것을 "새로운 상황에 능숙하게 반응하거나 익숙한 상황에서 새롭게 반응하는 능력이다."라고 정의했다. 자발성은 즉흥성과 함께 창조성으로 연결된다.

◎ 카타르시스

카타르시스는 무대의 배우에게 관객들이 동일시되어 그들의 감정을 배우들의 연기와 함께 밖으로 배설하는 행위이다. 모레노는 심리극 진행과정에서 카타르시스의 반응이 주인공뿐만 아니라 심리극에 참여하는 보조자아와 관객에게도 일어남을 알게 되었다. 모레노는 카타르시스를 소거와 통합의 두 유형으로 구별하였다. 소거로서의 카타르시스는 배설의 순간을 의미하고 통합의 카타르시스는 통찰의 순간을 의미한다. 모레노에게 성공적인 카타르시스는 그것이 감정의 배출이든 인지와 정서의 통합이든 자발적으로 행동할 수 있는 능력으로 특정지어진다.

② 치료목표

모레노에게 치료목표는 자발적 능력의 성장에 있고 그 목표를 정서, 행동, 인지, 영성의 네 가지 영역으로 나누어 개념화하였다. 정서영역은 카타르시스, 행동영역은 새로운 상황, 인지영역은 통찰, 영성의 영역은 인류의 깊은 연결을 경험하는 것이다.

③ 치료사의 역할

치료사는 참여자와 치료사 사이의 관계역동을 진전시키는 연출자의 역할이다. 주인공의 자발성을 높여 불안감을 해소하는 방향으로 드라마를 이끌며 보조자아와 주인공이 상황 속에서 유기적 관계를 맺고 문제를 탐색하고 갈등을 해결하도록 돕는다.

2) 로버트 랜디의 역할이론

로버트 랜디는 Licensed Creative Arts Therapist(LCAT) 창작예술치료사, Registered Drama Therapist(RDT) 드라마 치료사 및 Board Certified Trainer(BCT) 공인 트레이너이다. 드라마 테라피 분야의 선구자로서 국제적으로 전문가를 훈련하고 강연을 하고 있다. 드라마 치료사로서 랜디는 35년 이상의 임상 경험을 가지고 있으며, 다양한 정신, 인지 및 조정 문제를 가진 어린이와 성인을 치료하고 있다. 그는 뉴욕 주 교정시설 내의 재소자와 함께 작업을 하고 있으며, 일반인뿐만 아니라 정신질환자를 치료하는 프로그램을 개발했다.

① 역할이론의 기본개념

◉ 역할과 반대역할

역할과 반대역할은 기본적으로 모레노의 역할개념에 바탕을 두고 있다. 역할은 고대 그리스 시대 연극에서 대사를 적어놓은 두루마리 종이를 말한다. 현재로 본다면 일종의 대본 같은 것이다. 시간이 지나면서 그 대사를 말하는 사람으로 연결되었다. 대본을 리딩하면서 역할에 나온 인물을 분석하면서 배우들은 연기를 한다.

연극치료에서 역할은 개인이 마음으로나 실제 세계에서 행동할 때 활성화하는 인성의 여러 부분 중 하나를 말한다. 역할은 그 유형과 대척되는 지점에 특정한 행동유형을 갖는 반대역할이 있다. 융의 성격유형분류체계에서 대극성 개념으로 외향성과 내향성, 사고와 감정, 감각과 직관, 인지와 판단 등의 유형으로 이해할 수 있다. 이 대극성 개념은 한 쌍을 이룬다. 동전의 앞뒤면과 같이 한 쌍으로 붙어 다닌다고 할 수 있다. 어느 한 면이 활성화되면 다른 한 면이 비활성화되는 것이다.

Robert J. Landy 로버트 랜디,
뉴욕대학교 응용심리학과 교수

역할 유형 분류체계

랜디는 융의 성격유형분류체계에서 나온 아이디어로서 역할유형분류체계를 정립하였다. 랜디는 연극치료의 기원을 연극예술로 보았기 때문에 고대 희랍극에서 현대극까지의 희곡을 참고하여 역할이 지금까지 이어져 오면서 반복적으로 등장하는 인물을 선정했다. 그리고 그는 신체적, 인지적, 정의적, 사회적, 영적, 미적영역 이렇게 6가지 영역으로 분류했다. 이것은 융의 4가지 유형을 확장한 것으로 랜디가 별도로 추가한 2가지 영역, 즉 사회적영역과 미적영역은 서로 꼭 대극을 이루지는 않지만 한 역할 내에서 상호 모순되는 역할 유형을 포함하기도 한다.

역할특성, 기능, 스타일

역할유형은 역할의 특성에 의해 구분되고 기능에 따라 세분화된다. 스타일은 역할이 극화되는 행동적 양식을 말한다. 예를 들면 군인은 용맹한 특성이 있고, 외부의 위험으로부터 자국을 보호하는 기능을 하며, 싸울 때는 총을 들고 소리를 지르면서 전진하는 스타일을 갖고 있다.

◎ 역할, 반대역할, 안내자

역할과 반대역할은 역할유형분류체계 안에서 반드시 고정된 쌍으로 존재하지는 않는다. 분류체계에 속한 어떤 역할과도 대극을 이룰 수 있다. 역할이론에서 역할과 반대역할을 이어주는 가교역할을 하는 것이 안내자이다. 안내자는 두 대립 쌍을 이어주고 통합할수 있는 가능성을 제시한다. 치료현장에서는 주로 연극치료사가 안내자의 특성과 기능을취한다.

◎ 역할체계

역할체계는 배우들이 연기할 수 있는 역할의 총체를 말한다. 일상생활에서 현실의 주인공 역시 6영역의 역할을 고루 연기할 수 있는 능력을 가지고 있다. 얼마든지 가해자이면서 피해자일 수 있다. 역할체계는 사람과 사람 사이에서만 존재하지는 않는다. 개인의 내적에서 여러 개로 나누어진 인성의 여러 측면에서도, 자연과 우주를 대상으로도 존재한다.

② 치료목표

역할이론의 치료목표는 균형이다. 한 쪽으로 치우친 역할에 반대역할의 특성을 확장해서 균형감을 가지는 것이다. 문제가 되는 역할이 안내자의 도움을 받아 반대역할과 통합되는 것을 말한다. 참여자가 역할, 반대역할, 안내자를 연기하면서 균형이라는 목표에도달하는 것이다.

③ 치료사의 역할

랜디에게 있어서 치료사의 역할은 안내자이며 목격자이다. 안내자란 역할, 반대역할,안내자 개념에서 참여자가 역할과 반대역할을 통합할 수 있도록 역할체계를 이용하여 도움을 주는 것이다. 목격자란 참여자가 스스로 역할, 반대역할, 안내자 역할을 골고루 해내는 과정을 지켜봐 주는 것이다.

연극적으로 말한다면, 치료과정에서 참여자가 스스로 모든 역을 해낼 수 있도록 독려한다는 관점에서는 심리극의 연출가에 가깝다. 그러나 특별한 상황에서는 치료사가 장면으로 들어가 역할을 입기도 한다. 치료사는 참여자와 지나치게 거리를 두지도 않고 지나치게 밀착하지 않으면서 연출가의 입장을 유지하는 것이다.

3) 데이비드 리드 존슨의 발달적변형

데이비드 리드 존슨은 코네티컷에서 면허를 받은 임상심리학자이며, 예일대학교 의과대학 정신의학과 준회원 임상 교수이다. 북미연극치료협회(North American Drama Therapy Association; NADTA)의 회장을 지냈으며 드라마 치료사(Registered Drama Therapist; RDT) 및 공인 트레이너(Board Certified Trainer; BCT)이다. 발달변형연구소의 디렉터로서 뉴이븐의 외상 후 스트레스장애 센터의 공동 감독자이다. 그는 창조적인 예술치료 분야에서 선도적인 인물로 일해 왔으며 심리적 외상, 연극치료 및 창의적인 예술 치료에 대한 수많은 기사와 책을 출판했다.

David read. Johnson 데이비드 리드 존슨,
예일대학교 정신과교수

① 발달적변형의 기본개념

○ 체현

체현이란 관념적인 것을 구체적인 행동이나 형태로 표현하거나 실현하는 것이다. 존슨은 발달적변형을 "놀이공간에서 체현된 만남"이라고 정의한다. 체현이란 몸을 중심으로 활동하는 작업이고 "몸은 현재이고 실제이다. 몸은 에너지고 표상이다."라고 했다.

인간의 욕구나 의식, 느낌, 감정 등은 결국 몸을 통해서 표현된다. 그것이 아무리 심오한 철학이나 영적인 것이라 할지라도 그것을 담아내는 그릇은 결국 몸이다. 몸을 통해서 나오는 소리, 몸짓, 표정, 언어 등이 한 존재가 접촉할 수 있는 체현의 과정이다. 치료사는 이 체현의 과정이 계속해서 움직이게 한다는 목표 아래, 몸으로부터 나오는 흐름을 측정하고 그 흐름을 조정하는 것을 돕는다.

체현의 과정은 4단계로 이루어져 있다. 첫 번째 단계는 타자로서의 몸이다. 개인은 자신의 몸을 다른 사람에게 지각되는 객체로서 경험한다. 많은 사람들이 모인 곳에서 주목을 받는 상황에서 경험하는 자신의 몸이다. 백인이거나 흑인이거나, 키가 크거나 작거나, 몸무게가 많거나 작거나 이런 식으로 자신의 몸을 경험한다.

두 번째 단계는 페르소나로서의 몸이다. 자신의 몸을 사회적 범주를 벗어나서 개인적으로 경험하는 것이다. '내 몸은 곧 나다.'라고 인식하게 되므로 그 몸 안에는 그 사람의 개인적 역사, 직업, 성격, 능력, 숨기고 싶고 드러내고 싶은 것 등 모든 것이 반영되어 있다. 내담자 역시 작업할 때 치료사의 몸을 그 인성과 정체성의 반영으로 보게 된다. 타자로서의 몸을 떠나 그가 어떤 사람인지에 관심을 갖게 된다.

세 번째 단계는 욕망으로서의 몸이다. 이 단계는 치료사와 내담자가 좀 더 친숙해지면 발전하는 영역이다. 두 번째 단계인 인성의 반영으로서 몸을 지나 충동과 감각의 통로로 경험하는 몸이다. 친밀하고 정서적인 관계 속에서 냄새, 신체감각, 두려움, 혐오감, 질투, 공포, 매력, 저항, 환상 등을 자각한다. 한편 대상에게 접근하고 또는 멀어지기를 바라며 이때 타인의 몸은 위험이나 지지의 근원이 된다.

네 번째 단계는 현존으로서의 몸이다. 앞의 1~3단계를 넘어서 경험하는 몸이다. 타자로서의 몸, 페르소나로서 몸, 욕망으로서의 몸이 아니라 다만 살아있음을 알아차리되 형식이 존재하지 않는 비어있음 즉, 존재 그 자체로서의 몸이다. 호흡을 알아차리고, 내면의 생명에너지를 느끼고, 모든 생명체와 깊이 연결된 유대감을 느끼게 되는 단계이다.

이렇게 발달변형(DvT)이론은 프로이트 정신분석의 자유연상, 대상관계이론, 로저스의 내담자 중심치료, 어텐틱무브먼트, 무용치료, 실존철학(sartre), 포스트모더니즘, 불교가 포함되어 있다.

◉ 만남

여기서 말하는 만남이란 치료사와 참여자가 의자에 앉아있는 형식적이고 정형화된 만남이 아니다. 발달적 변형에서 만남이란 치료사와 참여자의 본질적인 관계를 방해하는 장애물을 제거하기 위해서 상호주관적인 참 만남을 핵심요소로 한다. 참여자는 오롯이 치료사를 놀잇감처럼 데리고 논다. 치료사는 기꺼이 놀잇감이 되고 참여자가 '요구하는 것'을 연기하면서 내담자의 주제가 드러나게 해준다. 존슨은 이것을 충실한 번역(rendering)이라고 부른다. 이것은 로저스가 말한 치료사가 참여자입장이 되는 감정이입 기법과 같다. 다만 그것이 무대라는 것만이 다를 뿐이다.

타인의 시선에서 벗어나 자기 자신으로서 다른 사람과의 만남은 참으로 경이로운 것이다. 타인의 시선에 갇히면 자신 또한 다른 대상에게 지배받는 타자로서 자신을 경험할수 밖에 없다. 이런 만남에는 방어기제가 작동하고 페르소나로서의 역할과 행동으로 자신을 은폐하게 된다. 그러나 참여자와 치료사 사이에 본질적인 관계를 방해하는 장애물

(타인의 시선, 형식, 페르소나, 몸)이 제거되면 놀이공간을 매 순간 현재 존재함으로 가득 채운다.

◎ 놀이공간

놀이공간은 발달변형이 이루어지는 물리적인 치료공간을 말한다. 여기에 가상의 무대라는 설정과 함께 일어나는 놀이가 가상임을 상호 합의하는 것이다.

놀이공간의 3가지 필수 요소가 있다. 첫 번째 상해에 대한 규제이다. 몰입은 과도한 신체상의 활동을 가져오게 되고 그로 인해 놀이공간이 위협적이거나 폭력적이게 될 가능성이 있다. 상해의 가능성이 있다면 제재가 필요하고 신체적 상해를 입게 되면 놀이는 중단되어야 한다. 한편 모든 참여자들이 합리적인 만장일치로 어떤 행위가 이해될 때는 놀이공간은 그대로 유지한다.

두 번째는 가상과 현실이 동시에 소통되는 어긋난 대화이다. 놀이공간은 어긋나는 대화로 구성된다. 놀이공간에서 참여자들은 가상과 현실을 오가는 표현을 하며, 놀이공간과 실제세계의 경계는 표현의 내용과 더불어 극으로 표현된다고 말한다. 그러므로 놀이공간은 거짓말 자체로도 진실세계를 담고 있다.

세 번째는 참여자 간의 상호 합의이다. 놀이공간은 참여자들이 상호 작용하는 주관적인 경험이다. 서로의 의견이나 행동이 상충되고 모순될 때 그것을 인지하고 상호 관계를 함께 나눈다.

이런 장치들은 놀이공간을 상호 합의적인 이해관계 아래 윤리적이고 안전하게 만들어 준다.

② **치료목표**

발달변형은 무엇보다 유연한 사고와 자유로운 신체를 통하여 근원과 자기와 타자의 일치를 목표로 한다. 사고가 경직되면 신체도 경직되고, 신체가 경직되면 사고도 경직된다. 이것은 무엇인가 견고하고 심각한 것들로 우리를 가득 채운다. 존슨은 "체현된 행동을 통해 놀이공간에서 타자를 온전히 만날 수 있는 능력이 창조적인 인간으로 살 수 있게 한다."고 했다.

③ 치료사의 역할

치료사는 내담자의 전이인물, 드라마의 인물, 연출가, 사이드코치, 진행자, 안내자, 샤먼으로서의 치료사, 놀잇감, 목격자의 역할을 한다. 놀이공간 안에서 치료사는 다양한 역할을 연속적으로 해야 한다. 치료사의 역할 중 가장 거리를 두는 것이 목격자이고 나머지는 감정적으로 밀착되어 있는 역할들이다. 특히 놀잇감이라는 새로운 기능의 역할은 발달변형의 큰 특징이라고 할 만하다. 치료사는 참여자에 대한 반응으로서 부추기고, 농담하고, 속이고, 자극하고, 도발하고, 지지하고, 피드백을 제공한다.

4) 수 제닝스의 EPR과 NDP

Sue Emmy Jennings 수 제닝스,
영국연극치료협회 창립자

영국과 유럽에서 연극요법과 재생요법을 개척했으며 50년 이상 전문연극, 연극 및 연극치료, 사회인류학 분야의 전문가이다. 영국 연극치료 분야의 대표적인 1세대 연극치료사이자 대모로 불리는 '수 제닝스'(Sue Emmy Jennings, 1938)는 정신병원에서 첫 번째 연극치료 작업을 시작한 이래로 그동안 연극치료형성에 기초를 제공하여 왔다. 그녀는 연극치료를 "극적구조를 사용해 내담자가 현실과 상상을 오가는 특별한 공간 속에서 일어나는 사회적 만남 가운데 통찰을 얻고 감정을 탐험할 수 있도록 돕는 드라마를 통한 치유"라고 정의하였다. 또한, 연극성 자체에 치유의 바탕을 두고 있으며, 작업의 근원 역시 연극 예술에 있음을 강조하였다. 그녀는 연극치료를 '내담자들을 치료하거나 치유하고 이롭게 할 목적으로 특별한 상황에서 적용되는 연극예술을 지칭하는 개념'이라고 제안한 바 있다.

① EPR과 NDP의 기본개념

EPR(Embodiment－Projection－Role)은 극적인 놀이와 드라마의 세계인 상상력과 상징의 세계에 들어갈 수 있는 아동의 극적발달과정을 보여준다. 어머니와 유아 사이의 초기 애착은 장난기와 역할교대를 통해 극적인 요소를 가지고 있다. 임신 중에도 엄마는 태어나지 않은 아이와 극적인 관계를 형성하고 있다.

◎ 체현(Embodiment)

E단계에서 유아의 초기경험이 어떻게 육체화되고 신체운동과 감각을 통해 표현되는지를 볼 수 있다. 이러한 육체적 경험은 '육체-자기'의 발전을 위해 필수적이다. 아이는 육체-자기 경험을 취득하기 전까지는 육체이미지를 가질 수 없다. 아이는 자신의 몸에 '살'수 있고 우주에서 움직이는 것에 자신감을 가져야 한다. 체현 활동의 예시는 다음과 같다.

- 전신과 관련된 총체적 신체 운동
- 다른 신체 부위를 가진 미세한 신체 운동
- 질감, 소리, 맛, 냄새 및 시력과 관련된 감각 운동
- 신체 부위를 터치할 때 이름을 부르는 노래 게임
- 리듬 운동과 춤
- 검술 놀이와 레슬링
- 괴물, 외계인, 생쥐 등으로 움직이는 창의적인 아이디어
- 소리와 움직임이 있는 이야기

◎ 투사(Projection)

1세 말부터 아이들은 체현에서 투사로 전이, 상징화의 특성이 발달하고 외부세계를 탐험하는 단계로 나아간다. 첫돌을 넘기면서 아기들은 외부 세계를 더 잘 알게 되고, 반응하는 영역도 시공간상으로 훨씬 확장되는 것이다. 투사활동의 예시는 다음과 같다.

- 아이가 손가락 페인트와 물놀이와 같은 미디어를 감각적으로 탐구할 때
- 벽돌을 건축할 때 패턴 만들기, 콜라주 제작
- 실연하기: 모래, 물, 손가락 페인트, 점토
- 사진으로 놀기: 다양한 미디어로 크레용, 페인트, 그림, 콜라주
- 장난감으로 놀기: 모래 밭 이야기, 조각
- 장면을 가지고 놀기: 인형 집, 인형(인형 제작)
- 자연 매체와 놀기: 자갈, 나무껍질, 나뭇가지, 잎

○ 역할(Róle)

극적인 놀이 R단계는 기본 EPR단계의 절정이며 대개 7세 정도에 완료된다. 극적인 놀이는 어린이가 텍스트 또는 즉석에서 이야기의 역할을 맡고, 치료사와 다른 것들을 역할에 포함시키는 것이다. 즉 소재로 입체화된 의자, 커다란 장난감 등 모든 것이 현장에서 역할을 수행할 수 있다. 드라마 내에서는 무엇이든 가능하며 극적인 놀이는 일상생활에서 허용되지 않거나 건강에 좋지 않은 것들을 할 수 있게 열어둔다. 역할활동의 예시는 다음과 같다.

- 단 한 번의 감정으로 단순한 역할하기: 화난사람, 슬픈 사람, 여러 가지 표정 짓기
- 상호 작용하는 동물 캐릭터를 만들기
- 좋아하는 이야기를 사용하여 함께 연행하기
- 함께 TV 스크립트를 작성하고 장면만들기
- 투사놀이를 통해 생성 된 아이디어를 사용하기

NDP(Neuro‑Dramatic‑Play; 신경극적놀이)는 '감각적인 놀이‑리듬 놀이‑극적 놀이'에 기반한다. '엄마와 태어나지 않은 아이‑엄마와 신생아' 사이의 초기 장난기 있는 관계에 초점을 둔 애착기반의 개입이다. 연극과 드라마를 통해 자극, 탐험 및 위험과 함께 기본 신뢰, 보안 및 의식의 결합을 강조한다. NDP는 사람들이 더 장난기 있게 되고 '상자 밖에서' 생각할 수 있게 해준다. 사람들이 좀 더 독립적으로 자립할 수 있도록 격려하며, 사람들의 정체성과 자부심, 그리고 사회적 관계의 구축을 확언한다.

간략하게 말하자면, NDP는 임신 초기와 초기 몇 달 동안의 애정 어린 장난의 핵심이다. 마사지, 쓰다듬는 감각 놀이와 함께 매우 육체적이다(neuro). 하트 비트, 패닝, 락킹 및 노래로 매우 리듬감이 있다(dramatic). 에코, 모방 및 상호 작용으로 극적이다(play). 따라서 산모와 태아, 산모와 신생아 사이의 감각적이면서, 리드미컬한 극적인 놀이이다.

NDP는 EPR과 함께 아동·성인과 관계없이 모든 단계에서 도입될 수 있다. 많은 반사회적 행동은 장난스러운 애착 경험에 대한 갈망을 보여준다.

② 치료목표

발달과정에서 훼손된 극적능력을 회복하여 '극적으로' 상호 작용하는 자질을 재발견하고 창조성을 획득하는 데 있다. 구체적으로는 사회적 만남 가운데 통찰을 얻고 감정을 탐험할 수 있도록 돕는 데 드라마를 활용하며 그것은 외상을 입거나, 방치되거나, 학대를 당한 아이들과 함께 일하는 이상적인 방법이다.

③ 치료사의 역할

자애로운 할머니(할아버지), 이야기 꾼, 관찰자, 놀이공간을 제공하는 역할

5) 물리 라하드의 BASIC Ph

물리 라하드는 스트레스 치료 방법으로 유명한 이스라엘 심리학자이자 정신건강 전문가이다. 그는 이스라엘의 Tel Hai College의 국제스트레스예방센터(International Stress Prevention Centre) 창립회장이자 연극치료연구소의 창립자이다. 텔 하이 대학(Tel Hai College)의 심리학 교수이기도 한 그는 영국의 서레이 대학(Surrey University)에서 방문 치료학 교수로 재직했다. 라하드는 Psycho Trauma의 예방과 치료에 Drama Therapy와 Bibliotherapy와

Mooli Lahad 물리 라하드,
텔 하이 대학 심리학교수

같은 독창적인 접근방식의 적용을 지지하며, 대칭 및 탄력성 통합모델 'BASIC Ph'와 'FAR CBT' 정신병 치료 프로토콜을 개발했다.

① BASIC Ph의 기본개념

역사적으로 인간의 생존 규칙을 기술하려는 몇 가지 이론적인 시도가 있었다. 이러한 시도 중 일부는 독점적인 설명을 제시하려고 시도했고 다른 사람들은 이전 이론과 관련하여 한 가지 측면을 강조하려고 했다. BASIC Ph는 이러한 시도에서 인간 생존을 설명하는 6가지 기본 요소를 추론하여 설명하고 있다. BASIC Ph는 각자의 독특한 대처 스타일에서 이러한 6가지 요소들 사이의 조합을 제안하는 다중 모델 접근법이다.

스트레스 하에서 대처하는 메커니즘에 대한 연구에서 그는 다른 대처 스타일을 발견했다. 극복을 선호하는 방식이 인지－행동적(cognitive－behavioral)인 사람들이 있다. 인지전략에는 정보수집, 문제해결, 자기탐색, 내부대화 활동 또는 선호도 목록이 포함된다. 또 다른 유형은 정서적 대처방식을 보여 주며 감정표현을 사용한다. 울음, 웃음 또는 누군가와 그들의 경험에 대해 나누고 그리기, 읽기 또는 쓰기와 같은 비언어적 방법을 통해 이루어진다. 세 번째 유형은 대처의 사회적 방식을 선택하고, 그룹에 소속되어 있고, 업무를 수행하고, 역할을 맡고 조직의 일원이 되는 활동을 한다. 네 번째 인물은 잔인한 사실을 숨기거나, 꿈꾸거나, 즐거운 생각을 하거나, 유도된 이미지를 사용하여 주의를 돌리는 상상력을 사용한다. 다섯 번째 유형은 스트레스나 위기의 시간을 신념과 가치에 의지한다. 종교적 신념이 여기에 해당될 뿐만 아니라, 정치적 입장이나 선교의 느낌도 해당되며, 자기충족과 강한 "자기"표현의 필요성을 의미한다. 여섯 번째 "Ph"유형의 사람들은 신체반응과 함께 신체적 표현을 사용하여 반응하고 대처하는 사람들이다. 스트레스를 극복하기 위한 그들의 방법은 휴식, 탈 감각, 신체운동 및 활동이다. 에너지를 소비하는 것은 많은 대처방식에서 중요한 구성 요소이다.

◉ 신념(Belief)

종교적, 철학, 이념, 믿음 등이 해당된다. 대처의 수단으로 자신의 신념체계를 둘 때이다. 그들은 핵심가치에 의존하고 있다. 이 대처 전략은 신앙 공동체에 다가가 다른 사람들과 시간을 보낼 수 있는 기회를 제공하며 그들의 신념을 나눈다.

◉ 정서(Affect)

열정, 분노, 사랑 등이 해당된다. 감정에 의존함으로 대처 수단을 이용한다. 감정을 통해 표현하는 능력, 즉 불안, 두려움, 분노, 슬픔, 슬픔을 나누기 위한 기회와 개방적이고 진정한 모델링을 통한 정서발달촉진, 감정표현이 중요하다.

◉ 사회(Social)

인간관계의 수, 마을, 공동체, 국가 등이 해당된다. 사회적 채널을 통해 역경에 대처하는 사람들은 일반적으로 소속의 욕구를 통해 안정감을 회복한다. 공동체 우정의 구조를 통해 지원과 역할을 보호받으며 사회적 격리를 최대한 멀리해야 하는 것이 중요하다.

◎ 상상(Imagination)

창의적인 생각, 환상, 신화적 요소들이 해당된다. 이 유형의 사람들은 자신의 창의력이 대처의 수단으로 변형된다. 그들은 표현할 수 있는 기회를 제공받아야 한다. 그들에게는 표현, 아트 프로젝트, 에세이, 음악, 드라마 활동 등이 중요하다.

◎ 인지(Cognition)

논리, 사고, 합리성 등이 해당된다. 나이가 들수록 인지기반의 대처 스타일을 가지며 그들은 문제를 해결하기 위해 직접 접근법을 활용한다. 실행에 관한 의논, 문제, 근심 및 두려움을 해결하기 위한 전략을 스스로 제안한다.

◎ 신체(Physical)

물리적 힘, 폭력, 무기 등이 해당된다. 신체활동은 많은 사람들에게 심리적 대체행위를 제공한다. 이것은 지속적으로 강렬한 문제를 다룰 수 없는 전환점을 마련해 준다. 신체 활동에는 위협적이지 않은 형식, 공식 및 비공식적인 물리적 기회와 활동이 풍부해야 한다.

② 치료목표

이 방법은 불안장애 또는 외상을 입은 사람들이 증상을 완전히 또는 관리 가능한 수준으로 감소시켜 삶의 통제감각을 회복할 수 있도록 돕는 것을 목표로 한다. 따라서 BASIC Ph는 대처와 회복탄력성을 이해하는 모델이며 실행방법으로는 6개 조각이야기(Six Pieces Storymaking; 6 PSM)가 있다. 평가도구는 개인이 자기 인식에 도달하고 내부 및 외부 의사소통을 향상시키는 데 도움이 되는 스토리텔링을 사용하는 치료기법인 Bibliotherapy의 사용을 기반으로 한다.

③ 치료사의 역할

BASIC Ph의 개념 및 Six Pieces Storymaking 도구를 이해하고 분석하는 상담자, 분석가, 평가자 역할이 있다. 창조적 역할로는 드라마 치료 및 예술작업과 연동하는 연출가, 안내자 역할이 요구된다.

따라서 치료사는 내담자 언어에 대한 이해를 바탕으로 내담자와의 이해와 접촉을 유도하도록 돕는 목적으로, 이 도구의 완벽한 숙지와 경험 그리고 믿음이 필요하다. 그래야 위기개입에서 치료사는 가능한 한 빨리 유용한 행동을 평가하고 도움을 줄 수 있는 것이다.

CHAPTER 03

연극치료의 구조

1 연극치료의 구조

1) 준비단계(Warm up)

준비단계(Warm up)란 본 주제에 접근하기 전에 몸과 마음을 이완 또는 고무시키고 집단의 신뢰와 응집력을 향상시키고 불안감을 해소하는 과정을 말한다. 운동선수는 가벼운 몸 풀기를 해서 과격한 운동에 대한 부상을 방지하고 무용가는 팔다리 스트레칭을 통해 근육과 골격의 이완을 한다.

연극치료과정에서 웜업은 천편일률적으로 어떠한 규칙을 따르지는 않는다. 본 활동에서 과격하고 감정의 폭발이 필요하다면 감정을 고무시키고 긴장하는 방향으로 이끌어야 하고, 반대로 정적이며 정서적이고 통찰이 필요하다면 긴장을 이완시키는 방향으로 진행해야 한다. 어떠한 방향으로 진행이 되더라도 집단의 에너지가 주제에 접근할 수 있도록 관리하여 집중과 응집력을 놓치지 않아야 한다.

참여자들이 처음 만나는 그룹이라면 본 작업에 들어가기 전에 구두로 작업에 대한 정보를 제공해야 한다. 작업시간, 휴식간격, 목표, 그룹의 특성, 유의할 점, 자기소개 등 서로를 알 수 있게 충분한 기회를 제공해야 한다. 이 과정에서 질문이 있다면 충실히 답변을 해주어야 하며 공동의 목표가 서로 합의되었는지도 확인해야 한다. 특별히 자기를 대할 때 조심해야 될 사람이 있다면 알려서 발표하게 한다. 신체적으로 불편한 부분이 있다

든지, 심리적으로 특별한 주제에 트라우마가 있다든지 하는 것을 그룹에게 조심스럽게 대해 줄 것을 정중히 부탁해야 한다. 이 과정에서 치료사는 참여원들의 특성을 일정 부분 파악하게 되는데, 그 정보를 바탕으로 웜업활동을 시작하게 된다.

보통 웜업은 신체에서 심리적인 부분으로 이어진다. 대그룹에서 소그룹으로 점점 1:1의 관계로 깊어지고 심리적인 부분은 먼 곳에서 가까운 방향으로 전개된다. 신체활동은 전체 그룹이 몸으로 풀 수 있는 게임을 한다든지, 소그룹으로 대항전을 한다든지, 몸으로 자기소개를 한다든지 등 다양하게 진행이 된다. 신체활동은 심리적으로 크게 위축되거나 불안을 유발하지 않기 때문에 몇 번의 활동으로 적당히 몸을 데울 수 있게 된다. 신체의 온도가 올라가면 심리적으로도 고무되어 좀 더 수월하게 심리적 활동을 할 수 있게 된다.

신체적 웜업의 예는 다음과 같다. 두 집단으로 나누어서 한 집단은 바위가 되고 다른 집단은 여행자가 되어 바위에 걸리지 않고 헤쳐나간다. 바위가 된 집단은 다음 집단이 눈을 감고 있는 동안에 전체 공간에 넓게 골고루 펴져서 몸을 바위처럼 만들어 앉는다. 여행자가 된 집단은 등을 돌리고 눈을 감고 있다가 치료사가 한 명씩 움직여 줄 때 돌아서서 앞으로 천천히 나아간다. 바위는 자신이 있다는 것을 알리기 위해서 철썩, 파드득, 슝과 같은 소리를 낸다. 걷다가 바위에 몸이 닿거나 부딪혀서 넘어지면 그 자리에 멈추어서 바위가 된다. 혹시 참여자가 밖으로 나오는 경우가 낫다고 판단되면 밖으로 빠져 있게 할 수 있다. 왜냐하면 뒤에 오는 참여자의 진로에 방해가 되거나 바위가 너무 많게 되면 안 되기 때문이다. 바위는 정지해 있어야 하며, 움직이거나 움직임을 바꾸지 않도록 주의를 주어야 한다.

심리적 활동은 본 활동에 관계되는 주제에 대한 질문을 하면서 같은 경험을 한 사람끼리 모이게 한 후 서로 느낌을 나누게 한다. 예를 들면 '아침밥을 먹고 온 사람은 한 걸음

앞으로 나오세요.'라고 가치중립적인 질문으로 시작한다. 그 다음에는 '최근 일주일 동안 울었던 경험이 있는 사람은 원 안으로 한 걸음 나오세요.'라고 하여 심리적 주제에 접근한다. 나온 사람끼리 충분히 이야기가 공유되면 그것이 주제가 되어 다음 본 과정으로 들어간다.

심리적 웜업의 예는 다음과 같다. 소집단으로 모여서 종이에 슬픔이라는 단어를 보고 그 말을 보고 떠오르는 단어를 즉각적으로 적는다. 5분 정도 시간이 지난 후에 다 적고 나면 모두들 한 집단에서 한 단어씩 이야기한다. 한 집단에서 이별이라는 단어가 나왔다고 가정하자. 원으로 서서 이별이라는 주제를 동시에 원안으로 들어와 조각상처럼 만들어 본다. 그 다음에 학창시절의 이별에 대한 이미지, 가족 안에서의 이별이미지, 최근의 이별 이미지를 차례로 만들어 본다. 이제 둘씩 짝을 지어 한 사람이 이별이미지를 만들면 짝은 그것을 보고 재해석하여 자기 방식대로 이별이미지를 만든다.

2) 행위화 단계(Action)

행위화 단계에서는 준비단계에서 도출되어진 주제를 중심으로 다양한 방법론을 이용하여 탐색하고 갈등을 도출하여 문제를 해결하는 방향으로 나간다. 만약에 행위화 단계에서 충분히 주제에 접근할 수 없다면 다시 준비단계로 돌아가서 집단의 안전함을 재확인해야 한다. 극적활동이란 충분한 자발성과 즉흥성이 바탕이 되어야만 창조적인

부분이 예측할 수 없는 방향으로 새롭게 나오기 때문이다. 불안한 상태에서의 작업은 극작업을 원활히 할 수 없게 만들뿐더러 억지로 극을 이끌고 가게 되면 모두가 불안감을 알면서도 무언의 억지적인 동참을 강요당하게 된다. 이때의 작업은 무엇을 하든 창조성은 기대하기 어렵게 된다.

개인 또는 집단의 주제가 드러나면 그것을 어떻게 작업할 것인가에 대해서는 매우 다양한 방법이 있다. 사진기법, 타블로기법, 역할기법, 즉흥극기법, 스토리텔링기법, 가면기

법 등 참여자들의 특성을 반영하여 작업에 임하면 된다. 만약에 그룹이 모두 적극적이고 정서적으로 충분히 표현할 준비가 된 집단이라면 역할을 입고 상황극, 즉흥극, 심리극 등으로 이어질 수 있다. 반면 집단이 조금 분리적이고 표현이 서툴다면 가면기법이나 사진기법 등을 이용해서 스토리텔링으로 이어질 수 있다. 연극치료에서는 집단의 성향에 맞게 역할기법과 투사기법이 훌륭하게 정리되어 있으므로 거기에 따르면 된다.

행위화 단계에서는 집단의 응원과 지지가 매우 중요하다. 관객이라고 해서 방관자이거나 참여자와 거리를 두고 판단하는 사람이 있다면 극을 정지시키고 적극적 동참자로서의 관객역할에 대해 설명해 주어야 한다. 관객은 주인공의 분신이며, 표현되지 못한 자기 자신이며, 언제든지 참여하여 주인공을 도와 줄 수 있는 역할이어야 한다. 치료사는 어느 누구도 집단에서 소외되지 않도록 주의를 기울여야 한다. 집단치료과정에서 오히려 더 상처를 받는 경우도 있으니 치료사는 집단 구성원 전체를 세심하게 살펴야 한다. 문제는 뜻하지 않는 곳에 터져 나오는 경우가 많다. 가족에 대한 트라우마가 극심한 사람이 있는 집단에서 행복한 가족사진을 가지고 접근할 때 그것을 숨기고 참여한 참여자는 내상을 입게 된다. 이럴 경우에 대비해서 준비단계에서 뿐만 아니라 행위화 단계에서도 충분히 설명을 하고 참여할 준비가 되었는지, 공동의 주제로 적합한지 재차 확인해야 한다.

투사기법으로서의 사진기법, 가면기법 등은 그 행위 자체만으로도 충분히 창조적인 경험이다.

사진을 찍고 펼쳐놓고 고르고 느낌을 이야기하면서 자연스럽게 참여자의 마음이 투영되어 나온다. 또한 한 장의 사진을 두고도 참여자들이 각자 다르게 인식하는 것을 보면서 사람이 서로 얼마나 다른 존재인가를 확인하기도 한다. 가면작업은 자신의 또 다른 사회적 역할을 대변하는 페르소나를 통찰하게 한다. 쓰고 싶지만 쓰지 못하는 가면을 만든다든가, 쓰고 싶지 않지만 쓸 수밖에 없는 가면을 만들면서 자신의 딜레마를 경험하게 된다. 두 가면을 통합할 수 있는 가면은 어떻게 만들어 낼 수 있는가의 과정도 진지하고 흥미로운 여정이 된다.

역할기법으로서 즉흥극이 진행될 때는 집단의 주제를 잘 반영하는 기존의 문학작품에서 모티브를 가져오는 것이 필요하다. 때에 따라서는 그것이 실제 사건과 혼재되어서 진행되는 경우도 있다. 아무리 문학작품이라도 그것이 즉흥적이고 자발적으로 진행될 때는 극의 전개과정과 결론은 얼마든지 창조적으로 재해석된다. 딜레마를 겪고 있는 참여자는 극의 주인공뿐만 아니라 그 반대역할의 캐릭터도 맡아서 역할교대를 해 보는 경험 또한 매우 중요하다. 역지사지를 통해서 한 개인 안에 모순되는 두 가지 감정의 통합이 일어나기 때문이다. 이 역할교대가 역할기법의 매우 중요한 포인트가 된다. 본인이 콩쥐라고 생각하면서 살아왔던 사람은 팥쥐와 계모의 역할을 맡으면서 그 역할을 얼마나 재미있고 잘 수행해 내는지가 흔히 목격된다.

3) 마무리 단계(Closing, Sharing)

마무리 단계는 행위화 단계에서 일어난 감정상의 폭발이나 신체상의 과격함을 충분히 인지하는 과정이다. 그 행위가 현재와 연결되어져서 무엇을 의미하는지, 무엇을 버리고, 무엇을 가져가야 하는지가 검토되는 단계이다.

대부분은 언어적으로 이루어진다. 치료 작업의 경험이 어땠는지, 새롭게 깨달은 점이 무엇인지, 힘들어한 다른

참여자가 있다면 어떤 나눔을 해줄 수 있는지, 어떤 이야기를 듣고 싶은지 등이 다루어진다. 이 단계에서는 모두가 한 마디씩 서로 느낌을 공유할 수 있어야 하며 나눔 과정에서 지나친 충고나 판단 등은 하지 않도록 한다. 끝 무렵에 치료사는 필요하다면 그들의 경험에 치료적 제언을 더할 수 있다.

반면, 행위화 단계에서 이미 충분한 통찰과 인지가 일어났다면 굳이 언어로 재정리 할 필요는 없다. 그럴 땐 조용히 음악을 듣고 침묵으로서 마무리를 한다든지, 모두가 합창하고 의식을 행하는 것으로 마무리할 수 도 있다. 가벼운 포옹으로 그러나 깊게 서로의 지지를 느낄 수 있는 마무리도 좋다. 다만 그렇게 끝내어도 충분하다는 집단의 동의와 에너지가 있어야만 가능하다.

마무리 단계에서는 행위화 단계에서 했던 활동을 인지적, 정서적, 행위적 이 3가지 측면이 통합되어야 한다. 현실과 연결시켜서 어떤 의미를 가질 수 있는가를 새롭게 시작하는 다음 날을 스스로 생활할 수 있도록 준비시켜 내보내야 한다.

CHAPTER 04

연극치료의 기법

1 연극치료의 기법

1) 투사기법

투사란 비춰짐, 즉 투영이라는 의미가 있다. 연극치료에서 투사란 자기의 마음이 사물에 투영되어 비추어진 표현을 말한다. 인간은 모든 사물에 자기의 마음을 투사해 왔다. 시인은 날아가는 새에게도, 흘러가는 강물에도 자신의 감정을 담아 구슬피우는 새, 자유로운 강물과 같은 표현을 하였다. 실제 새가 슬픈지, 강물이 자유로운지는 알 수 없다. 흐리고 비 내리고 마음이 슬픈 날에 새소리를 듣게 되면 그 소리가 구슬프게 될 것이고, 기분 좋고 상쾌하고 화창한 날에 새소리를 들으면 그 소리가 노래처럼 들린다. 마찬가지로 드넓고 유유히 흘러가는 강물을 볼 때는 자유를 느낄 것이고, 비바람치고 태풍이 휘몰아쳐서 파도가 심할 때는 불안과 공포를 느낄 것이다. 이렇듯 인간의 마음은 여러 사물에 자신의 마음을 비추어서 표현한다.

심리학적으로 보면 투사는 원래 나의 것이나 그것이 마치 타인의 것처럼 느껴지는 방어기제 중 하나이다. 날아가는 새를 보고 자유롭게 느끼는 것은 나의 마음이다. 그러나 새는 그저 있고 싶은 데 있을 뿐이다. 우리는 새에 대해서 투사라는 기제를 이용하여 마음껏 상상한다. 상상이란 있는 사물을 그대로 보지 못하게 하는 왜곡의 지점도 있지만 자신만의 세계를 만들어가는 창조의 지점도 있다.

　　연극치료에서 투사는 심리적 방어기제로서 자기분석이라는 측면도 유효하지만 창조와 상상의 영역이기도 하다. 투사는 일종의 마음읽기와 마음내비치기다. 나의 마음을 내비치고 상대방의 마음을 자신의 생각이라는 여과지를 거쳐서 읽어내는 능력이다. 그가 표현하는 것을 보고 그가 어떤 생각을 하는지 알 수 있다. 투사를 읽어낼 수 없다면 공감 능력은 현저히 줄어든다. 왜냐하면 내 마음을 전달해 줄 대상도 없고 상대방의 마음 또한 통제 가능한 수준에서 읽어낼 수도 없기 때문이다. 물론 투사를 통하지 않고서도 얼마든지 자신의 이야기를 할 수 있고 상대방의 이야기를 알아들을 수는 있다. 그러나 그것은 상상의 영역이 결여되어 있는 지극히 기계적인 만남일 것이다.

　　투사기법은 지극히 다양한 방법으로 자신의 내면과 소통하게 한다. 새를 보면서도, 강물을 보면서도 하루하루 달라지는 감정의 소용돌이와 만나게 된다. 그러나 분명한 것은 지금 현재로서 자신은 분명히 만날 수 있다. 지금 슬프면 새가 우는 것이고 지금 기쁘면 새가 노래하는 것이다. 지금 자유로우면 강물이 자유롭게 흐르는 것이고, 지금 불안하면 강물이 거센 파도로 덮치는 것이다.

　　투사는 사람과 사람이 직접 대면하는 것보다 대화와 소통에 있어서 안전함이 있다. 가령 첫 미팅에서 두 사람의 어색한 만남이 있다고 가정해 보자. 그나마 찻집에서 둘 사이에 차라도 한 잔 놓여 있으면 그 차에 대해서 이야기 하면서 긴장을 풀 수 있다. 마침 그 카페가 애견카페라면 다양하게 돌아다니는 강아지를 보면서도 화제를 돌릴 수 있다. 한편, 시댁을 찾은 며느리가 덜렁 혼자 가서 시어머니를 만나는 것보다는 갓난아이라도 있으면 그 아이를 매개로 훨씬 대화가 풍요진다. 만약에 아이가 커서 청소년이 되었다고 가정해 보자. 그럼 여기에서는 투사가 좀 더 활발하게 일어난다. 며느리가 맘에 들지 않은 시어머니는 아이의 사소한 행동을 보고도 혼낼 때 그것은 그 아이가 잘못한 것이 아니라 며느리에 대한 감정이 아이에게 투사되는 것이다. 또는 그 반대의 경우도 있다. 며느리에 대한 호의적인 감정이 손자에게 용돈을 기꺼이 쥐어 주는 형태로 나타난다. 이렇듯 직접적인 표현보다는 다른 대상에게 에둘러서 표현하는 것이 훨씬 심리적으로 우리를 안정감 있게 한다.

　　투사는 반드시 대상이 있어야 한다. 자기를 투영하고 비춰져 보일 어떤 대상을 필요로 한다. 연극치료에서는 그 대상을 다양한 자원에서 찾는다. 내면과 연결된 극적으로 의미 있는 것을 살펴보면 가면, 인형, 꼭두인형, 대본, 스토리텔링, 사진, 비디오, 감정카드, 역할카드, 조명, 의상, 분장, 다양한 천 조각, 몽둥이, 이불, 폭신한 베개, 의자, 그림그리기,

악기연주하기, 드럼치기, 콜라주 등 이루 헤아릴 수 없이 많다. 물론 여기에는 미술적인 부분, 음악적인 부분도 가미된다. 그것은 연극이 종합예술로서 다양한 분야에 걸쳐 이루어져 있기 때문이다. 무대미술로서, 무대음악으로서, 무대소품으로서, 무대조명으로서, 희곡으로서 등 극적 양식을 구성하는 매체는 모두 다 포함된다고 할 수 있다.

연극치료사는 내담자가 다양한 사물에게 투사하는 이야기를 들음으로써 한층 더 깊게 내담자를 이해하게 되고 내담자 역시 극적 상황 속에 투사된 사물에게 자신의 마음을 이야기 함으로써 안전함 속에 내적 갈등을 표출할 수 있게 한다.

2) 역할기법

역할이란 자신의 자신됨을 말한다. 자신의 인격체 안에 있는 다양한 모습 중의 한 부분이다. 물론 원형적인 역할의 의미는 고정불변한 인성의 기본단위이다. 그러므로 역할은 고정불변한 것이지만 그 고정불변한 역할의 가지 수는 여러 개이므로 취득하고 소멸할 수 있다.

역할은 기능(function)의 영역에서 사회적으로 확인된다. 사회인으로서 기대되는 역할을 수행하고 수행하지 못하고는 역할의 고유한 기능 때문이다. 예를 들어 격투기선수가 있다고 가정해 보자. 그 사람의 역할 특성은 공격적이고 용맹하며 능동적일 것이다. 그런데 격투가선수가 싸우지 못하고 고립되어 혼자 방 안에서 컴퓨터게임이나 하고 있다면 그 사람은 기능을 하지 않고 있는 것이다. 모든 역할 특성은 기대되는 기능이 있다.

역할 특성은 해바라기 씨앗같은 것이다. 역할기능은 그 씨앗이 싹이 터서 꽃을 피우는 것이다. 사람들은 역할체계 안에서 다양한 역할의 가짓수를 가지고 있으며, 그 역할들은 저마다 특성이 있고, 그 특성에 따라 기능한다. 그래서 연극치료의 일반적인 목표가 역할 레퍼토리의 확장과 개별역할의 충실화에 있는 것이다. 우선 한 개인이 가지고 있는 역할의 가짓수가 몇 개나 되는지 살펴보고, 그 안에 좀 더 충실하게 성장해야 할 역할은 무엇인지, 또한 확장해야 할 역할은 무엇인지를 살펴봐야 한다. 여기에 한 가지 보탠다면 필요 없거나 없애도 될 역할까지 살펴보는 것이다.

역할 접근법은 다음과 같이 여덟 단계로 구성되어 진행된다(Landy, 1993, p.46).

1단계: 역할을 불러낸다.

2단계: 역할의 이름을 짓는다.

3단계: 역할을 연기한다. / 역할로서 작업한다.

4단계: 대안적 특질과 하위유형을 탐구한다.

5단계: 역할연기를 분석한다. 해당 역할의 고유한 역할 특성과 기능과 양식을 찾아본다.

6단계: 가상의 역할을 일상생활에 연결시킨다.

7단계: 역할들을 통합하여 기능적인 역할 체계를 만든다.

8단계: 사회적 모델링 ─ 특정 환경 내에서 역할을 연기하는 내담자의 행동이 다른 사람 들에게 어떤 영향을 미치는지 알아낸다.

　1~2단계는 세션의 구조에서 준비단계에 해당된다. 내담자는 역할을 선택하고 이름을 붙여 독립된 정체성을 부여한다. 이름을 붙이면 가상의 역할에 현실성이 더해진다.

　3~4단계는 세션의 구조에서 행위화 단계에 해당된다. 내담자는 선택한 역할을 이용하여 그 역할이 가지는 특성과 기능과 양식을 탐구하고 대안적 특성과 하위 유형을 탐색하기도 한다. 모든 자녀가 같은 역할을 수행하지는 않는다. 모범적인 자녀에게도 부모에 대한 분노가 있을 수 있고 저항적인 자녀에게도 부모에게 인정받고 사랑받고 싶은 욕구가 있을 수 있다.

　5~7단계는 세션의 구조에서 마무리 단계에 해당된다. 이 단계에서 내담자들은 먼저 허구의 관점에서 역할 연행을 되돌아본다. 그런 다음에 가상의 역할연행이 어떻게 현실과 연결되는지를 검토하여 모순되는 역할을 통합하고 균형을 찾는다.

　8단계는 내담자가 역할 체계를 변형하는 방법을 찾으면서 다른 사람에게 긍정적인 역할 모델이 되는 것을 말한다. 이 과정은 세션 도중에서 뿐만 아니라 일상생활에서 훈습과정으로 확인해야 될 부분이다.

　랜디는 역할을 이용하여 작업할 때는 역할, 반대역할, 안내자의 구조를 활용한다. 즉 자기라고 생각되는 익숙한 생활양식이 역할이다. 일상적이고 편리하며 자기정체성의 일부를 구성하는 것을 말한다. 반대로 자기라고 생각되지 않는 불편한 생활양식이 반대역할이다. 비일상적이며 불편하며 자기정체성과는 관계가 없다고 생각되어지는 것을 말한다. 역할과 반대역할을 이어주고 통합하는 것이 안내자이다. 안내자는 사람은 선과 악,

가해자와 피해자, 강자와 약자 등의 모순된 역할이 한 인격체 안에 있다는 데서 출발한다. 3가지 역할을 연기할 때 한 사람이 돌아가며 다 경험하는 것이 보통이지만 필요한 경우에 다른 참여자들의 도움을 받기도 한다.

Part 02

연극치료와 변증구조

연극치료, 시공을 초월하는 힘

1 무대 – 치유의 공간

드라마는 변증법적 역설과 시공을 초월하는 힘으로 창조성의 세계로 인도한다.
무대 위에서 한 내담자가 연기를 한다. 때마침 조명이 켜지고 음악이 흘러나온다.

> "그녀는 마치 하늘에서 내려온 천사와 같았지"

내담자는 지갑 속에 있는 그녀의 사진을 보면서 지난날을 회고하고 있다. 그녀를 처음 만난 날은 파티가 한참 무르익어가던 한 여름날의 바닷가였다.

치료사는 내담자의 이야기를 바탕으로 무대를 만든다. 이윽고 무대에는 조명이 켜지고 잔잔한 음악이 흘러나온다. 녹색조명은 해변 뒤편에 자리한 야자수 숲을 연상시키며 노란 조명은 마치 밤하늘의 달빛 같다. 사람들은 밤이 새도록 들판에 앉아서 몇 사람의 연주가가 들려주는 음악소리에 취한다. 거기에 모인 사람들은 천사와도 같은 그녀의 이야기를 듣고 상상하며 밤이 새도록 시를 읊고 노래를 한다.

이렇듯 우리는 상상력을 동원하여 가고 싶은 곳 어디에나, 만나고 싶은 누구나 무대 위에서 만날 수 있다. 시공을 초월하는 대단한 힘이다. 사실 그녀는 짧은 인연을 계기로 만났다가 이별인사도 없이 총총히 사라진 옛 연인의 이야기다. 왜 그녀가 떠나갔는지 그는 알지 못했다.

왜 나를 떠났냐는 질문에 관객들이 다들 자기만의 언어로 하나씩 그녀의 입장이 되어 이야기해 준다. 여기서부터는 인간의 공감영역이 발휘되는 순간이다. 그럴 수밖에 없는 사연을 들려주는 관객도 그것을 듣고 있는 내담자도 마치 자신의 이야기인듯 진지하게 듣는다. 허구인지 알면서도 마치 사실인듯 깊이 공감하고 빠져들게 만드는 힘이 드라마에 있는 것이다.

> 다른 남자와 눈이 맞아 새벽에 야반도주했다는 이야기
> 12시만 되면 집에 돌아가야 한다는 신데렐라라는 동화 같은 이야기
> 당신의 실체를 알고 실망해서 떠났다는 이야기
> 사랑은 좋았지만 현실에서 무능해 떠났다는 이야기
> 불치의 병에 걸려 함께 할 수 없음을 알고 떠났다는 이야기 등

그녀가 그 남자를 떠난 이유는 백 가지도 넘는다. 이 모든 것들이 개인의 이야기에서 출발하지만 인류가 공히 나누어 가지는 사연이기도 하다. 그렇게 그는 관객들의 이야기 중에 자신의 상처 난 마음을 어루만지고 토닥여주는 사연을 선택하고, 그녀를 빈 의자에 초대하여 하고 싶은 말을 한다. 그리고 그녀를 떠나보내고 충분히 애도한 다음 현실로 복귀할 수 있었다.

> 가고 싶지만 두려운 세계
> 두렵지만 가야만 하는 세계
> 아직 가보지 못한 미지의 세계
> 그 모든 영역의 세계에 드라마는 우리를 무대로 초대한다.

2 잉여현실 - 못다 한 이야기

연극치료는 상상의 영역을 이용하여 자기로부터 출발한 잉여현실의 세계를 다룬다. 잉여현실이란 현실에서 이루지 못하는 미해결 영역으로 '가고 싶지만 두려운 세계, 두렵

지만 가고 싶은 세계'이다. 그러기에 현실에서는 좀처럼 실행할 엄두를 내지 못한다.

모레노(Moreno, 1969)는 잉여현실이란 어떻게 왜곡되었건 관계없이 완전히 주관적인 방법으로 느끼고 지각하는 주인공의 진실이라고 정의하였으며, 블레트너(Blatner, 1973)는 의식의 자기 반영적이며 자신을 거리를 두고 볼 수 있는 능력이라고 할 수 있는 상상력에 의해 표현되어지는 세계라고 하였다.

충분히 표현되지 않는 경험은 눈으로 드러나지 않는 정신적 영역에 자리잡게 되며, 그것이 쌓이다 보면 억압된 정신은 잉여현실로 들어가고자 하는 욕구를 갖는다.

잉여현실은 as~if(만약 ~라면)라는 가정법에 의해 현실적 제약없이 표현되어진다. 만약에 남자라면, 또는 여자라면 하는 바람은 그대로 구현되어 행위화된다. 그 사람이 다시 살아날 수 있다면, 그 사람을 없애 버릴 수 있다면, 차라리 나비가 된다면… 등의 가정들은 바로 사실로 상정하고 구체화된다.

켈러만(Kellerman, 1992)이라는 학자는 그것을 as-if라는 개념으로 치료적 가지를 잘 설명하였다. 가상의 세계이기에 고통스러운 사건, 생활을 마스터 할 수 있고 현실에서 일시적으로 벗어나서 현실을 관망해 볼 수 있다. 자신의 자발성에 따라 새로운 현실을 실험하고 새로운 세계를 형성해 볼 수가 있으며 자신이 부정했던 현실을 새삼 재확인해 볼 수가 있다. 그리하여 자아기능을 강화하여 내외의 압력들을 올바르게 처리해 나갈 수 있는 능력을 높여준다고 하였다.

정신과 의사이며 심리극 디렉터인 최헌진에 따르면 잉여현실은 이미지, 상징을 통해 구체적으로 표현된다. 게으름이 빈 의자나 사람으로 형상화되고 사랑이 두 사람의 거리와 높이 또는 방석들의 두께로 가시화된다. 외쳐 부르는 고함소리가 영매의 초혼 굿을 의미하거나 지상과 천상계가 덜컹 소리내는 문으로 구분되며, 다리에 감긴 밧줄이 인생의 짐이나 무게가 된다. 집단의 모임이 영혼의 감옥이 되기도 하고 깊은 바다가 되며 우정의 상징이 되기도 한다. 그 어떤 것도 구체적으로 형상화되고 역할화된다.

결국 연극치료는 무대라는 공간에서 잉여현실을 펼치는 작업이다. 무대라는 가상의 세계에서 일어나지만 마치 실제 이야기처럼 현실감을 자아낸다. 무대는 일종의 시뮬레이션 공간이다.

영화 아바타에서, 아바타는 인간과 '나비족'의 DNA를 결합해 만들었고 링크룸을 통해 인간의 의식으로 원격 조종할 수 있는 새로운 생명체이다. 또 다른 영화 써로게이트에서 대리, 대행자 등의 사전적 의미를 가진 써로게이트는 한 과학자가 인간의 존엄성과 기계의 무한한 능력을 결합하여 발명한 대리 로봇이다. 예시한 영화는 진짜 자기는 안전한 공간에 있고 대리 역할자를 만들어 현실세계를 살게 하는 영화들이다.

연극치료는 현실세계를 사는 자신이 대리 역할자가 아닌 본인 스스로를 살게 한다. 다만 그 가상의 세계를 담는 대리 역할적 공간이 무대이다. 무대에서 연기하는 자신이 자기 자신일 필요는 없지만 궁극적으로 무대에서는 자신이 배우가 아닌 자기 자신임을 통찰해야 한다는 것을 말한다. 가상과 실제의 세계를 넘나드는 극적역할을 충분히 수행할 수 있는 능력을 요구하는 일이다.

3 변증구조 - 내면의 모순

미국의 연극치료학자인 로버트 랜디는 연극치료의 기본 구조를 연극이 가지는 변증법적인 함의로 이야기한다. 변증법이란 무엇인가? 사물이 운동하는 과정에서 내부에 존재하는 모순으로 인해 자신을 부정하게 되고, 다시 이 모순을 지양함으로써 다음 단계로 발전해 가는 논리적 사고법이다.

변증법은 고대 아리스토텔레스부터 마르크스와 엥겔스까지 다양한 의미와 해석의 변화를 거쳤지만 변증법에 가장 적극적인 의의를 해석한 것은 헤겔이다. 헤겔은 변증법이 인식의 발전만이 아니라 존재 자체의 발전 논리라고 생각했다. 즉 모든 사물은 결국 정·반·합(正·反·合)의 3단계로 발전한다고 생각했던 것이다. 그러나 이와 같이 존재 자체가 변증법적으로 발전한다면, 존재는 적어도 발전의 제2단계에서 모순적 구조를 갖게 될 것이다. 변증법은 모순의 실재를 인정하는 모순논리가 된다.

아주 단순히 말하면 정·반·합의 구조가 세상에 존재한다는 하나의 이론체계이다. 현재 세상에서 받아들여지는 하나의 보편된 생각을 정이라고 가정하자. 과거 역사적 사실을 예를 들어보자. 지구는 평평하다. 남녀는 불평등하다. 이혼도 불가하다 등. 그렇다면 그 정의 개념에 반하는 개념이 같은 시기에 존재한다. 예를 들면 지구는 둥글다. 남녀는 평등하다. 이혼은 선택이다. 이렇게 정의가 반대되는 반의 개념이 대립 쌍으로 등장하며 투쟁하며 싸운다. 그러다가 어느 시기에 사회가 변하거나 성숙되면 둘의 개념을 통합하는 합의 개념이 등장하기 마련이다. 지구는 둥글 수도 평평할 수도 있다. 남녀는 평등할 수도 불평등할 수도 있다. 이혼은 선택일수도 불가일수도 있다. 이렇게 합의 개념에서 새로운 개념의 정이 다시 도출된다. 지구는 평평하다는 정의 개념이 지구는 둥글다는 반의 개념과 만나 지구는 둥글다라는 합의 개념이 도출된다. 그 합의 개념은 시간이 지남에 따라 자연스럽게 그 시대의 정의 개념이 된다. 그 정의 개념이 다시 반의 개념을 불러오고 둘의 투쟁과 대립에서 또 다시 합이 나온다. 정·반·합은 인류역사가 등장한 무렵부터 지금까지 인류 역사 모든 분야에서 계속 이어져 오고 있다. 어느 하나의 개념도 영원하지 못하고 늘 변하며 새롭게 탄생한다.

로마도 영원하지 못했고, 신의 세계가 영원히 지속될 것 같았던 중세시대도 르네상스라는 반의 개념에 역사 속으로 사라졌다. 심리학의 관점으로 보면 정신분석이 유행하던 시대도 행동주의에 밀려났으며, 현재는 인본주의에서 개인영성의 시대로 옮겨가고 있다.

로버트 랜디는 정·반·합의 대립쌍 형태를 연극치료의 기본 구조로 인식했다. 그것에 모레노의 역할개념을 더해 역할, 반대역할, 가이드라는 개념을 만들어 내었다. 이것은 연극치료 과정에 구조를 제공하는 역할메소드의 핵심으로 작용하게 되었다.

실제로 정·반·합의 변증법은 연극치료에서 매우 훌륭하게 작동된다. 아무리 선한 사람이라도 내면에 악이 존재하며, 반대로 악한 자에게도 선은 존재한다. 이것이 음양의 원리이고 음안에 양이 있고 양안에 음이 있는 태극의 원리이기도 하다. 태극의 무늬는 올챙이 모양의 두개의 반원이 서로 맞물려 있는 형태인데 끝나는 지점에서 시작되고 어디가 끝이고 시작인지 모르게 맞물려 돌아간다. 마치 뫼비우스의 띠를 연상하게 한다. 태극 도형 중에 음양어태극 도형이 있다. 두 개의 큰 태극 문양 안에 반대의 문양을 작게 넣은 모양인데, 그것은 음의 근원이 양으로 시작되고 양의 근원이 음으로 시작한다는 원리를 나타낸다. 과학적으로 양자역학에서는 빛의 성질은 파동이면서 입자인 성질을 동시에 가지는 것으로 밝혀졌다. 칼 융의 아니마 아니무스 원형도 같은 이치로 성립된다. 아니마는 남성 안에 존재하는 여성성을, 아니무스는 여성 안에 존재하는 남성성을 말한다. 남성의 무의식 인격인 아니마는 남성이 가지는 모든 여성적인 심리학적 성질로 이성의 여성에게 자신의 아니마가 투영되기도 한다. 반면 여성의 무의식 인격인 아니무스는 이성의 남성에게 투영된다.

미래와 현재, 현재와 과거, 선과 악, 허구와 현실, 남과 여, 가해자와 피해자, 용기와 공포, 유혹자와 도덕자, 사랑과 불륜, 저항과 항복, 삶과 죽음 등을 주제로 다루게 되면 현재 자신의 모순이 극명하게 드러난다. 변증구조의 접근은 치료사로 하여금 한 쪽의 논리에 치우치지 않고 투명하게 작업할 수 있도록 해주며 내담자에게는 심리적 균형감을 갖도록 안내해 준다.

다음 장에서는 연극치료 현장에서 자주 등장하는 주제를 변증구조 역할로 어떻게 접근하는지에 대해 알아볼 것이다. 이 주제에 등장하는 사례들은 참여자들의 개인정보를 보호하기 위해 일정 부분 각색되었으며 가명을 사용하였다.

CHAPTER 02

변증구조로서의 역할

1 과거, 현재, 미래

1) 현재와 미래

'현대인들은 끊임없이 불안하다'

관계가 틀어질까 봐, 시험에 떨어질까 봐, 회사에서 해고당할까 봐, 아플까 봐, 월세가 오를까 봐, 사업이 안 될까 봐, 어떤 때는 그냥 이유 없이 막연히 불안하다. 거기에 예기불안까지 겹치면 신경쇠약이 될 정도이다. 예기불안이란 자기가 실패할 것이라는 예감 때문에 생기는 것으로 수면, 성교, 시험 따위의 평범한 일상적 행위를 할 때 한 번 실패했던 일이 연상되어 또다시 실패를 예감하고 불안을 느끼는 상태이다.

게슈탈트 심리치료사인 프릿츠 펄스는 불안을 '현재와 미래 사이의 갭'이라고 묘사했는데 개인은 현실에서 멀어져 미래에 몰두하게 될 때 불안을 경험하게 된다고 한다. 미래는 불확실하고 통제할 수가 없기에 불안을 야기시킨다. 현재와 미래까지의 심리적 거리가 불안의 크기이다. 하루 걱정거리라면 미래의 하루까지 불안의 크기이고, 10년 치 걱정거리라면 미래의 십년까지가 불안의 크기이다. 미래의 계획을 세우되(그렇지 않으면 성장할 수 없으므로) 현재의 대용으로 미래의 계획을 사용해서는 안 된다. 치료사는 내담자가 현재의 삶에 충실하도록 돕는 가운데, 연극치료적으로는 미래에 일어날 일이 지금 여기에서 일어난 것처럼 연기하도록 하여 연행과정에서 내담자의 문제점을 찾고 해결해 나간다.

현재 삶이 불만족스럽다면 미래를 긍정적으로 상상해 본다. 가령 내일의 나는? 10년 후의 나는? 죽는 순간의 나는? 죽은 후의 나는? 이렇게 질문하고 상상해 봄으로써 얼마든지 현재의 삶을 미래에 투사하여 좀 더 나은 방향으로 설정할 수 있다. 어느 누구도 불행하기 위해 태어나지는 않는다. 미래에 대한 행복한 소망은 현재의 삶을 조금씩 나은 방향으로 인도한다.

반대로 미래에 대한 인식이 없어 그저 하루하루를 연명하며 사는 사람도 있다. 명상적인 관점에서는 훌륭한 삶일 수 있으나 가치관 형성이 안 된 청소년기나 무기력한 성인에게는 현재의 삶이 미래에 끼치는 영향을 인지하도록 도울 수 있다. 기대되는 미래를 지금 여기 현재에서 살게할 때 삶이 좀 더 구체화된다.

중학교 학생이 있었다. 흔히 중2병이라 불리는 증세를 넘어 병리적인 관점에서 품행장애를 동반하였다. 학교를 가지 않는 것은 물론이거니와 학교폭력을 행사해 학교에서 전학을 권고받은 상태였고 본인이 저지른 폭력, 절도, 방화 등으로 재판 상태에 처해 있었다. 연극치료를 진행하면서 그 학생에게서 가장 많이 나온 말은 '내 인생 내 맘대로 할 거예요.', '내 뜻대로 살 거예요. 간섭하지 마세요.', '내가 하고 싶은 것을 하고 살 거예요.'였다. 치료사는 되물었다. '네 뜻이 무엇이니?' 학생은 답을 못했다. 막상 말은 그렇게 해 놓고 미래의 자기 인생에 대해 아무런 대안을 내놓지 못하였던 것이다. 자기가 하고 싶은 것에 대한 질문에도 무엇을 하고 싶은지 답을 못했다.

이것이 청소년기 특징 중 하나이다. 막상 구체적으로 물어보면 답을 하지 못하는 경우가 많다. 그것은 지금 현재가 고통스럽기만 하기에 어떻게든 현재를 모면하고 보자는 심리가 내재되어 있기 때문이다. 그러기에 미래에 대해서는 생각할 여유를 가지지 못한다.

치료사는 학생의 미래를 연극적 장면으로 구성하여 학생으로 하여금 흰 가면을 주고 자기가 원하는 대로 그려 보도록 하였다.

가면은 아주 무시무시한 도깨비 모양을 하고 있었다. 이렇게 해야 아무도 자기를 얕보지 않을 것이라고 하였다. 치료사는 그 가면을 쓰고 연기해 보도록 했다. 만약 지금 이대로 살아간다면 1년 후, 5년 후, 10년 후는 어떻게 될까를 스스로 질문하고 그 결과를 무대에서 연기해 보도록 요청했다. 학생은 폭력을 휘두르고, 내재된 분노를 타인에게 투영하여 살인을 저질렀으며, 급기야는 교도소에 수감되어 평생을 지내는 장면으로 가게 되었다. 당장 현재 하고 싶은 대로 다한 결과는 교도소였는데 거기까지는 생각하지 못했던 것이다. 그리고 교도소 생활이 어떠한지에 대해서도 인지가 없었다. 치료사는 교도소 생활이 하루하루가 지옥처럼 느껴지도록 연출했다. 술, 담배를 못 하게 되고, 인간대접 못 받고, 오히려 자신이 폭력의 희생양이 되고, 보고 싶은 사람도 못 보며 힘든 노동으로 하루하루를 보내게 하였다. 연극적 장면이 끝나고 학생은 가면을 벗고 무대 위에서 큰 울음을 터뜨렸다. 학생은 가면을 보고 독백하였다. '이건 아닌 것 같아... 뭔가 잘못되었어, 최소한 학교는 다녀야 되지 않을까?'라고 스스로에게 말하고 있었다.

누가 가르쳐 준 것도 아닌데 이렇듯 미래로 가서 그 모습을 구체적으로 보고 살아보게 하면 현재의 삶에 대한 통찰이 자연스럽게 생기게 된다.

2) 현재와 과거

현재 삶을 받아들일 수 없다면 과거로 회귀해 보는 것도 좋은 방법이다. 현재는 과거의 산물이다. 내가 먹은 음식들이 내 몸을 구성하고 있으며, 내가 영향받은 환경과 사람들이 내 신념을 구성하고 있다. 내가 경험하지 아니한 것들이 내 안에 있을 리가 만무하다. 그런 의미에서 과거의 생활패턴을 점검해 보아야 한다. 현재의 내가 미래를 투사한다. 무대라는 상징적인 공간에서 일어나는 것이 연극치료이기에 좀 더 먼 과거로 회귀해 볼 수도 있다. 예를 들자면 3세 이전의 나, 잉여현실을 다룬다면 어머니 뱃속, 전생까지 다룰 수 있다. 이것은 유도된 상상이나 최면 유도문으로 가능한데, 내담자 스스로가 경험하는 것에서부터 치료사가 상황을 설정해 내담자에게 상황극으로 제시해 보일 수 있다.

한 예를 들면, 자기는 잘못도 없는데 왜 이렇게 아프고, 사기도 당하고, 실연의 상처를 겪는지 모르겠다며 호소한 내담자가 있었다. 치료사는 그 내담자의 전생을 즉흥극으로 꾸며 제시하였다. 과거 전생의 내담자 역을 맡은 배우가 무대 위에 올라와서 극악무도하게 살인을 저지르고 방화를 하고 욕설하며 한바탕 살풀이를 하며 내려갔다. 이것을 본 내담자는 '아 내가 정말 저랬단 말이에요? 믿을 수가 없군요.'라고 말하였다. 내담자는 전생까지는 아니어도 살아온 삶 전체를 관통하는 무엇인가에 대해 통찰이 일어났던 것이다. 전생이 있건 없건 그것은 중요하지 않다. 무대에서는 잉여현실이 제한 없이 얼마든지 펼쳐질 수 있기 때문이다. 다만, 그것이 현재 자신의 삶에 어떠한 부분이든 연결 지어 자신을 통합하는 계기가 된다면 의미가 있는 작업이다.

또는 이루어질 수 없는 사랑에 대해서도 전생의 스토리는 유효하다. 주로 등장하는 것이 스승과 제자로 만나거나, 공주와 호위무사로 나타난다. 스승과 제자는 어떤 원형적인 측면이 강한데 주로 직장상사나 부부관계에서 종종 등장한다. 지금 나를 괴롭히는 그 상대가 전생에 나의 스승이었다는 것이다. 그 스승은 도력이 높아 다시 태어날 이유가 없는데 전생에서 깨닫지 못하고 죽은 내담자 자신을 위해 다시 태어나 마지막 깨달음을 주는 관계라는 것이다.

어떤 내담자는 최면상태에서 자신은 공주이며 치료사는 자신의 호위무사라는 것을 보게 되었다. 때마침 당시 인기리에 방영되었던 드라마 도깨비를 빌어 연극을 하였다. 드라마 내용은 오랜 불멸의 삶을 끝내기 위해 인간 신부가 필요한 도깨비, 그와 기묘한 동거를 시작한 기억상실증 저승사자. 그런 그들 앞에 '도깨비 신부'라 주장하는 '죽었어야 할 운명'의 소녀가 나타나며 벌어지는 신비로운 낭만 이야기인데 내용을 각색하여 공주, 호위무사, 왕자의 역할을 정하고 즉흥극으로 진행되었다.

공주는 호위무사의 도움으로 왕자를 만난다는 단순한 줄거리였는데, 연극 중에 호위무사가 공주인 자신을 보호하려 한다는 믿음이 치료관계에서 그대로 이어졌다. 치료사와 내담자의 라포형성은 치료적 동맹관계에 있어 필수이다. 이 내담자는 연극을 통해 신뢰관계를 맺고 치료적 관계를 유지하는 계기가 되기도 하였다.

2 선과 악

선악의 기준은 개인의 양심적 관점, 사회의 도덕적 관점, 종교적인 관점 등으로 다양하게 해석되어 진다. 무엇이 옳고 무엇이 그르며, 무엇이 좋고 무엇이 나쁘고, 무엇을 해야 하며 무엇을 하지 말아야 하는가 등 가치질문에 따르는 가치행동으로 볼 수 있다.

로버트 랜디는 연극치료사의 자질 중에서 자신의 도덕적 판단을 유보하는 능력, 어떠한 경우에도 내담자의 이야기에서 정당성을 찾을 수 있는 능력이 중요하다고 하였다. 그러한 관점에서는 보면 불교의 법구경 이야기가 가장 적극적인 선악의 해석에 가닿는다. 불교의 관점에서는 일반적으로 선악의 경계에 대해 많은 의문을 가지고 있다고 한다. 심지어 수행을 하고 있는 스님들도 그 선악의 경계에 대해 화두를 가진다. 무엇이 선이고 무엇이 악인지를 분별하려하는 경계를 조심하는 것이다. 그러나 사실 우리는 무엇이 선이고 악인지 똑바로 구별할 수 있는 능력이 존재하는가에 대한 의문을 가져야 한다. 사형집행자가 사형집행을 할 때도 그렇다. 집행자의 규범 속에서는 그것이 선이기 때문일 것이다.

어떤 사람도 100% 선함으로 구성되어 있지 않으며 또한 어떤 사람도 100% 악함으로 구성되어 있지 않다. 선과 악은 늘 인간 본성 안에 동시에 내재되어 왔으며 시대와 국가에 따라서 그 궤를 조금씩 달리하여 왔다. 예전에는 선이었지만 지금은 악이 되고, 악이었지만 선이 되는 경우가 있다. 또한 선과악은 처해진 상황에 따라 해석해야 할 경우가 많다. 살인은 악이다라는 명제는 언제나 성립하는 듯 보이지만, 사형선고를 받은 사람의 법 집행이나, 전쟁의 상황에서는 개인에 따라 또는 신념에 따라 얼마든지 재해석 될 수 있다.

최근에 축구선수 손흥민의 병역문제로 온 나라가 떠들썩했다. 젊은 나이에 군대를 가게 된다면 재능을 발휘하지 못하고 황금기를 보내게 되어 국가뿐만 아니라 전 세계 축구 팬들에게도 손실이라는 것이다. 여기에 국적을 포기할 것이냐 군대를 갈 것이냐 딜레마가 존재한다. 국적을 포기하면 비난을 받을 것이고, 입영하면 스포츠로 국위선양을 할 수 없다는 손실을 감내해야 한다. 그 문제는 아시안게임 축구에서 금메달을 획득하면서 자연스럽게 해결되었지만 국위선양으로 인한 병역면제에 대한 기준은 여전히 논란거리가 되고 있다. 국위선양이 병역면제의 한 카테고리라면 왜 대중가수는 안 되느냐는 이유로 빌보드 차트 1위에 오른 방탄소년단이 화제가 되기도 했다.

모든 것은 가치 중립적이다. 상황이 거기에 가치를 더할 뿐이다. 중요한 것은 사람들이 자신은 선해야 한다는 마음에 사로잡혀 있다는 것이다. 악의 역할을 충분히 해볼 수 있을 때만 우리는 선의 참된 의미를 몸소 경험할 수 있다.

엄마와의 갈등 관계 속에서도 늘 웃고 다니는 사람이 있었다.

그녀는 어릴 적부터 부모의 불화와 학대 속에서 살아왔고 부모님은 급기야 이혼하게 되었다. 그 이후로 엄마는 딸을 의지하며 살았는데 허구한 날 아버지를 원망하며 신세한 탄을 하였다. 딸은 성년이 되고 결혼한 후까지 그 이야기를 들어주며 지내야 했다. 가끔씩 딸이 힘든 내색을 내비칠 때면 엄마는 '내가 널 어떻게 키웠는데'라며 딸에게 죄책감을 심어 주었다. 엄마가 힘드니까 내가 힘이 되어야 한다는 신념은 어떠한 경우에도 엄마 앞에서 웃음을 잃지 않으려는 기계적인 노력으로 변했다. 그 미소에는 향기가 없고 기계적인 근육의 움직임만 있을 뿐이었다. 그 누구도 그 미소가 아름답다고 느낄 수가 없었다. 연극치료 과정 중에 단 한 번도 자신의 감정을 돌보지 않은 것을 깨닫게 되고 엄마에 대한 분노가 치밀어 올라오게 되었다. "내가 당신의 감정받이야! 당신의 문제를 왜 나에게 쏟아내는 거야! 엄마가 날 키운 게 아니라 내가 엄마를 키우고 있었던것 같아!" 그녀는 스스로 악하다고 생각했던 내면의 이야기를 꺼내며 펑펑 울기 시작했다. 어떠한 경우에도 기계적인 미소의 평정을 잃지 않던 그녀의 울음이 진정한 미소로 변하는 순간이었다.

그 이후로 그녀의 웃음은 차원이 달라졌다. 이렇듯 진정 아픔 없는 웃음은 추하기 마련이고 악의 딜레마를 겪어보지 못한 선은 가식으로 남는다. 연극치료에서는 선한 이에게는 악을, 악한 이에게는 선의 역을 수행하도록 요청한다. 딸은 엄마가 심어준 죄책감으로부터 한결 가벼워졌으며 마흔이 넘어서야 독립된 개체로 살아갈 수 있게 되었다.

선악의 딜레마에 관한 로버트 랜디의 스토리텔링 작업내용을 소개한다. 그리스 설화 중에 '가족으로부터의 분리'라는 오이디푸스적 주제를 다루는 이야기가 전해진다. 그 이야기에는 한적한 시골 작은 집에 사는 어머니와 어린 딸이 나온다. 그 모녀는 한시도 떨어져 지낼 수 없을 만큼 서로를 사랑했다. 그러던 어느 날 어린 딸은 한 친구를 만나게 되었다. 그들은 많은 시간을 함께 보내기 시작했고 매우 친해졌다. 그런데 그 친구는 질투가 너무 심해 어린 딸이 자신의 어머니 이야기를 할 때마다 화를 냈다. 급기야 친구는 그 어린 딸에게 이렇게 말했다.

"네 엄마와 나 중에 한 사람만 선택해. 만약 날 더 사랑한다면 엄마를 죽이고 심장을 도려내 증거로 가져와. 거절한다면 다신 널 안보겠어!"

어린 딸은 친구를 따르기로 하고는 밤늦게 집에 들어가 곤히 잠든 어머니를 죽여 심장을 꺼냈다. 도려낸 심장을 가방에 넣고 친구가 있는 시내로 향했다. 가다가 돌부리에 걸려 넘어지는 바람에 가방에서 어머니의 심장이 굴러 나왔다.

심장은 자신의 어린 딸을 올려다보며 이렇게 말했다.

"다친 데 없니, 아가야?"

이 '심장 이야기'는 매우 간결하면서도 갈등구조에 대한 강한 내러티브가 있다. 주인공인 어린딸, 엄마, 친구, 돌부리, 가방, 심장 등은 각자의 메시지를 담고 있다. 어느 한 역할에 고착되어 있는 내담자라면 위의 역들을 하나씩 수행해 보면서 틀에 갇힌 자신의 역들을 좀 더 확장해볼 수 있다.

선과 악에 대한 이야기는 칼릴지브란의 저서 예언자에도 등장하는 아주 원형적인 개념이다. 그는 선악을 별도로 분리된 두 개의 개념으로 나누지 않는다. 오히려 악의 개념을 선에서 찾으며 그것을 하나로 묶어내고 있다.

- 선과 악에 대하여

그리고 시(市)의 한 장로가 "우리에게 선과 악에 대하여 말해 주세요."라고 말하였다. 그는 다음과 같이 대답하였다.

그대 안에 있는 선에 대하여 나는 말할 수 있으나 악에 대하여는 말할 수 없소.

악이 무엇이냐 하면 단지 선이 굶주리고 목말라서 몹시 고통 받고 있는 것이기 때문이오.

참으로 선이 굶주렸을 때 그것은 어두운 동굴 속에서라도 먹을 것을 찾고, 그리고 그것이 목말랐을 때 썩은 물이라도 마신다오.

그대는 그대와 하나가 되었을 때 선하다오.

그러나 그대가 그대와 하나가 되지 못했을 때라도 그대는 악하지 않다오.

왜냐하면 분열된 가정이라도 도둑들의 소굴은 아니며, 그것은 단지 분열된 가정일 뿐이기 때문이오.

그리고 키가 없는 배가 위험한 섬들 사이에서 하릴없이 헤맬 수도 있지만 그러나 아직 바닥에 가라앉지는 않았소.

그대는 그대 자신을 주려고 애를 쓸 때 선하오.

그러나 그대가 그대 자신의 이익을 찾을 때에도 악하지는 않소.

그대가 그대의 이익을 찾아 애쓸 때, 그대는 단지 대지에 엉켜있을 뿌리일 뿐이며, 대지의 가슴에서 젖을 빨고 있기 때문이오.

분명히, 과일이 뿌리에게 "나와 같이 되어서 무르익고 충만 하여라, 그리고 그대의 풍성한 것으로 항상 주어라."라고 말할 수는 없소.

왜냐하면 받는 것이 뿌리에게 필요하듯이, 주는 것이 과일에게 필요하기 때문이오.

그대가 말하는 동안에 완전히 깨어 있을 때, 그대는 선하오.

그러나 그대의 혀가 목적도 없이 중얼거리며 잘 때에도 그대는 악하지 않소.

더듬거리는 이야기라도 약한 혀를 강하게 하는 데에 도움이 될지도 모르오.

그대가 그대의 목표를 향하여 용감한 걸음걸이로 확실하게 걸어갈 때, 그대는 선하오.

그러나 그대가 절뚝거리며 목표로 갈 때에도 그대는 악하지 않소.

절뚝거리는 자도 뒤로 가지는 않소.

그리고 힘차고 빠르게 가는 그대여, 그대는 절름발이 앞에서 절뚝거리지 않는 것이 친절한 일이라는 것을 알아야 하오.

그대는 말할 수 없을 정도로 선하오. 그리고 그대가 선하지 않을 때에도 악하지는 않소.

그대는 단지 빈들거리고 게으름을 피우고 있을 뿐이오.

유감스럽게도, 수사슴들이 거북이들에게 달리는 것을 가르칠 수 없소.

그대의 신적인 자아를 위한 열망 안에 그대의 선함이 있소. 그리고 그러한 열망은 그대들 모두 안에 있소.

그대들 중 어떤 자들 안에서 그 열망은 산허리들의 비밀과 숲 속의 노래들을 전하며 바다를 향하여 힘차게 돌진하는 빠른 흐름이오.

그리고 다른 자들 안에서 그것은 모퉁이와 굽은 곳에서 그 자신을 잃고 해안가에 도달하기 전에 서성대는 느린 흐름이오.

그러나 열망이 강한 자가 열망이 약한 자에게, "무엇 때문에 그대는 느리고 주저하는가?"라고 말하지 않도록 하오.

왜냐하면 진정으로 선한 자는 벌거벗은 자에게, "그대의 옷이 어디에 있소?"라고 묻지 않고, 집 없는 자에게, "그대의 집에 무슨 일이 생겼소?"라고 묻지 않기 때문이오.

- The prophet(1923), 예언자 중에서. 칼릴지브란

3 허구와 현실

연극치료에서 다루는 허구는 악의적인 측면에서 말하는 거짓말을 의미하지는 않는다. 그것은 상상의 영역에 바탕을 둔 창조성을 의미한다. 현실세계에서 어느 한쪽으로 치우

쳐져 있으면 그것으로도 심각한 질병이 된다. 현실에 너무 치우치면 경직, 마귀할멈, 강박 등으로 불리기 쉽고 반대로 극단적인 허구에 치우쳐 함몰되면 현실도피, 망상 등으로 불리기가 쉽다. 지나친 이상주의자에게는 현실적 감각을, 지나친 현실주의자에게는 이상적 상상을 불어넣는 작업을 연극치료에서 하게 된다.

무대 위에서 많은 사람들에게 둘러싸여 꼼짝도 하지 않는 내담자가 있다.

주변 사람들이 이리저리 건드려 보며 자극을 유도하지만 그녀는 어떤 반응도 하지 않은 채 소통을 단절하고 있다. 칭찬도 욕설도 신체적 접촉에도 무반응으로 일관한다. 저들은 나를 이해하지 못 하고 있으며 자신은 그 누구에게도 이해받지 못 하는 사람이라고 말한다. 그래서 이 상황도 의미 없는 것이라 스스로 판단하고 답을 내려 버린 것이다. 동시에 '너희들과는 수준이 맞지 않아'라는 메시지도 전해진다.

내담자는 전문적인 커리어 우먼이다. 실력도 뛰어나고 전문지식과 업무 수행능력도 조직 내 다른 직원과 큰 차이가 있었다. 게다가 외모 또한 준수한 편이라 흠 잡을 곳 없이 완벽해 보였다. 스스로에게 완벽함이 가끔씩 자신을 더 외롭게 만든다. 자신에게 요구되는 철처함이 타인에게 향하면 모두에게 지옥이 된다. 타인에 대한 가치인정이 낮고 자신의 가치인정이 높으면 불손한 태도를 보인다. 그 태도는 말로 표현하지 않아도 드러나게 되고 상대방이 그것을 모를 리가 없다. 자연스럽게 인간관계는 삐걱거리고 질투와 미움을 사게 되어 집단에서 고립된다.

이 작업에서는 '이상한 나라의 앨리스'가 내담자 문제의 훌륭한 모티브가 되었다. 토끼를 따라 굴 속으로 뛰어든 앨리스가 이상한 나라에 도착해 겪는 신기한 모험들에 관한 이야기이다. 그 중 몇 가지 장면은 내담자의 현실을 극화하기에 좋은 구조를 가진다. 치료사는 내담자에게 이상한 나라의 앨리스와 거울나라의 앨리스 이야기를 들려주었다.

말하는 꽃들의 정원에 도착한 앨리스는 꽃들의 아름다운 노래를 듣고 꽃들은 새로 등장한 앨리스에게 너는 무슨 꽃이냐 묻자 앨리스는 자신은 꽃이 아니라고 대답한다. 꽃들이 보잘 것 없는 들꽃이 분명하다며 앨리스를 정원에서 쫓아내는 장면과 극도로 분노한 하트 여왕이 모든 것이 앨리스 탓이라 생각하고 앨리스를 재판에 넘기는 장면 등이 내담자에게 선택되었다.

치료사는 각색해서 동화를 만들어볼 것을 권유하였다. 내담자는 앨리스처럼 인간세상을 벗어나 나비의 세계에 초대되었다. "넌 왜 그렇게 바위처럼 앉아 있니? 넌 바위가 아니야. 살아 있고 감정도 있고 우리와 함께 날아다니는 나비였어. 기억이 나지 않니?" 나비가 말하였다. 그제서야 그녀는 나비인 듯 날아다니기 시작하며 그녀가 하는 모든 이야기들이 이해받기 시작하였다.

이야기는 이렇게 흘러갔다. 원래 살던 곳은 나비나라였는데 벌을 받아 인간 세상에 들어가 그들의 언어에 저지당하고 외톨이처럼 살게 되었다는 것이다. 그녀는 나비나라에 살 때 고약한 성격과 남을 무시하는 태도, 칭찬으로 남을 조종하려는 음모, 세련된 언어로 교묘히 자신을 위장시키는 가증죄 등의 죄를 지어 인간세상으로 추방되었다는 사실을 알게 되었다.

그러나 그것은 사실이 아니었다. 고약한 성격은 말벌나라에 정보를 파는 간신들에게서 나비나라를 지키기 위한 정직한 충정이었고, 남을 무시하는 태도는 나약한 나비들이 거지근성으로 이곳저곳 손을 벌리며 살아갈 때 스스로 성장하고 생존할 수 있다는 존재에 대한 믿음의 자세였다. 자신도 착한 나비의 탈을 쓰고 싶다는 유혹도 있었지만 더 큰 신의 목소리를 따랐다. 밤이면 혼자 성당에 앉아 밀려오는 아픔에 많이 울기도 했다. 칭찬으로 남을 조종하려는 음모는 애틋한 사랑이었다. 그녀는 거짓으로 칭찬하지 않았다. 나비의 진심 어린 칭찬은 이웃나라 고래도 춤추게 하였고 사나운 사자도 온순하게 만들었다. 이 모든 것들이 음모론자에 의한 모함이었다는 것이 밝혀졌다. 나비나라 평의회위원들이 회의를 열어 이제 그만 나비나라로 불러들이자는 결론을 내렸고 그녀는 다시 자기세계로 들어갈 수 있었다.

이 이야기는 허구와 실제의 세계를 잘 다루고 있으며 자신이 나비라는 설정으로 실제의 세계는 나비나라이고 허구의 세계는 인간세상이라는 것을 이용하여 표현의 해방구를 찾을 수 있었다.

4 남과 여

남성과 여성의 특성을 나타내는 지표는 생물학적, 신체적, 심리적, 사회문화적 요인 등 다양하다. 칼 융은 개인의 내적 인격은 남성성과 여성성을 동시에 가지고 있으며 이것을 아니마 아니무스라 하였다. 생물학적으로도 한 신체에서 남성호르몬과 여성호르몬이 분비되는 것처럼 정신에서도 남성 안에 여성적인 특성이 존재하며 또한 여성 안에 남성적인 특징이 존재한다.

아니마는 남성 안에 존재하는 여성적인 특성이다. 아니마는 그냥 여성적인 특성이라고 해도 무방하다. 아니마의 특징은 기분(mood)이나 정동(emotion)이다. 아니마는 한 인격체 내에서 육감과 예감, 부드러움, 양육과 사랑, 포용 등에 작용한다.

아니무스는 여성 안에 존재하는 남성적인 특성이다. 아니무스는 그냥 남성적인 특성이라고 해도 무방하다. 아니무스의 특징은 힘(power)과 정신(geist)이다. 아니무스는 한 인격체 내에서 논리와 판단, 투쟁과 경쟁, 사상, 도전 등에 작용한다. 여성들은 자신 안에 있는 남성성의 상이 외부로 투영되고, 남성들은 자신 안에 있는 여성성의 상이 외부로 투영되어 서로 사랑에 빠지게 된다.

비나(veena)라는 인도의 악기를 빗대어 남녀를 설명한 명상가의 이야기가 있다.

근본적으로 남자와 여자는 하나이다. 빛은 합치면 흰 투명 빛이 된다. 사람은 합치면 투명 빛이 안 된다. 남녀는 표현에 있어서 다르다. 이 다름은 매우 아름다운 것이다. 그 다름을 없애려 하지 않아도 된다. 오히려 늘리고 더 확장해야 한다. 그 차이를 부수고 없애야 할 것이 아니라 남녀사이에 숨겨진 동질성을 보아야 한다. 서로의 차이를 없애지 않은 채로 둘 사이에 같은 선율을 보게 될 때 그때서야 그대는 눈을 가졌다고 말할 수 있다.

인도에 비나(veena)라는 현악기가 있다면 한국에는 해금이라는 단 두 줄의 현악기가 있다. 손가락도 같은 손가락이요, 줄도 같은 줄인데 단지 손가락의 작은 움직임의 진동만으로 수천가지 소리가 탄생한다. 세상은 아름답다. 다양성 속에서도 일치와 조화를 이룬다. 연주자도 한 사람이요, 악기도 한 가지인데 같은 줄이 소리를 내고, 같은 손가락이 줄을 튕긴다. 그러나 그 소리는 수천가지의 선율이 일어난다. 남자! 남자도 그 선율들 중의 하나이다. 여자는 다른 선율이다. 다를 뿐만 아니라 오히려 그 반대의 선율이다. 그래서 서로를 그토록 당기는 이유가 거기에 있다.

이렇듯 남과 여는 영원한 대립쌍이면서도 자웅일체의 통합적인 주제를 담아낸다. 조선시대 500년 동안 억압된 여성의 권리가 21세기에 들어와 봇물처럼 터져 나온다. 흔히 메갈당, 워마드로 불리는 극단적인 단체들은 투쟁이라는 도구로 남성사회와 맞선다. 투쟁은 프로이트의 타나토스, 즉 남성성의 특징이다. 똑같은 방법으로 목적을 성취할 수 있겠지만 보이지 않는 갈등은 더 커질 것이다. 역사는 반복된다. 앞으로 500년 후의 남성에게 어떤 반격을 받을지 모르는 일이기 때문이다. 역사는 변증구조에 의해 변하기 마런이다.

무대 위에 많은 남녀가 있다. 그들은 상대의 성에 대해 부러운 점을 말하고 있다. 먼저 여성들이 남성들에게 이야기한다.

"서서 볼일 볼 수 있잖아요 하하."

"여름철에 아무데서나 윗 옷 벗고 첨벙첨벙할 수 있어요"

"남자로 태어났다는 자체가 좋아요. 어린 시절 여동생보다 모든 면에서 우선 순위였 어요."

"밤에도 혼자 마음대로 다닐 수 있어요."

"명절에 손 하나 까닥하지 않아도 돼요."

"육아나 집안일은 신경 안 써도 돼요. 돈만 벌어오면 되거든요"

"이것저것 깊이 생각하지 않으며 본능에 충실하고 단순해서 좋아요."

"성에서 자유로와요. 임신과 출산의 책임은 여자의 몫이니까요."

"생리통이 없어서 좋아요"

"사회문화가 너그러워요. 정숙해야지, 목소리가 작아야지 등 잔소리 들을 일이 없 어요."

곧이어 남자들이 여성들에게 이야기한다.

"자신을 가꿀 수 있어서 좋아요. 화장, 다양한 옷, 액세서리 등 너무 많아요."

"회사 회식에서 술을 거절할 수 있어요."

"가족을 먹여 살릴 의무가 없어요."

"군대에 안 가도 돼요."

다양한 이야기가 오가는 가운데 한 남자는 여성이길 원했다.

지독히도 가난했으며 어릴 적부터 친구들과의 모임에 함께 할 수 없었다. 그곳에 함께 하려면 돈이 있어야 하는데 그럴 수가 없었던 것이다. 친구들이 삼삼오오 같이 다닐 때 그는 혼자 있어야 했다. 그러나 그의 마음은 늘 친구들과 어울리고 싶어 했다. 연극치료 작업에서 어린 시절로 다시 되돌아가 그 무리와 함께 놀게 되었을 때 그는 하염없이 울었 다. 그리고 이런 말을 했다.

"여자로 태어나고 싶어요. 이렇게 울고 싶을 때 마음껏 울 수 있잖아요."

여자 중에서는 남자로 태어났다면 이런 꼴은 안 당했을 텐데 하는 경우가 많다. 하지만 실제로 선택하게 하면 다시 태어나도 여자이기를 원한다. 남자 중에서는 여자로 태어났다면 하는 질문 자체가 성립이 안 될 때가 많고 당연히 다시 태어나도 남자이길 원한다.

물론 서로의 성역할에 부러워하는 부분들은 분명히 존재한다. 여성이 부러워하는 남자역할은 혼자 여행 다니기가 가장 두드러지고, 남성이 부러워하는 여성역할은 부양의 책임감에서 해방되는 것이었다. 물론 세상이 바뀌어가니 이것 또한 변증법에 의해 얼마 가지 못할 것은 자명한 일이다.

5 가해자와 피해자

가해자는 자신이 가해자임을 자각하는 경우가 드물다. 이야기를 들어보면 그저 늘 하던 대로 했을 뿐인데 주변사람들은 피해를 받았다고 이야기 한다는 것이다. 또한 의외로 불필요한 오해에서 비롯된 피해자일 수도 있다. 에니어그램에서 말하는 성격의 9가지 유형으로 보면 8번 유형의 사람과 2번 유형의 사람이 만나게 되면 2번 유형은 8번 유형의 말투에 상처를 받게 된다. 에니어그램은 사람을 9가지 성격으로 분류하는 성격분류지표이자 인간이해의 틀이다. 지도자유형의 8번은 독립적이고 직선적인 성격으로 무뚝뚝해서 사람들을 질리게 하는 특성을 가지고 있다. 반면 조력자 유형의 2번은 관계지향적이고 진짜 감정을 억압하며 자존감이 낮은 특성을 가지고 있다. 사람들은 이렇듯 고유한 특성을 가지고 있으며 그것대로 살아갈 뿐이다. 8번 유형의 말투는 고유한 기질 때문이지 특별히 사람에게 상처주기 위해 인위적으로 만들어 내지는 않는다. 이런 관점에서 보면 가해자 중에는 사회적 오해와 편견이 그를 가해자로 만드는 경우가 종종 있다. 8번 유형의 입장에서는 억울한 일이 될 것이다.

반대로 2번 유형은 이기적이게 될까봐 두려워 정말 자기에게 필요한 일을 하지 못하고 끊임없이 타인을 배려하면서 자신의 감정을 억압한다. 타인에게 필요하고 사랑받는 것이 왜곡된 욕망으로 비추어지는 것이 2번 유형의 입장에서는 억울한 일이 될 것이다.

8번 유형과 2번 유형의 내면의 대화를 들여다보자.

8번(지도자유형)	2번(조력자유형)
• 그 정도는 혼자 해야지	• 무엇이든 함께 해야지
• 그 일은 당연히 해야 하는 것이야	• 그 일에 누가 함께 하는데?
• 내 코가 석자야	• 다른 사람의 모든 걸 알고 싶어
• 적당히 무시해 버려	• 자꾸 마음의 상처가 깊어져
• 말을 해야 알지	• 어떻게 내 마음을 모를 수가 있어
• 기본이 안 되어 있어	• 따스함과 정이 없어
• 나는 지금 화가 나려고 해	• 나는 지금 수치심을 느끼고 있어

이런 본질적인 경우를 제외하고 합리적인 차원에서 가해자와 작업할 때는 피해자의 입장에 서 보도록 하는 것이 매우 중요하다. 특히 학교폭력에 있어서 가해학생의 경우는 피해자 역할을 당했을 때 그들이 느끼는 감정이나 상황을 인식하게 된다. 피해자로 충분한 경험을 하게 된다면 학교에 오는 것이 얼마나 무섭고 두려운 일인지 알게 되어, 학교를 그만 두고 싶고, 심지어는 자살을 생각하는 경우도 생긴다는 것을 깨닫게 된다.

역할교대를 경험한 후 가해자그룹에게 이 폭력적 상황을 어떻게 대처할 수 있을 것인가를 논의하게 한다. 이제 그들은 가해자이면서 피해자의 역할을 수행해 보았다. 두 그룹의 특성을 잘 이해하게 되었기에 어른들이나 학교차원에서 나오는 폭력예방에 비해 아이디어가 훨씬 실용적이고 풍부해질 수 있다. 자신이 자신을 제일 잘 알듯이 가해자가 가해자의 심리를 제일 잘 알기 때문이다.

여기에 피해자 역할을 맡은 가해학생들이 역할극 안에서 내놓은 말을 보면 다음과 같다.

"가해자 학생 안에도 분명 두려움이 있어. 그것을 감추기 위해 더 강하게 보이려 위장하는 거야. 그것을 들키지 않으려 더 통제하고 공포를 조장하는 거야."

"선생님이나 교육청에 도움을 요청해. 비록 보복은 두렵겠지만 가만히 있는 것 보다는 뭐라도 해야 돼. 생각보다 도움이 돼."

"사실 가해자 학생 혼자는 아무것도 아니야. 그들은 소수의 패거리를 달고 다니거든. 그러나 그들은 소수야. 그렇지 않는 아이들이 훨씬 많아. 다수의 힘을 통합해서 저항해야 해."

"사실 침묵하는 아이들이 더 나쁘다고 생각해. 우리 반에는 싸움도 잘하고 공부도 잘하는 아이들이 있어. 그들의 침묵은 악행을 묵인하는 방관자임을 깨닫게 해야 해."

"자기 자신을 지킬 줄 알아야 해. 내 행동에 무엇이 문제인지 스스로 분석하고 극복하는 노력이 필요해."

　　"정말 견디기 힘들면 다른 학교로 전학을 가."

　반대로 피해자는 늘 자신이 피해를 받고 있다고 생각한다. 그들 내면의 핵심은 나의 문제, 나와 나의 이야기에 대한 사람들의 동정과 연민과 관심이다. 피해자 역할에 갇혀 살다보니 모든 문제의 원인을 자신과 외부로 돌린다. '나는 아무것도 할 수 없어', '당신 때문이야. 당신만 아니었어도', '환경 탓이야', '부모 탓이야', '아아 난 무기력하고 무서워', '내 이야기를 들어줘' 이러한 요인을 들어 자신을 피해자로 인식하게 한다. 이런 생활이 반복되다 보면 고정역할이 되어 버린다.

　피해자 학생들에게 가해자 역할을 하도록 했을 때 그들은 스스로의 문제를 잘 드러낸다.

　피해자 학생들이 가해자 역할을 맡아서 하는 이야기들은 다음과 같다.

　　"야! 니가 바보같이 행동하잖아."

　　"네가 하는 이야기는 들을만한 가치가 없어."

　　"그냥 재수 없어."

　　"때려도 저항 안하고, 돈 뺏어도 순순히 내놓잖아. 그러니 계속 요구해야지."

　　"원래 약육강식이야. 약한 놈이 굴복하는 거야."

　　"내가 기분이 안 좋거든. 그러니 그냥 오늘 너를 괴롭혀서 내 기분을 풀어야겠어."

　　"법이 어딨어. 내가 법이지."

　　"난 너에게 어떠한 동정과 관심따윈 없어."

　피해자의 고정역할이 되어 버리면 이별에 있어서도 피해자 입장이 된다. 그것은 본인도 알아차리지 못하게 스스로를 피해자 역할로 만들어 버리는 무의식적 행동이다. 피해자는 자신이 가해자 입장에 섰을 때 놀라울 정도로 큰 깨달음을 얻는다. 자신이 피해자가 아니라 상대방이 피해자였고 오히려 자신이 가해자였음을 알아차리는 경우가 그것이다.

　남자친구와의 관계가 오래 지속되지 못하는 한 여자가 있다.

　남자에게 사랑받기를 원했으며 그 증표로 선물을 요구하였다. 그녀는 만나는 사람마다 선물 받는 것을 당연한 것으로 생각하였으며 남들도 그렇게 요구할 것이라 생각하였다. 거짓말 같지만 조금의 죄책감이나 문제의식이 없었다. 물론 치료세션에 모인 많은 여자들은 그녀의 이야기에 동의하지 않았다. 선물을 받은 남자와의 관계는 어느 정도 지속되었고 그렇지 못한 남자와는 만남이 단절되었다. 이러다 보니 지속적인 애착관계를 형성하는 관계를 가질 수 없었고 잦은 이별과 만남이 반복되었다. 그때마다 '저 남자가 나를 버렸어', '나를 사랑하지 않아'라며 자신을 피해자로 만들었다. 대부분의 이별에 대해 사람들은 상처를 가지며 그 원인이 상대방에 있다고 믿는다. 다른 사람들에게 이야기를 전할 때도 자신이 버림을 받았다는 표현을 하게 되면 많은 사람들로부터 동정과 이해를 받게 된다.

이 경우는 자신이 남자역할을 맡았을 때 자신의 행동에 무엇이 잘못 되었는가를 확연하게 알게 되었다. 그리고 오히려 자신이 남자를 이용하고 있는 가해자였음을 깨닫게 되었다.

6 용기와 공포

'용기, 이 수준의 에너지는 "난 할 수 있다."라고 말한다. 단호하고 삶에서 열정을 느끼고, 생산적이고, 독립적이고, 자율적이다. 효과있는 행동을 할 수 있다.'

- 데이비드 호킨스

용기는 습관적으로 행하던 행위나 생각에 더 이상 끌려다니지 않고 스스로 선택할 수 있는 힘이다. 삶이 선택의 연속선상에 놓여져 갈등하게 만든다면 다른 길을 갈수 있도록 북돋우는 힘 같은 것이다. 그래서 모두가 '예스'할 때 '노'라고 말할 수 있는 것. 모두가 '노'할 때 '예스'라고 할 수 있는 것이다. 늘 익숙한 상황에서는 새롭게 창조되는 것을, 새롭고 낯선 상황에서는 거기에 위축되지 않고 상황에 맞는 적절한 것을 수행할 수 있게 되는 것이다.

흔히 나타나는 형태로는 "난 더 이상 비굴한 웃음을 짓지 않겠어!"와 같은 어떤 결심 같은 것이다. 드라마에서는 자기 선언문 같은 짧은 문장을 명료화해서 관객을 향해 크게 외치도록 요구받는다. 관객들이 상대역할로서 "어림도 없어. 감히 네가!"라고 받아주면 그 목소리를 뛰어넘게 더 크게 결심을 외치도록 한다. 결국 이 싸움에서 내담자는 역할훈련을 통해서 초기단계의 용기를 습득하게 된다. 일상생활에서 같은 상황이 벌어졌을 때 그 전과는 다른 표정을 짓게 된다. 무표정을 지을지언정 적어도 비굴한 웃음은 더 이상 짓지 않게 된다. 초기단계에서 저항과 분노로 시작한 용기일지라도 성숙되면 자기 수용의 길로 안내받게 된다. 삶에서 겪게 되는 시련을 선물로 받아들이고 예스하게 되는 경지에 이르게 된다.

논문심사를 앞둔 석사과정의 학생이 있었다.

그는 논문통과를 앞두고 극심한 스트레스에 시달리는 상태였다. 학문적 성과와는 별개로 그에게 주어진 부당한 일들이 있었기 때문이었다. 그는 직장을 다니면서 학교를 다니고 있었기에 시간이 그렇게 넉넉하지는 않았다. 그러나 수업 외에도 학교 행사에 불참이 늘어 갈수록 졸업과는 거리가 멀어져갔다. 급기야 지도교수의 사적인 집안일들에 동원되었고 휴일에는 운전수 역할도 해야 했다. 그에게 지도교수는 공포와도 같은 존재였기에 불합리한 갑을관계에서 오는 울분을 번번이 속으로 삭혀야만 했다. 학교에 가는 것이 죽기보다 싫었고 어쩌다가 복도에서 개인적으로 마주치기라도 하면 얼음처럼 얼어붙어서 숨을 쉴 수 없는 지경에 이르렀다. 급기야 그 공포증이 신체증상으로 나타나기 시작했다. 등교하는 날은 몸이 아파서 일어나지 못했고, 극심한 편두통 때문에 강의실에서 이유 없이 토하기도 하였다. 전형적인 전환장애 증상이었다. 조만간 이 불합리한 상황에 모종의 결정을 내려할 상황에 이르렀다. 그러나 그 결과로 예상되는 일은 끔찍하였다. 지도교수의 권위에 맞서야 되고 그로 인해 미움을 살 경우 학교를 졸업할 수 없다는 불안은 공포스러운 일이었다. 그러나 그는 억눌렀던 이야기를 할 수 있다며 용기를 내었다. 상담에서 많은 장면들이 시뮬레이션 되었다. 상황극을 만들고 각 상황에 맞는 대처방안을 연기하고 훈련하였다. 억압된 감정을 풀어내기 위해 여러 번 사이코드라마도 진행되었다.

> "처음에 면접을 볼 때는 일주일에 두 번만 등교하면 된다고 했잖아요! 모집요강에도 그렇게 나와 있습니다. 이건 너무 부당합니다. 스트레스 때문에 병을 얻어 무엇보다 중요한 건강을 잃었습니다. 여기에서 벗어나 안정을 되찾고 싶습니다."

지도교수를 향해 두 눈을 똑바로 뜨고 그동안 하고 싶었던 말을 하고 교정을 나왔다고 했다. 그리고 그 순간 얼어붙은 교수의 모습이 한동안 뇌리에서 떠나지 않았다고 한다. 그는 학위를 포기하고 용기를 선택했다. 어떤 것이 더 가치가 높은 것인가는 사람마다 다를 것이다. 분명한 것은 용기를 위해서는 내려놓음과 포기가 필요하다. 그는 그 사건에 대한 심경을 담은 독백 같은 편지를 보내어 왔다.

[독백편지]

나는 일을 저질렀다. 치료사와 상의하고 교수가 어떻게 나올지에 대한 각 상황을 철저히 연습하였다. 감정적으로 대처하지 않기 위해 침착함을 유지하였다. 예의에 어긋나지 않으면서도 나의 생각을 정리해서 또박또박 말씀드렸다. 일주일이 흘렀다. 다시 학교로 가는 길은 긴장감과 함께 일종의 해방감 같은 것이 밀려왔다. 한바탕 전쟁 후에 끔찍한 결과가 기다리고 있을 것이라 생각했다. 그러나 이상하리만큼 학교에서는 아무 일도 일어나지 않았다. 교수님도 자기의 체면이 더 손상되는 것을 원하지 않은 듯 그날 일을 거론하지 않으셨다. 학생과의 문제가 커져봤자 자기만 손해라는 것을 알았던 것일까? 난 왜 바보같이 긴 시간을 그렇게 당하고만 있었던 것일까? 그래. 그건 아버지 때문이었어. 무섭고 권위적이었던 아버지 앞에서 나는 꼼짝도 못했으니까. 아버지에게 영향을 받은 콤플렉스가 권위에 대한 두려움으로 자리 잡은 것이었어. 그리고 보면 나도 어떤 부분에서는 권위적이야. 그건 아버지를 닮아있지.

그는 계속 학교를 다니게 되었고 상담이 지속적으로 이루어지는 가운데 졸업에 관한 부분에서는 스토리텔링으로 삶의 통찰을 얻게 되었다. 그는 여태까지 자기의 삶이 마치 달리기만 하는 기관차 같다고 하였다. 무엇을 향해 달려가고 그것을 성취하면 또 다른 목표를 설정하고 달리기만 했었다. 그러나 정작 그는 어디를 향해 달리고 있었는지 모르고 있었다. 상담후기에는 목표점에 꼭 도달하지 않아도 된다는 것을 깨달았다고 했다. 그리고 치료사에게 마치 동화와도 같은 스토리를 보내주었다.

[스토리텔링]

옛날 옛적에 항해자 캡틴하룩이라는 선장이 있었습니다. 그는 이 세상에 태어날 운명은 아니었지만 현명한 요정의 도움으로 세상의 빛을 볼 수 있었답니다. 그는 자기를 태어나게 해준 그 요정을 그리워했고 결국 요정을 찾아 길을 떠나게 되었습니다. 그 길은 넓은 평야를 끝없이 가로지르는 길이었습니다. 가도 가도 끝이 보이지 않았습니다. 표지판도 없는 그 길은 주변 풍경도 없었기에 늘 같은 자리를 맴도는 것 같아 보였습니다. 세월이 얼마나 흘렀을까요. 드디어 길 양쪽에 두 개의 탑이 서있는 곳에 도달했습니다. 그것은 오래전부터 나를 위해 거기에서 기다리고 있는 듯 했습니다. 그곳은 세상의 끝이었습니다. 너무 허무했습니다. 두 개의 탑은 거대한 묘지였고 생이 끝나는 것이었으니까요. 그러다 그는 문득 무엇인가를 깨달았습니다. 그가 걸어왔던 길. 그 자체가 삶이며 목적이었다는 것을 말입니다. 길을 걷는 도중 바람의 소리를 들었으며, 하늘의 구름이 각양각색의 모양으로 바뀌는 것을 보았고, 비가 내릴 때는 두 팔을 벌려 목을 축였고, 밤하늘에 쏟아지는 별들을 가슴에 담고 잠이 들었고, 동이 터면 새벽 푸름과 함께 길을 걸었던 것입니다. 그 모든 것들이 삶이었음을...

우리는 공포를 경험하는 사람이 그것을 극복하기 위해 얼마나 큰 용기를 내어야 하는가를 안다. 그래서 시도하고자하는 그 용기를 지지하고 응원하는 것이다. 그것은 고결하고 위대한 행위이기 때문이다. 기꺼이 공포와 직면하고 자신의 삶이 그로 인해 얼마나 피폐해지는지를 알면 더 이상 거기에 끌려다니지 않게 된다. 오히려 그것을 받아들이고, 공포에 대한 저항을 내려놓게 되면 삶은 다른 방향으로 우리를 인도한다. 공포가 완전히 사라질 수도 아니면 그대로일 수도 있지만 적어도 뭔가를 자율적으로 시도했으며 그로 인해 용기와 자존감은 올라간다.

공포는 돌파경험으로 이루어지고 돌파경험은 미지의 두려움에 대한 내려놓음, 즉 항복(surrender)에 기인한다. 한번 공포로부터 유능감을 획득한 경험은 공포를 다르게 인지하기 시작한다. 그것은 더 이상 자신을 깎아 내리지 않게 하고 부끄럽게 하지도 않는다. 내적으로 강인해지고 자신을 받아들이게 된다.

두려움은 누구에게나 있다 그것을 깨닫는 것이 중요하다. 두려움이 없는 사람은 없다. 아무리 유능한 사람이어도, 조직에 충성하는 직장상사일지라도, 무서운 시어머니라해도 모든 개인은 두려움을 다 가지고 있다. 그런데 우리는 우리의 상대가 두려움이 없다고 생각하는 함정에 빠져 내가 어찌할 수 없는 거대한 존재로 느낄 때 자신은 한없이 위축된다. 너무나 위축된 나머지 그들 앞에서면 가슴은 덜컹대며 몸은 경직되고 말도 제대로 나오지 않는다.

그들에겐 이런 대사가 필요하다.

'나를 바라보는 당신의 눈빛에도 두려움이 가득 차 있다. 그러니 두렵지 않아.'

'어두운 골목길에서 사람과 마주친 검은고양이가 깜짝 놀라는 사람에게 '내가 더 놀

랬다.'라는 것과 같다. 공포와 용기는 대립쌍이다. 공포를 받아들이고 그 속성을 알게

되면 "난 더 이상 비굴한 웃음을 짓지 않겠어!"라는 용기의 순간이 온다.'

7 유혹자와 도덕자

프로이트의 정신분석이론에 의하면 유혹자는 이드(id), 즉 본능을 대변하는 원초아이

고, 도덕자는 슈퍼에고(super ego), 즉 도덕적 양심을 대변하는 초자아이다.

성경에 선악과 이야기가 나온다. 창세기에 의하면 하느님이 에덴동산을 만들고 그곳

에 온갖 열매들이 열리는 나무들을 많이 만들었는데, 아담에게 "다른 나무의 열매를 먹는

건 상관없으나 선악을 알게 하는 나무의 열매는 먹으면 반드시 죽을 것"이라고 말하였다.

그런데 에덴의 뱀이 하와에게 다가와 "하느님이 너희더러 나무 열매를 하나도 따먹지 말

라고 하셨다는데 정말이야?"하고 물었고, 하와 역시 "동산 한가운데 있는 나무 열매만은

먹지도 말고 만지지도 말래. 그렇게 하면 죽을지도 모른대."하고 대답한다. 그러자 뱀은

"그 열매를 먹으면 지혜를 얻어서 너희도 하느님처럼 되기 때문에 먹지 말라고 하신 거

다"하고 선악과를 따먹을 것을 유혹했다. 그걸 믿어버린 하와는 하느님과 같은 전지전능

한 힘을 얻을 수 있을 것이라는 욕망에 눈이 멀어서 선악과를 따먹고 남편 아담에게도 건

네줘서 같이 나눠먹었다가 그만 하느님에게 벌을 받아 에덴동산에서 추방되었다는 내용

이다.

선악과는 금단의 열매라고 불리며 창세기에 나오는 욕망의 실체이며 누군가가 먹거나

취하는 것을 금하게 한 열매를 가리킨다. 인류 최초의 유혹이 성경에 등장하는 것이다.

뱀은 유혹자이고 하와는 초자아인데 프로이트적으로 말하면 이드와 초자아와의 싸움에

서 초자아가 굴복하고 이드가 승리하는 내용이다. 인류문명의 발달사뿐 아니라 개인의

내적 정신세계에서도 이드와 초자아의 갈등은 언제나 있어 왔다.

유혹자와 도덕자를 논하자면 황진이와 서경덕이야기를 빼놓을 수 없다.

황진이는 가무에 곁들여 시조를 읊을 줄 알고 여기에 동서고금의 지식에 박학한 명기

로서 그녀를 만나보기 위해 뭇 남성들이 그녀 집 문전을 기웃거렸다. 그녀는 뛰어난 용모

에 재치와 기지가 넘쳤으며, 화제도 그칠 줄 모르는 등 다양한 재능을 지니고 있었다. 그

녀는 이처럼 당대의 명사들과 어울리다가 자신의 용모와 재능과 질탕한 짓거리에 흠뻑

빠지는 남성들에게 진력이 났다. 그녀는 송악산 밑의 서경덕을 찾아 나섰다. 서경덕은 '모든 현상은 기의 작용에 의해 이루어진다.'는 기일원론의 이론을 확립한 사상가였다. 그는 철저한 학문적 사유로 민중사상과의 만남을 모색했으며 많은 제자들을 길러내 명망이 컸다. 황진이는 그의 제자가 되기를 청했고 서경덕은 이를 받아들였다. 황진이는 며칠 밤을 서경덕의 이불에서 잤지만 서경덕은 담담했을 뿐이다. 그도 남자인데 아름답고 보들보들한 살결에 정말 아무런 동요가 일지 않을 수 있었을까?

황진이는 서경덕, 박연 폭포와 함께 '송도삼절'로 불렸다. 그녀는 아름다운 외모를 지닌 데다 시서음률(詩書音律)과 시화에도 뛰어나 문인, 선비들과 시주(詩酒; 시와 술)로 교우하며 그들을 매혹하였다. 지족선사를 10년 동안의 면벽수도에서 파계시키고, 호기로 이름을 떨치던 벽계수라는 왕족의 콧대를 시조 한 수로 꺾어 놓기도 하고, 서경덕을 유혹하려다 실패한 일화는 그녀가 당대 사대부 사이에서 어떤 존재였는지 짐작할 수 있게 한다. 그런 그녀가 유독 서경덕에게만 여인으로서의 연정을 버리지 못했던 것은 서경덕의 인간적 풍모가 얼마나 뛰어났었는지를 역설적으로 보여 준다. 그러나 그가 일화처럼 황진이의 유혹을 뿌리쳤다는 것이 이성에 대한 감정이 전혀 없었기 때문은 아닐 것이다. 다만 욕정에 이끌려 자신의 도리를 잃을까 걱정되었기 때문이다. 도학자로서 초자아의 품격을 지키지만 유혹에 흔들리는 원초아의 내면적인 갈등은 떨쳐버릴 수 없었을 것이다.

도덕자, 즉 자신이 도덕적으로 완결해야 한다고 생각하는 사람들은 유혹하는 역할을 요청받았을 때 극단적으로 두 가지 경우로 나뉜다. 그 역할을 너무나도 잘 수행하거나 아무것도 하지 못하고 얼어 붙어버리는 사람이 된다.

연극치료 집단작업에 수녀 한 분이 참여했다.

중년을 지나 나이가 어느 정도 있어 보였다. 젊은 수녀시절에는 수도원의 규칙에 얽매어 스스로 통제하는 삶을 살다가 경륜이 쌓이다 보니 본인이 하고 싶은 공부를 여기저기 찾아다니며 경험한다는 것이었다. 치료사는 황진이와 서경덕의 이야기를 즉흥극으로 제시하면서 그룹에게 연기하도록 요청했다. 마침 거기에는 남성들이 있어서 사대부 양반과 10년 면벽수양의 지족선사, 그리고 서경덕 역할을 맡았다. 수녀는 집단의 짓궂은 권유에 떠밀리다시피 황진이 역을 맡게 되었다. 집단은 황진이역의 수녀에게 반신반의하면서 즉흥극에 참여하게 되었고, 황진이 앞에는 여럿 남자들이 다가서게 되었다. 많은 남성들은 황진이가 뭐라 특별히 행동한 것이 없는데도 미모와 학식을 찬양하면서 스스로 유혹 당했고, 특히 지족선사가 10년 면벽수행을 내던지는 장면에서는 웃음바다가 되었다. 그러다가 서경덕을 만났는데 그는 황진이에게 눈도 두지 않았고 오로지 학문에만 열중하였다. 여태까지 수동적이고 약간의 교태로운 미소만 지어 보였던 황진이는 이에 오기가 생겼다. 그를 유혹하기 위해 온갖 노력을 다하였다. 술을 권하기도 하고, 치마를 살짝 들어 올리기도 하고, 취한 척 그에게 쓰러져 안기기도 하였다. 그야말로 참여자 모두가 상상하지 못한 역할을 한 것이다. 그 와중에서 관객석에서 한 여인이 불쑥 튀어 나와서 "수녀님 부끄러운 줄 아세요."라고 소리쳤다. 그러자 그 황진이는 잠시 머뭇거리더니 그녀에게 말했다 "무대에서 만큼은 위선 떨고 싶지 않아요! 당신이라면 이렇게 멋진 남성을 두고 어찌 그냥 지나갈 수 있겠어요? 당신이야 말로 위선자 같군요."라고 말하였다. 이 말은 집단에서 폭풍 공감을 얻어내며 전체의 분위기를 반전시켰다. 극은 결국 서경덕까지 유혹에 성공하는 것으로 끝을 맺었다. 극이 끝난 후 수녀는 "내가 이렇게 잘 해낼 줄 몰랐어요. 당황스러웠지만 이것 또한 저인걸요." 라며 부끄러운 미소를 지었다.

유혹자는 그것을 잘 해내지 못할 것 같은 도덕자에게 적용된다. 성에 무의식적 억압이 강할수록 적당한 예의로서 정교하고 세련된 심리적 장벽을 만든다. 유혹자는 부끄럽고 천박하며 자신의 격에 맞지 않는 수준 낮은 행동이라 여긴다. 억압이 강하면 강할수록 비례해서 저항이 커지며 그것이 터져나올까 두려워 점점 더 감추게 된다. 심리적 반동형성이 극에 달하면 현대소설 'B사감과 러브레터'의 주인공 B사감이 되는 것이다. 이런 유형의 사람도 일단 유혹자의 역할을 성공하게 되면 봇물 터지듯 터지는 경우가 많다. 드라마 안에서 뿐만 아니라 현실세계에서도 새로운 자신으로 태어난다. 자기에게 솔직하지 못했고 친절하게 대하지 못한 과거를 반성하고 현실의 욕구에 충실하게 된다. 자신 안에 내재된 억압을 표현하고 해방시킬 때 심리적 반동형성은 승화의 단계를 향해 나아간다.

아이러니컬하게도 수녀나 성직자들은 유쾌하게 잘 해내는 경우가 많다. 특별히 그것에 걸려있거나 스스로 인식하지 못하는 억압같은 것이 없기 때문이다. 설령 있더라도, 그것을 수행을 통해 스스로 통찰하고 받아들일 수 있는 힘이 있기 때문이다. 도덕자는 그 유혹을 거절 또는 허락하는 형태로 자신의 도덕적 자아와 본능사이에서 균형감을 찾을 수 있도록 유도한다.

이와 유사한 형태로 '해줘! 싫어!' 형태도 있다. 부탁을 해본 적이 없는 사람은 '해줘!' 라고 계속 유혹하고 '노'라고 대답하기 힘든 사람은 '싫어!'라고 거절한다. 이 짧은 단어

하나로 많은 감정들이 오가는 것을 관찰할 수 있다. '해줘!'라는 역할을 맡은 사람은 어떻게 하든 '그래'라는 답을 얻어내기 위해 온갖 형태의 몸짓과 어투로 혼신을 다한다. '싫어!'라는 사람은 절대로 '그래'라는 말을 해서는 안 된다. 처음 시작할 때는 가볍게 웃으면서 시작하지만 점점 시간이 지날수록 상황이 심각해진다. 급기야는 눈물을 흘리는 일도 다반사이다. 얻어내고자 하는 사람은 거절의 상처를 견뎌야 하며 거절하는 사람은 공감능력을 버리는 인간적 고통을 감수해야 한다. 세상에는 얻고자 한다고 다 얻을 수 없으며 도와주고자 한다고 다 도와줄 수 없음이 있다는 것을 깨닫게 된다.

8 연애와 이별

연애를 시작하면 세상이 달라진다. 둘 사이의 깊은 유대감이 세상을 새롭게 재창조한다. 늘 떠오르던 태양을 찬미하고 아침을 맞이하며, 보름달의 푸른 밤을 노래한다. 새들은 노래하며 바람은 신선하고 의욕이 충만해진다. 사실 태양과 달과 새들은 어제와 다를 바 없지만 오늘부터 달라진 것이다. 함께 맛있는 것을 먹고, 여행계획을 세우고, 함께 할 버킷리스트를 만들고 그야말로 설레는 날들이 이어진다. 가슴이 뛰고 심장이 맥동치는 삶을 느낀다.

한 남자가 개인적으로 찾아왔다.

외모가 준수한 젊고 건강한 청년이었다. 그러나 그는 무엇을 하든 의욕이 없고, 이상하게 느껴질 정도로 자기혐오감이 심했다. 몇 번의 치료작업 끝에 '연애를 해 보는 것이 어떨까'하는 합의에 도달했다. 탱고 춤 동아리에 나가는 것으로 시작되었다. 그곳에서 그는 마음에 드는 여성을 만났고, 그 여성 또한 그에게 호감을 가지게 되었다. 그 남자는 비록 자신과의 깊은 통합은 안 되어 있었지만 연애를 통해 발판을 마련하게 되었다. 그녀는 이런 말을 해주었다고 한다. "너무 애쓰지마. 지금으로도 충분해." 그는 처음엔 그 말을 받아들이지 않았다. 그러나 그녀의 이야기는 진심이었고 '다른 사람이 되려고 하지마. 넌 그냥 너일 뿐이야.'라는 메시지가 계속 그에게 전해졌다. 만남이 이어지는 동안 타인이 생각하는 자신의 이미지가 그렇게 혐오스럽지도, 무기력하지도 않다는 것을 알게 되면서 그는 점점 의욕을 찾기 시작했다. 연애가 깊어질수록 상담의 질도 같이 높아졌다.

자기혐오감이란 역설적이게도 자신이 얼마나 높은 기준으로 자신을 대하며 살아왔는가를 알게 해준다. 애초부터 닿을 수 없는 높은 목표설정은 끊임없는 좌절을 경험하게 했고, 이어지는 실패감 속에서 삶의 의욕이 상실된 것이다.

한편으로는 이런 남자도 있었다. 자칭 연애박사라는 사람이었는데 그를 만난 것은 인도의 어떤 명상센터였다. 아침부터 저녁까지 온갖 종류의 명상이 이어지고 늦은 밤에는 가끔씩 파티도 열려 마음껏 마시고 춤추는 친교의 장이 펼쳐지기도 하는 곳이다. 서양인이 태반이지만 동양인도 꽤 다녀가는 곳이어서 우리는 오며가며 가벼운 눈인사 정도만 했고 대화는 없었다. 그로부터 10여 년 동안 몇 번을 그를 그곳에서 다시 만나게 되었고 우연히 대화가 시작되었다.

남자: 어이 형씨. 또 만나네요. 그동안 꽤 안 보이던데?

치료사: 자주 여기에 오나 봐요?

남자: 나야 뭐.. 십 수년 째 해마다 오지요. 그런데 여기도 이제 재미없어요. 어디 다른 곳을 찾아볼까도 싶은데.

치료사: 어딜요?

남자: 인도 남쪽에 근사한 바다가 있는데 거기에 밤마다 히피들이 모여서 파티를 연다고 하니 한 번 가볼까 싶기도 하네요.

치료사: 하하. 좋지요. 근데 뭐가 재미없어져서 그래요?

남자: 사실 난 여기서 꽤 유명해졌어요. 통역일도 가끔하구요. 근데 그건 내 관심사가 아니고 명상도 시큰둥해지고.

치료사: 그럼 관심사가 뭔데요?

남자: 연애요. 여기는 세계 여러 나라 사람들이 다 모이는 곳이잖아요? 그 말은 세계 여러 나라 여성들을 다 만나볼 수 있다는 것이지요.

치료사: 연애가 관심사고 세계여성을 다 만날 수 있다면 왜 굳이 떠나려고 해요?

남자: 사실 저는 2000명에 가까운 여자와 밤을 지냈어요. 물론 오늘도 점찍어 둔 여자도 있구요.

치료사: 마치 인생의 목표를 여자와 연애하는 것으로 정했나 봐요?

남자: 맞아요. 내 인생의 목표는 심플하고 뚜렷하지요. 그것 밖에 없어요.

치료사: 쿨 하네요. (같이 웃음)

남자: 근데 20년 동안 이렇게 지내다 보니 뭔가 텅빈 것 같이 느껴져요. 특별한 것도 없고 공허함이 더 커지는 것 같아요.

치료사: 그래서 남쪽 바다로 가려고 하는 군요. 거기엔 뭐가 있는데요?

남자: 환각파티요.

치료사: 공허함을 채우기 위해 더 큰 자극제가 필요한 거네요.

남자: 맞아요. 어쩌다 내 인생이 이렇게 되어 버렸는지. 아버지가 물려준 재산 덕분에 평생을 먹고 쓰고도 남을 돈이 있다 보니 이렇게 되었는지..

치료사: 어떤 이에게는 부러운 삶일 지도 모르죠.

남자: 형씨를 보면서 혼자 있는 모습이 참 평온하고 충만하다 느껴왔어요. 일본인인가? 대만인인가? 어떤 사람인지 궁금하기도 했죠. 한글로 된 책을 읽는 것을 보고 알게 되었죠. 그리곤 언젠가는 말을 하고 싶었어요.

치료사: 하하하.

달 밝은 밤에 펼쳐지는 한편의 드라마 같은 대화였다. 삶은 어떠해야 하며, 그것은 옳지 않는 태도야 따위의 이야기는 필요 없었다. 그는 돛단배를 타고 여행 중이며 어딘가에 닿을 것이다. 그는 달빛에 자기 마음을 담아 보내는 듯 공허한 눈빛으로 밤하늘을 보았다. 나도 밤하늘의 달빛을 올려다 보았다.

연애란 첫 맛은 마시멜로우처럼 부드럽고 달콤하지만 끝 맛은 쓰디 쓴 커피와 같다.

좀 더 깊은 내면의 속삭임에 귀 기울여 보면 연애란 다음과 같은 속성을 가진다. 연애 관계에서 자기의 결핍감을 만족시켜 줄 상대방을 찾기 위해 노력한다. '나를 행복하게 만들어 주고, 특별한 존재로 느끼게 해주고, 나의 모든 욕구를 충족시켜 줄 사람'을 찾기 위해 구애의 춤을 추고 노력하고 관심을 끈다. 에크하르트 톨레는 말한다. 연애가 시작되면 "나는 당신이 원하는 나를 연기하고 있으니까 당신도 내가 원하는 당신을 연기해줘." 이것이 암묵적인 무의식적 합의이다. 그러나 언제까지 역할 연기를 할 수 없는 노릇이다. 연기가 끝나면 거기에 남는 것은 분노로 변한 좌절된 욕구가 있다. 그 분노는 연인을 향해 있다. 마음 밑바닥에 존재하는 결핍감을 만족시켜주기 위해 시작한 연애는 분노로 대치된다.

이별의 순간에 한 남자가 있었다.

'그녀는 차 안에서 손을 흔들었다.

그것은 이별의 손짓이기도 했다.

스무 살의 청년은 차창 밖에서 그녀를 환송해 주었다.'

· 떠나는 자와 보내는 자

떠나는 자는 움직이고 보내는 자는 멈추어 있다.

그녀는 수녀원으로 향했다.

남자와의 이별을 고하고 아주 해맑은 미소로 떠나갔다.

그는 집으로 향했다. 여자와 이별을 고하고 삼일 밤 삼일 낮을 움직이지 않았다.

상실당한 느낌이 그를 아프게 했으며 한동안 그의 인생에서 시간을 멈추어 있게 했다.

그 이후 몇 년간의 삶이 지나간 뒤에야 그는 이제 떠나는 자가 되었다. 그리 슬프거나 우울하지 않았다. 새로운 세상이 날 기다리고 있으므로 약간의 두려움이 일렁이긴 했으나 그리 절망적이진 않았다.

남겨진 자는 고통스럽지만 떠나는 자에게는 희망이 있음을 세월이 아주 흐른 뒤에야 깨달았다. 그러니 떠나보내고 떠나가는 것은 그렇게 두려운 일만은 아니다.

9 사랑과 불륜

평온하고 평탄한 관계가 늘 행복한 것은 아니다. 거기에는 인간의 본능인 성 에너지가 개별적으로 작동하고 있어서 평온한 가운데에서도 리비도 에너지는 깨어나 타인에게 향하는 충동을 경험한다. 사람들은 사랑과 섹스 두 가지를 동일선상에 놓고 생각하는 경우가 많다. 사랑을 위해 섹스를 하기도 하고 섹스를 위해 사랑을 하기도 한다. 문제는 그 대상이 다를 경우에 딜레마가 발생한다. 이 두 가지는 상보적인 측면을 가지고 있고 어느 하나가 어느 하나를 보완해 주면서 갈등을 해소하는 방향으로 나아간다.

인도의 영지신학자 크리슈나무르티는 사랑을 알기 위해 사랑이 아닌 것을 먼저 찾아나서야 한다고 주장한다. 인류는 사랑 그 자체를 알 수 없다는 것이다. 그에 의하면 질투, 소유욕, 구속, 애착 등은 사랑이 아니다. 그러나 사랑을 하다보면 자연스럽게 그것들이 부분 집합으로 기능한다. 사랑을 하다보면 같이 있고 싶고, 나누고 싶고, 가지고 싶고, 외도하면 질투하고, 헤어지면 슬프고 분노한다는 것이다. 사랑이 원자 단위로 쪼개어지면 그렇다는 것인데 사랑은 더 이상 쪼개어질 수 없는 원자 그 자체이므로 그 안에 사랑 이외의 다른 것을 포함 할 수 없다. 그가 남긴 사랑에 대한 위대한 말은 '사랑은 일대일이면서 일대 다수'이다. 이 말은 선 뜻 이해하기 어렵다. 사랑하는 사람이 다른 사람을 사랑하도록 하라는 뜻인가? 아니면 내가 여러 사람하고 사랑하란 말인가? 그도 저도 아니면 꼭한 사람하고만 사랑하란 말인가? 그는 사랑의 본질에 대해서 이야기 하고 있을 뿐 거기에 다른 변수를 넣지 않았다. 하지만 우리는 사랑에 섹스라는 변수를 넣는다. 아니 변수가 아니라 상수에 가깝다. 그렇게 되면 사랑은 섹스라는 단어로 치환되어 매우 복잡한 ─ 인간이 만들어낸 가장 복잡한 함수, 즉 도덕성에 휘말린다. 사랑이 없다고 해서 섹스가 사라질까?

섹스는 우선 종족보존의 기능에서 발생했다. 동식물계는 자신의 씨앗을 남겨서 자신이 소멸하더라도 그 DNA를 남긴다. 인류는 공동체의 결속과 현재의 영속성을 위해 다양한 문명와 예술을 후대에 남겼지만 결국 죽어갔다. 영원한 삶을 꿈꾸었던 인류는 자신을 닮은 DNA를 후대에 남기는 것으로 죽고 싶지 않은 영생의 욕망을 대신 하였다. 대를 남긴다는 것은 결국 섹스를 통해서 이루어져야 했고, 그것을 가능하게 하기 위한 성 호르몬은 자연 발생적으로 생겨났다. 이 이상야릇한 성 호르몬 칵테일은 때가 되면 깨어나서 시도 때도 없이 '너의 대를 이어'라고 속삭였다. 만약 인간이 영원히 산다는 가정을 해보자. 어떤 일이 벌어질 것인가? 대를 이을 필요가 없어지고 DNA를 물려주지 않아도 되니 성호르몬의 분비도 나오지 않을 것이다. 섹스가 성호르몬의 결과라면 섹스가 필요 없어지는 결과를 초래하게 될 것이다. 섹스가 사라지면 인류의 사랑이 사라지는 것일까?

이것은 오히려 믿음과 배신이라는 주제로 접근해야 더 선명해지지, 결코 사랑과 불륜을 함께 묶어서 설명할 수 없는 모순을 낳는다. 특히 사랑은 어떤 것과도 묶을 수 없는 원자같은 개념이다. 사랑의 반대는 에고이다. 사랑과 같은 말은 명상이다. 사랑은 에고를 수용하는 방향으로 나아가고 명상은 에고를 파괴하는 방향으로 나아가지만 그 둘은 같은 지점에서 만난다. 그러나 많은 사람들은 사랑과 불륜을 함께 묶어서 생각하기 때문에 연극치료에서 다루지 않을 수 없다.

어떤 여배우가 해외 유명 영화제에서 여우주연상을 받았다는 기사가 났다. 여배우는 수상소감에서 자신이 출연한 영화감독에게 존경과 사랑을 말하였다. 참 당당해 보였다.

그러나 영화감독은 결혼한 상태였고 사람들은 그들을 불륜관계라 불렀다. 사랑이란 어느 누군가에게는 배신과 상실의 아픔을 어느 누군가에게는 기쁨과 희열을 선사하는 것이 아닐진대 세상 사람들의 이목은 두 편으로 갈리고 있었다. 대단하다고 그들의 사랑에 지지를 하는 사람들과 역겹다고 그들의 추태에 욕설을 하는 사람들이 대립각을 세우고 있다. 이것 또한 우리 삶과 세상이치가 대립쌍 구조를 가진 변증법적일 수밖에 이유일 것이다.

탤런트 김수미는 수 십년 전 '너를 보면 살고 싶다.'라는 수필을 냈었다. 여기서 너는 남자를 말하고 불륜에 관한 내용이라고 스스럼없이 밝혔다. 그녀는 '전원일기'의 일용엄마역을 소화하면서 일약 스타덤에 올랐지만 드라마가 오래되면서 소재도 고갈되고 지루해지기 시작했다. 그것을 솔직히 인정하고 먼저 반기를 든 사람은 시청자가 아닌 출연하는 김수미 자신이었다. 녹화 당일 그녀는 제주도로 도망을 가버렸다. 이에 분노한 방송 관계자는 김수미를 하차시키려고 일용네를 이사가는 것으로 마무리하려 했다. 우여곡절 끝에 다시 방송에 합류하게 되었지만 그녀는 일탈에 대한 욕구를 '나는 가끔 도망가 버리고 싶다.'라는 책으로 출판하게 되었다. 그녀는 지방에 별장을 가지고 있다. 가끔씩 내려와 휴식을 갖는다고 한다. 물론 가족들도 이용한다고 했다. 그녀는 남편에게 이렇게 말한다. "혹시라도 당신 여자 친구 있으면 여기서 머물다 가세요. 허락할게요."

사랑은 존재 자체에 기인하고 시대를 초월한다. 불륜은 도덕에 기인하고 시대에 종속된다.

인간은 존재와 도덕에 따라 이 둘 사이를 오가며 치열하게 대립하고 싸우면서 진화해 왔다. 문명이 발달하고 합리적 이성의 시대가 압도적일수록 도덕이 우리를 지배한다. 비합리적은 것은 미신으로 간주되며 이성의 바깥영역으로 추방되어진다. 신화와 역설, 아이들의 놀이, 죽음의 유머, 공동체의 어머니, 마을의 아기, 샤먼 등은 우리가 잃어버린 것들이다.

역사와 직설, 어른들의 이성, 삶의 공포, 개인의 어머니, 고아, 성직자들이 그 자리를 대신했다. 합리적 이성의 시대가 도래 한 것이다. 그것이야말로 최대의 미신인지도 모른다.

내적 진실의 세계는 자신 이외는 누구도 개입할 수 없으며 사회적 잣대로 재단되어지지 않는다. 우리는 주관적 진실의 세계를 충분히 경험해야 비로소 사회의 체계 속으로 편입될 힘을 얻는다. 무조건적인 신앙은 무조건적인 미신을 낳는다. 체험 없는 믿음, 의심의 끝까지 가보지 않은 믿음, 의심의 끝에 가닿은 곳이 교만이든, 자신의 영성이든 그것은 중요하지 않다. 치열한 삶의 물음에 자신이 거기에 있었느냐, 없었으냐가 중요한 것이다.

불륜의 세상에서 원 없이 주관적 진실의 세계를 경험하고 난 뒤에 편입된 사회체제는 누군가의 강요가 아니라 보다 이성적으로 수용되어 질 것이다. 일본사회는 성문화 산업이 고도로 발달해 있고 양성화된 나라이다. 한국인의 관점에서 보면 점잖지 못하고 변태 같은 행위들을 떳떳이 내놓고 장사하는 것이 이해되지 않을 것이다. 그러나 성범죄율을 따져보면 한국사회의 발생율이 일본보다 10배가 높다는 것이다. 역설적이게도 도덕적인 사람들은 불륜을 생각하고, 바람둥이들은 안정적이고 지속적인 사랑을 꿈꾼다. 이것이 그들이 가보지 못한 세계인 것이다. 가고 싶지만 두려운 세계, 두렵지만 가보아야 할 세계가 그들에게 있다.

무대 위에 결혼을 한 젊은 가희라는 여인이 있다.

여러 가지 단어가 적힌 카드놀이를 하다가 무심코 그녀는 '불륜'이라고 적혀 있는 카드를 뽑았다.

치료사: 불륜단어를 뽑았는데 지금 기분이 어때요?

가희: 뭔가 막혀있는 것 같으면서도 기분이 이상해요. 아 황홀한 섹스가 떠올라요. 싫지는 않은데 제가 계속 이 단어에 끌리는 게 문제인 것 같아요. 내 할 일을 못할 정도로 끌리는 게 문제인 것 같아요.

치료사: 그렇다면 불륜의 역할을 할 사람을 무대 위로 초대할게요. (치료사는 관객중의 한 사람을 초대한다.)

보조자아(불륜): 이리와. 어딜가! (보조자아는 가희의 발을 잡고 질질 끌고 다닌다.)

가희: 아아 빠져 나갈 수가 없어. 나는 밤마다 야한 생각을 해. 하지만 남편은 그것을 충족시켜주지 못하고 있어.

치료사: 보조자아 역할의 불륜이 당신의 머리에서 나오는 야한 영상을 우리 모두가 볼 수 있게 비추고 있습니다. 자신에게 말해 보세요.

가희: 더러워. 음란해. 어떻게 이런 걸 좋아해. 다른 남자 생각하면서 아닌 척 하네. 겉으로는 조신한 척 하면서 속은 불륜을 꿈꾸고 있구나. 그런데 죄의식이 자꾸만 올라와요.

치료사: 당신의 내면에서 비난의 소리가 들렸어요. 당신의 '섹스'에게 해주고 싶은 말

이 있나요?

가희: 그냥 영상으로 보는 것은 상관이 없는데, 그게 도피하고 있는 것은 아닌지 생각해 봤으면 좋겠어. 다른 재미있는 것도 많은데 뭔가를 잊고 감추려고 탐닉하고 있는 것은 아닌지 걱정 돼.

치료사: 오늘 당신은 불륜이라는 카드를 뽑으셨습니다. 왜 초대한 걸까요? 우연에 일치일까요?

가희: 글쎄요.

치료사: 무의식에게 한 번 물어보세요. 왜 불러들인 건지.

가희: 성관계에 만족하지 못해서 야한 영상에 빠져 일에 집중하지 못하던 시절이 있었어요. 그러면 그럴수록 남편에 대한 죄책감이 올라왔어요. 그래서 나의 성욕은 멀리 해야 할 것이라고 단정 지었던 것 같아요.

연출가: 피해야할 것이 아니고, 창조성을 방해하는 것이 아닌 다른 것으로 정의해 보시죠.

가희: 성이라는 것은 관심의 표현인 거잖아. 성관계를 갖지 않더라도 매력이나 욕구는 느낄 수 있는 것 같아. 내가 너무 섹스를 병든 이미지로만 생각했던 것 같아. 너무 편협했어. 만족을 느끼든 못 느끼든 체온을 느낄 수 있는 그 자체로 좋은 거 같아.

연극치료는 상징이라는 옷을 입고 자신의 신화를 무대 위에서 만들어 낸다. 다른 영역의 삶이 충분히 경험되어질 때 자신의 정체성이 드러난다. 낯설고 두려운 시간일 수 있다. 그러나 새로운 삶의 시작일 수도 있다. 누구나 결혼을 꿈꾼다. 그러면서도 누구나 불륜을 꿈꾼다. 그 둘은 각자의 사랑과 불륜, 존재와 도덕이라는 매력을 지닌다. 인간은 두려운 새로움과 지루한 안정감 사이를 왔다갔다 한다.

시인이며 철학자이자 화가였던 칼릴 지브란은 그의 저서 예언자를 통해 결혼과 사랑에 대해 다음과 같이 노래한다.

> 사랑이 그대에게 손짓하거든 그를 따르라.
>
> 비록 그 길이 험하고 가파를지라도.
>
> 그리고 그 날개가 그대를 감싸거든 그에게 그대를 고스란히 맡기라.
>
> 비록 그 깃 속에 숨겨진 칼이 그대를 다치게 하더라도.

또 그가 그대에게 말하거든 그를 믿으라.

비록 그 목소리가 그대 꿈을 부수어 마치 북풍이 정원을 폐허로 만들 듯 할지라도.

왜냐하면 사랑이 그대에게 왕관을 씌우려 할 때는 그는 그대에게 십자가도 함께 지울 것이기에.

(중략)

사랑은 사랑 외엔 아무것도 줄 수 없으며 사랑 외엔 아무것도 받지 못하는 것.

사랑은 소유하거나 소유당할 수도 없는 것

사랑은 사랑으로 족할 뿐.

사랑에 대한 이야기를 마치자 알미트라가 다시 물었다.

"스승이시여 결혼은 무엇인가요?"

그러자 그가 말하였다.

너희들은 함께 태어났으며 그리고 영원토록 함께 하리라.

죽음의 하얀 날개가 그대들의 삶을 흩어 놓을 때에도 너희는 함께 하리라.

그리고 신(神)의 고요한 기억 속에서도 너희는 영원히 함께 하리라.

그러나 너희들이 서로의 몸과 마음을 함께 하되 거리를 두라.

그리하여 하늘의 바람이 그대들 사이에서 춤추게 하라.

서로 사랑하라.

그러나 그 사랑으로 구속하지는 말라.

그보다 그대 영혼의 나라들 속에서 출렁이는 바다가 되게 하라.

서로의 잔을 채워주되 한쪽 잔만으로 마시지 말라.

서로의 음식을 주되 더 좋은 한쪽의 음식에 치우치지 말라.

함께 노래하고 춤추고 즐거워하되 때로는 각자가 홀로 있기도 하라.

비록 같은 음악을 공명(共鳴)시킬지라도 류트와 류트의 줄은 따로 존재하는 것처럼 서로의 마음을 주라.

그러나 서로를 마음속에 묶어 두지는 말라.

왜냐하면 오직 생명의 손만이 그대의 마음을 가질 수 있기에.

함께 서 있으라.

그러나 너무 가까이 함께 있지는 않게 하라.

사원의 기둥들도 적당한 거리를 두고 서 있는 것처럼,

참나무와 편백나무도 서로의 그늘 속에서 자랄 수 없으니.

- The prophet(1923), 예언자 중에서. 칼릴지브란

10 저항과 항복

　저항이란 어떤 힘이나 조건에 굴하지 아니하고 거역하고 버티는 것을 말한다. 심리적 의미의 저항은 내담자가 불안으로부터 자신을 방어하며 상담에 협조하지 않는 모든 행위를 통칭하며, 내담자의 무의식을 탐색해 들어가려는 상담자의 시도에 대한 내담자의 방해 작용이다.

　항복이란 적이나 상대편의 힘에 눌리어 나를 눕히어서 굴복하는 것을 말한다. 명상적 의미의 항복은 마음의 작용인 에고를 제거하고 더 큰 존재로서의 자신을 받아들이고 수용하는 것이다. 내려놓음이라고 표현되기도 한다. 하지만 여기엔 진인사 대천명이 있어야 한다. 할 수 있는 최선의 노력을 다한 후 하늘의 뜻에 맡기고 기다린다는 것이다. 상황 속으로 깊어 들어가고, 상황과 하나 되고, 상황 안에서 답을 발견하는 것이다.

　드라마가 펼쳐지는 무대는 상상과 은유, 그리고 상징이 가득한 곳이다. 무대 위에 한 남자가 있다. 그는 현실에 강박적이고 고소공포증과 심해공포증이 있다. 체계적 둔감화 기법으로 여러 차례 치료를 받고 상태가 많이 호전되어 있었다.

치료사: 오늘은 아기 독수리가 되어 하늘을 날 거예요.

아기독수리(내담자): 예전 같으면 높은 곳을 생각만 해도 무서웠는데 한 번 해볼게요.

치료사: 자. 날아올라 보세요.

아기독수리(내담자): (날갯짓을 퍼덕이고 있다.) 아무리 날개를 퍼드덕거려도 앞으로 나

아갈 수가 없어요. 너무 힘이 들어요. 금방 땅으로 떨어질 것만 같아요.

치료사: 항복해 보세요.

아기독수리(내담자): 항복이라뇨? 무슨 뜻인지 모르겠어요.

치료사: 당신은 지금 바람에 맞서고 있어요. 날갯짓을 멈추고 바람을 느껴 보세요.

아기독수리(내담자): 아. 무서운데. 그러다가 떨어지면 어떡해요.

치료사: 바로 그 지점이에요. 당신이 떨어지는 순간 바람을 느낄 수 있을 거예요. 모든 문제는 상황 속에 있고 답은 상황 안에서 저절로 나와요. 바람 속으로 깊이 들어가 보세요.

아기독수리(내담자): 그러다 떨어져 죽으면 어떡해요.

치료사: 여기는 무대예요. 연극이구요. 죽지 않아요. 당신의 상상이 당신을 죽게 만들 뿐이죠.

아기독수리(내담자): 그래요. 그럼 날갯짓을 그만둘래요. 푸드덕거리는 것도 힘들어요.

치료사: 잘 하고 있어요. 새는 하늘에서 떨어지지 않게 되어 있어요. 그래서 새인 거죠. 물고기가 물속에서 익사하지 않는 것처럼요. 떨어지는 것은 당신의 마음이고, 익사하는 것은 당신의 두려움이에요.

아기독수리(내담자): 아 이제 무슨 말인지 어렴풋이 알 거 같아요.

치료사: 어때요. 바람이 느껴지나요?

아기독수리(내담자): 어 신기해요. 나를 감싸는 여러 층의 바람이 느껴져요. 어떤 것은 나를 아래로 누르고 어떤 것은 나를 위로 상승시켜요.

치료사: 좋아요. 이제 당신은 흐름을 알아차렸고 이제는 그 흐름을 탈 수 있어요. 날갯짓 한 번 없이도 더 높이, 더 멀리 날 수 있어요.

아기독수리(내담자): 우와. 내가 푸른 창공에 떠 있어요. 날갯짓 한 번 없이도 활공을 해요. 너무 멋져요. 황홀해요. 방향만 잡아주면 어디든지 갈 수 있을 것 같아요.

치료사: 그래요. 당신은 어디든 갈 수 있어요. 사실은 당신이 가는 것이 아니라 바람이 데려다 주는 것이지만요.

아기독수리: 항복한다는 것이 이런 것이군요. 항복의 힘은 참으로 대단한 것 같아요.

[치료사는 저항에 대한 항복이라는 개념을 대입해서 고소공포증과 관련된 작업을 마친 후 이어서 심해공포증 작업을 연결해 나갔다.]

치료사: 이제 물 위로 가볼까요?

내담자: 이 상태로라면 괜찮을 거 같아요. 어차피 날 수 있고 물 속에 풍덩 빠지지는 않을 테니까요.

치료사: 아뇨. 이제 더 이상 독수리는 아니에요. 당신은 있는 그대로 물 위에 있을 거예요.

내담자: 음.. 사실 이건 진짜 무서운데.

치료사: 당신은 심해 속에 무언가 공포스러운 것이 있다고 믿고 있어요. 그래서 수영도 못하구요. 같은 이유로 수영을 못하는 것은 수면아래 가라앉는 공포가 극심하기 때문이죠. 역설적이게도 물에 뜨기 위해선 물 속에 가라 앉아야만 해요.

내담자: 그래요. 내 마음속에는 검은 심해 안이 온갖 무서운 것들로 가득 차 있어요. 그래서 익사하기 전에 먼저 두려움에 죽을 것 같아요.

치료사: 마찬가지예요. 두려움은 당신의 마음입니다. 당신의 상상이 당신을 죽게 만드는 것 뿐이에요. 이번에 들어갈 때는 물속에서 숨 쉴 수 있고 어떤 공격도 막아낼 수 있는 초강력 울트라 슈트를 드릴게요. 그러면 좀 안심이 될 거예요.

내담자: 아 그러면 고맙죠. 시도해 볼게요.

치료사: 사실 바다 속은 아름다워요. 다녀오면 그렇게 무서운 것만이 아니란 것을 알게 될 거예요. 그리고 위급할 땐 내가 핵잠수함으로 언제든지 지켜줄게요.

내담자: (엄지를 척 내밀며 바다 속으로 뛰어든다.) 물이 생각보다 안 차가워요. 슈트 때문인가 따뜻해요. 그리고 그렇게 어둡지도 않아요.

치료사: 더 깊이 내려가 보세요. 뭐가 보이나요?

내담자: 거북이, 산호초, 물고기 등등 TV에서 보았던 남태평양의 바다 속이 펼쳐져요, 아름다워요. 근데 선생님은 옆에 계신거죠?

치료사: 그럼요. 어뢰까지 장착하고 옆에 있어요. 좀 있으면 괴물이 등장할 거예요. 준비하세요. 그 괴물은 당신이 마음속에서 키워오고 상상하던 것입니다. 자. 이제 나타났어요.

내담자: 어..너무 큰데. 한 입에 삼켜질 것 같아요.

치료사: 당신은 강력한 슈트와 핵잠수함의 지원을 받고 있어요. 삼켜져도 괜찮아요. 소화되지도 않고 분해되지도 않고 그대로 나올 수 있으니까요. 좀 더 자세히 관찰해 보세요.

내담자: 어 자세히 보니 좀 우습게 생겼어요. 처음에는 크기에 놀라 아무것도 안 보였는데.. 재미있고 친근하게 느껴져요.

치료사: 입 안으로 들어가 보세요. 괜찮아요.

내담자: (입안으로 들어간다.) 텅 비어 있어요. 마음껏 재주 부리고 놀 수 있는 공간처럼 생겼어요. 하얀색이에요. 아니 약간 회색빛이 돌아요. 별빛 같은 것도 반짝거려요. 환상적이에요.

치료사: 네. 마음껏 놀고 밖으로 나오세요. 그리고 그 괴물을 만져보기도 하고 말도 걸어보세요.

내담자: (괴물의 입속에서 밖으로 나온다.) 야. 넌 어디서 왔니? 여기서 뭐하니? 쓰담쓰담하고 싶어지네.

치료사: 뭐라고 답하나요?

내담자: 대답이 없지만 나를 귀찮아하는 것 같아요. 사실 나한테 관심을 보이지 않아요. 좀 서운하기도 하고. 오히려 내가 더 괴롭혀주고 싶네요.

치료사: 네. 괴물의 실체를 확인했으니 이제 수면 위로 올라갑시다.

내담자: 네.

치료사: 이젠 슈트를 벗고 수영을 배워봅시다.

내담자: 앗. 그러면 가라앉을 텐데.

치료사: 네, 바로 그 지점이에요. 아까 독수리 기억나죠? 이제 물을 느껴보는 거예요. 수면 아래에 무서운 것이 없다는 것을 확인했잖아요. 당신이 빠지는 순간 물결을 느낄 수 있을 거예요. 모든 문제는 상황 속에 있고 답은 상황 안에서 저절로 나와요. 물 속으로 깊어 들어가 보세요.

내담자: 숨을 못 쉴 것 같은데...

치료사: 물에게 항복해 보세요. 산 사람은 허우적 대다가 익사하지만 죽은 사람은 물 위에 떠오르죠. 아무것도 안 했는데 말이죠.

내담자: 아. 아까 말씀하셨던 항복, 그 의미인 거네요. 해 볼게요. (물위에 풍덩 들어간다.)

치료사: 어때요?

내담자: 이상해요. 가라앉더니 뭔가가 밑에서 받쳐 주는 것처럼 수면 위로 몸이 저절로 떠올라요. 물도 바람처럼 여러 층으로 이루어져 있는 것 같아요.

치료사: 창공의 바람처럼 물의 흐름을 알아차렸고 이제는 그 흐름을 탈 수 있어요. 고개를 살짝 들어 숨을 쉬어 보세요.

내담자: 우와. 내가 물 위에 떠서 숨을 쉬었어요. 근데 고개를 쳐드는 순간 다시 물속으로 가라앉아요. 꼬륵 꼬륵.

치료사: 하하하 첫 술에 배부를까요. 오늘은 이 정도면 충분해요. 무엇보다 중요한 것은 당신은 항복의 의미를 배웠어요.

인도의 남쪽 해안가에는 스윗라군이는 곳이 있다. 산에서 내려온 물이 하류에 고여 웅덩이처럼 형성된 자연 풀장이다. 그 너비가 지름 100m정도는 된다. 상류로 가다보면 물길이 좁아지고 깊이도 얕아져서 다리가 바닥에 닿는다. 수초와 진흙, 암초 같은 것들이 성가시게 걸리적거린다. 특히 암초는 잘못 킥을 했다가는 다치기 딱 알맞은 깊이에 위치해 있다. 수영을 하기에는 매우 불편하다. 이럴 때는 다리는 킥을 하지 않고 팔의 휘젓는 힘만으로 앞으로 나아가야 한다. 암초 구간을 통과하고 나면 부유수초에 온 몸이 휘감긴다. 밀림 숲속이니까 당연한 것이겠지만 아마존같은 원시적인 느낌이다. 발에 뭔가 감기면 혹시라도 하는 마음에 가슴이 덜컹 내려앉는다. 물은 뿌옇고 선명하지 않고 밑이 보이지 않다보니 보이지 않는 것에 대한 두려움이 더 엄습해 온다. 인간의 상상력이 공포와 연합되었을 때 나타나는 현상이다.

'상상하지 마라. 그저 눈에 보이는 것만 보고 가라.'는 소리가 내면에서 들린다. 그때부터 수면에 비치는 햇살이 일렁인다. 의식은 그저 호흡에 집중한다. 들숨과 날숨. 숨이 들어왔다 나감을 관조하며 유유히 상류에 도달한다. 이런 경험은 전에도 두 번 정도 있었다. 너무 먼 바다로 헤엄쳐 나갔다는 것을 직감적으로 느꼈을 때 나는 죽음의 공포를 느꼈었다. 그러나 사실 알고 보면 그리 먼 거리는 아니었고 차분히 정신을 차리면 되돌아올 수 있는 거리였다. 다만 내 마음이 무서움에 급격히 사로잡히니 그 공포감에 순간적으로 압도당한 것이었다. 몇 번을 힘차게 발버둥을 치다가 이내 곧 포기했다. 조류에 점점 더 멀어지는 것 같았기 때문이다.

'이제 내 몸은 바다 속으로 가라앉겠지.'라고 포기하는 순간 신기하게도 무서움이 사라지기 시작했다. 나는 팔 젓기를 포기하고 바다 속으로 가라앉기를 기다렸다.

'이내 곧 숨이 막혀 올거야. 조금만 참아. 고통은 순간일거야. 모든 게 곧 끝날거야.' 물속에서 짧은 순간 이런 생각이 들었었다. 아마 그때 나는 항복했었던 것 같다. Surrender는 참 위대한 단어이다. 항복이란 뜻도 있지만 내맡김이란 뜻도 있다. 목숨을 바다에 내

맡기니 바다는 다시 나를 수면 위로 올려다 주었다. 다시 호흡이 가능해졌다. 그때부터는 저 멀리 해변을 바라보지 않았다. 한 번에 한 움직임과 한 번에 한 호흡만이 있었다. 그저 내 눈앞 10cm 앞에 보이는 일렁이는 물결과 호흡에 집중한다.

'너무 멀리 볼 필요 없어. 그저 방향만 잡아.' 처음으로 바다에서 명상을 한 순간이었다. 뭐라고 이름을 붙이면 좋을까. 수영명상? 대양명상? 바다명상? 고래명상? 그래, 고래명상이 좋겠다. 고래는 포유류이다. 허파호흡을 하기에 물속에서는 익사한다. 다만 산소를 오랫동안 머금을 수 있어 물속에서 오래 버틸 뿐이다. 다시 수면으로 나와 물을 뿜고 호흡을 하는 고래는 참 명상인의 모습이다. 느긋하고 여유롭다. 그래 고래가 되는 거야. 그럼 바다도 나의 고향이 되는 것이지.

바다에서 수백 번의 움직임과 수백 번의 호흡이 아주 또렷이 느긋하고 여유롭게 이어졌다. 움직임 하나 호흡 하나가 충분히 관찰되고 있었다. 30분 남짓의 시간이었지만 온 우주의 시간과 합·일치되는 긴 여정의 느낌이었다.

공포심은 생존에 필수적인 감각으로 마지막까지 살아남는 무의식적인 신경체계이다. 전진을 막기도 하지만 생존을 가능하게 하는 이중적인 감각이다. 영화 '명량'에서 이순신 장군은 이렇게 말한다. '공포! 저 공포를 용기로 바꾸어 낼 수만 있다면' 그 에너지만큼의 공포가 용기가 된다는 것이다. 공포가 클수록 용기도 커진다. 그것은 죽음과 삶에 자신을 온전히 내 맡길 때 가능한 것이다. Surrender!

11 부모와 자녀

현장에서 가족치료를 하다보면 부모와 자녀는 전생의 악연이 현생에서 만난 인연이라는 소리를 듣곤 한다. 그 악연을 현생에서 풀어내기 위해 만났으니 그 길이 얼마나 멀고 험한 것인가를 완곡하게 표현하는 것이다. 가족의 갈등으로 부모와 자식을 만나다 보면 가장 많이 듣는 소리가 이렇다. "가슴이 새까맣지요. 이러다 내가 먼저 쓰러질 것 같아요. 부모 된 죄가 너무 큽니다."라고 말한다. 자녀들은 이에 질세라 "숨 막혀 죽겠어요. 아무도 내 이야기를 듣지 않아요. 차라리 죽어버렸으면 좋겠어요."라고 말한다.

우리는 흔히 부모를 역할과 동일시한다. 부모의 상(像)을 정해놓고 자식의 상(像)을 정해 놓고 역할을 연기하듯 살다보면 자녀를 한 존재로서 제대로 대할 수가 없다. 부모 또한 그 자신을 온전한 한 인간으로서 인식하지 못한다. 부모와 자식은 역할관계로 엮이기 이전에 한 인간으로서 태어났고 자아실현의 가치를 제각기 추구해야 하는 존재이다.

우선 자녀 문제로 고통 받는 부모들이 해야 할 일은 그동안 해오던 교육을 중지하고 부모역할에 다른 접근을 해야 한다. 자녀가 부모를 필요로 하기를 바라는 욕구를 내려놓아야 한다. 이 지점은 부모에게는 무척이나 어려운 요구일 것이다. 그러나 좀 더 면밀하게 살펴보면 그 욕구 안에는 '내 말이 맞아. 내 말을 들어. 이렇게 해야 성공할 수 있어'라는 소리가 "다 너를 위해 하는 말이야"라고 포장되어 있다. 무의식 안으로 더 깊이 들어가 보면 '내 말을 듣지 않으면 넌 사랑받지 못할 거야.', '내가 널 어떻게 키웠는데 네가 이럴 수 있어?', '오! 나한테 이럴 순 없어', '나는 어떡하라고.' 결국 자기연민으로 귀결된다. 자녀를 염려하고 걱정하는 마음은 분명이 진실이지만 거기에 교묘한 마음의 속임수가 있다는 것을 대개의 부모는 알아차리지 못한다.

부모의 역할에 동일시되지 않는 방법은 생각보다 간단하다. 부모로서 꼭 해야 할 필수적인 것들, 즉 아이가 필요로 하는 것을 챙겨주는 것. 위험에 처하지 않도록 보호해주는 것. 무엇을 해야 하고 하지 말아야 하는지 말해주는 것이면 충분하다. 그 외에는 다 역할의 강박이나 다름없다. 할 것과 하지 말아야 할 것도 이야기해 주는 것만으로 충분하다. 그것을 받아들이고 안 받아들이는 것은 자녀의 선택에 달려있다는 것을 알아야 한다. 우리는 사랑하는 사람을 곁에 두고 소유하고 통제하려 하는 습성이 있다. 상대를 자신의 일부로 받아들여 자신의 존재가치를 거기서 찾으려고 한다. 부모역할과 동일시되어 있는 부모는 자녀를 통해 완전해지려 하며, 자신의 결핍감이 자녀에게 향한다. 실제로는 매우 훌륭하게 역할을 다 했음에도 '뭔가 부족해 좀 더 해야 해'하는 마음이 부모라는 역할을 강박적으로 수행하게 만든다. 부모라는 역할 정체성을 유지하기 위한 에고센트릭, 즉 자기 중심적 행위일 뿐이다. 그렇게 되면 진정한 관계는 존재할 수 없게 된다.

다음은 일탈을 하여 학교폭력과 가출을 일삼는 어느 자녀의 사례이다.

치료사: 자신의 이야기를 해 줄 수 있나요?

아들: ...(입을 다물고 말을 하지 않는다.)

치료사: 좋아요. 말을 하지 않아도 돼요. 연극이 한 편 시작될 거예요. 무대 위에 일진 몇 명이 등장해서 당신에게 말을 걸 거예요.

[일진들이 등장해서 한 편의 상황극을 펼쳐보인다.]

일진: 어. 여기 누가 있네. 야 이리와 봐!

아들: (약간 움찔하며) 왜? 또 무슨 일 시키려고 그러는데.

일진: 담배 사와. 100원 줄 테니 5만 원 남겨와!

아들: 그 테스트는 통과했잖아. 내가 너희들과 함께 하면 더 이상 안 괴롭히고 너희들
무리에 끼워준다고 했잖아. 나도 이제 일진이라고.

일진: 하하하 맞아. 그러니 너가 다른 애들 시키면 돼.

치료사는 여기서 아이가 어떻게 폭력에 가담하게 되었는지 정보를 얻게 되었다. 아이
는 원래는 모범생이었다. 원인을 찾아보기 위해 가정환경으로 장면을 바꾸었다.

아빠: 아이구 저 놈이 뭐가 될려고 저래. 속에서 열불이 터질려고 하네.

엄마: 여보. 너무 그러지 말아요. (아들에게) 그래도 학교는 가야 되지 않겠어? 졸업은
해야지. 이번에 경찰서에서 연락온 건은 엄마가 잘 마무리했어. 그런데 다음 번에 또 그
러면 법원으로 출두해야 한대.

아들: 시끄러 내버려 둬. 나 그냥 이렇게 살거야.

아빠: 이놈의 자식이 엄마한테 무슨 말버릇이야! 죽고 싶어?

아들: 다 싫어. 나도 죽고 당신들도 죽어버려.

치료사: (아들에게) 분노가 아주 크군요. 부모님에게 하고 싶은 말 있으면 다 해보세요.

아들: 당신들은 내 이야기에 단 한 번도 귀 기울이지 않았어. 학교 다녀오면 이 학원
저 학원 그저 공부공부 아주 진절머리가 나. 그동안 말 잘 들으니 좋았어? 온실 속의 화초
처럼 키우니 좋았냐고!

치료사: 그랬군요. 더 하고 싶은 말이 있으면 다 해보세요.

아들: 난 당신의 인형이 아냐! 난 당신의 장난감이 아냐! (소리를 지르다 눈물이 터진다.)

치료사: (묵묵히 안아주며) 누가 자기를 이해하나요?

아들: 형들은 내 말 잘 들어줘요. 그리고 그 형들은 싸움도 잘하고 아무도 건드리지 못
해요. 엄마 아빠도 그 애들한테 꼼짝 못할 걸요.

치료사: 그렇군요. 그 형들이랑 주로 무엇을 하며 지내요?

아들: 하고 싶은 거 다요. PC방이랑. 술 담배도 하고. 애들 돈도 뺏고 편의점 털기도 하고 놀아요. 완전 재미있어요. 아무도 날 건들지 못해요.

치료사: 재미나겠네요. 그런데 10년 후에는 어떻게 되어 있을 것 같아요?

아들: 몰라요. 생각 안 해봤어요. 그저 내가 하고 싶은 것 하고 살고 있겠죠.

치료사: 형들은요?

아들: 아마도... 교도소에 있지 않을까요?

치료사: 다시 물어 볼게요. 지금처럼이라면 당신은 어디에 있을 거 같아요?

아들: 교도소요.

치료사는 지금처럼 살면 자신도 교도소에 있을 것이라며 장면을 바꾼다. 피상적으로 생각하는 교도소 생활을 아주 가혹하고 힘든 곳으로 설정한다. 술 담배는 당연히 못하고 개인의 자유가 철저히 제한되고 인권이 유린당한다.

수감자: 야 신입왔네. 화장실 청소해.

아들: 네.

수감자: 똑바로 안 해? 걸레로 닦지 말고 혓바닥으로 닦으란 말야 새끼야. 다했으면 여기와서 안마 좀 해. 아 거기. (은밀한 곳을 꺼내며) 빨아봐 새끼야. 안 해? 이 새끼 죽고 싶나. 한 번 당해 볼 테야. (바지를 벗기려고 한다.)

아들: 악! 싫어요. 이건 아니잖아요.

수감자: 아니긴 뭐가 아냐. 여긴 그런 곳이야.

아들: (치료사에게) 저 이거 도저히 못하겠어요. 그만 둘래요.

치료사: 그래요. 그만합시다. 무엇을 느꼈나요?

아들: 막상 미래로 가보니 끔찍했어요. 내가 뭘 하고 싶은지도 모르겠고, 내 인생을 살고 싶다고 했는데 무엇이 내 인생인지 모르겠어요. 이대로 가면 정말 이렇게 될 것 같아 싫어요.

치료사: 의자 앞에 자신이 앉아 있다고 생각하고 이야기 해보세요.

아들: 야! 넌 네가 하고 싶은 것 할거야. 냅둬 라고 말하고 다녔잖아. 근데 뭘 하고 싶

은지 너도 모르잖아. 그냥 지금이 싫은 것이잖아. 집이 싫고 부모님이 싫고 학교가 싫은 것이지. 그래서 가출했고 엄마 때리고 학교 안 나갔지. 근데 뭐야? 겨우 교도소에 가 있네. 너 그러면 안 될 것 같아. 학교는 다니자. 응?

아이는 일상생활에서 몇 번의 더 난폭한 행동이 있었고, 그 때마다 고통받는 것은 부모님이었다. 부모님의 심리상태도 급속도로 쇠약해진 상태라 아이와는 별개로 부모 상담이 이어졌다. 거의 눈물로 하루를 보내고 무기력과 자살충동, 우울증이 겹쳐 있었다. 아이가 고통 속에서 발작할 때 같이 우울과 고통 속으로 빨려 들어가면 그 고통은 점점 더 커진다. 이럴 때 부모는 의연하며 힘이 있다는 것을 증명해야 하는 아주 어려운 상황에 놓인다.

아이는 고통이라는 에너지장 안에 갇혀 있다. 엄마가 할 수 있는 일은 이 순간 깨어 있으면서 감정적인 반응에 말려들지 않는 것이다. 만약 엄마의 눈물이 자비나 연민의 눈물이 아닌 같은 고통의 눈물이라면 아이는 더 나빠진다. 우리가 흔히 잘못 생각하는 것이 '나는 고통 받지 말아야 한다.'이다. 때로 이 생각은 '내 아이는 고통 받지 않아야 한다.'라는 식으로 확장된다. 이런 생각 자체가 고통의 원인이다. 삶에게 yes해야 한다.

12 믿음과 배신

믿음과 배신은 반복적으로 일어난다. 연인에 대한 믿음에서 신에 대한 믿음까지 믿음의 상태에 있을 때는 안정감과 충만함을 느낀다. 그러나 믿음이 깨지는 일이 발생하면 곧장 배신의 감정을 느끼고 고통 받는다. 어제까지만 해도 나를 가장 기쁘게 해 주었던 그 연인이 오늘 나를 고통스럽게 만든다. 어제까지만 해도 한 없이 자비롭던 신이 오늘은 나에게 엄청난 고난의 시험에 들게 한다. 배신감에 젖은 우리는 이런 말을 한다. "나한테 어떻게 이럴 수 있니?", "신이시여 이 고난을 거두어 주소서."

믿음에는 두 가지가 있다. 무지로 인한 믿음과 지혜에 의한 믿음이다. 무지로부터 시작된 믿음은 필연적으로 배신을 동반한다. 어느 날 직장에서 해고 통지서를 받는다. 그렇게 충성스럽게 일한 결과가 이런 것인가? 생각지도 못한 일이 발생한 것이다. 마찬가지로 연인으로부터 이별 통보를 받거나 외도 사실을 알게 되었을 경우, 우리 관계에 무슨 문제가 있었던 것이지? 내게 어떻게 이런 일이 있을 수 있단 말인가!라는 생각을 하게 된다.

이것은 인간 속성에 대한 깊은 이해를 건너 뛴 무지의 믿음이다. 배신이란 있을 수 없다는 일종의 신념 같은 것이다. 내가 누군가를 배신한 경험이 있듯이 타인도 나에게 배신을 안길 수 있다. 그것이 의도적이지 않더라도 빈번히 발생한다. 종교에 심취하여 집단 자살을 하는 뉴스를 보면 그들은 자신들의 믿음을 지킨 사람들이다. 그러나 자기의 믿음은 지켰을지 몰라도 사랑하는 가족을 배신한 것이다. 새로운 사람을 만나서 사랑에 빠진 연인은 기존의 관계를 포기한다. 새로운 관계가 자신을 행복하게 해 줄 것이라는 믿음이 기존의 관계를 끝내게 한다. 한 쪽을 선택하기 위해 포기 되어진 다른 한 쪽은 배신의 영역에 놓이게 된다.

믿음의 과정에는 내면의 소리가 있다. '좀 의심스러운데. 나에게 유익할까? 의지해도 될까? 좀 더 두고 볼까봐.' 시간이 흐르고 확신이 들면 '나는 너를 믿어. 그 믿음은 네가 심어줬고 나는 그것을 받아들였어.' 무지한 믿음은 자기중심적 사고에서 일어난다. 즉 자기 보호본능의 일부일 뿐이고 그것의 기능은 갈등이나 위험에 처하면 즉각 반격하는 것이다. '그건 네 잘못이야. 난 피해자야!'라며 비난을 외부로 향하게 한다. 그래야 자기보호가 가능하기 때문이다.

무지로 인한 믿음은 언제나 더 깊은 내면의 목소리를 가지고 있다. '사실 너를 믿는 것이 아니야. 믿고 싶어 하는 나 스스로를 믿는 거야. 고통과 상처로부터 나를 보호해야 하니까.'

믿음은 자기 가치기준이다. 상대방을 믿는 것이 아니라 자기 기준에 합당해야 믿는 것이다. 그러니 그리 슬퍼 할 일도 아니다. 결국 자기 자신을 믿은 것이고 스스로를 배신한 것이다.

반면 지혜에 의한 믿음은 인간에 대한 깊은 이해를 바탕으로 한다. 지혜로부터 시작된 믿음은 배신이라는 개념이 없다.

우리는 이미 그런 경험이 있다. 지혜로부터 시작된 믿음을 누군가로부터 받은 적이 있으며, 또 누군가에게 하고 있다. 부모가 갓난아이에게 갖는 믿음은 아이가 언젠가는 일어나 걸을 수 있다는 믿음이다. 그래서 몇 번이고 쓰러지고 일어나는 자녀에게 실망하지는 않는다. 동물도 마찬가지다. 아직 날지 못하는 어린 새가 높은 둥지 위에서 떨어지는 것을 허락하고 첫 날갯짓의 위대함을 믿는다. 어린아이가 소꿉놀이를 할 때도 이런 일은 일어난다. 열심히 놀이에 심취해서 가상의 세계에서 놀다가도 '밥 먹자'하는 엄마의 목소리에 현실로 돌아온다. 마치 가상세계가 현실인 것처럼 믿는 부분과 밥을 먹는 실제 현실

사이에는 배신감이 없다.

배신의 실체를 이해하고 인간적인 존재를 인정하면, 배신을 당했다고 해도 믿음 자체를 버리지 않으며, 배신당할 수 있음을 알게 되고 더 나아가 수긍할 수 있게 된다. 적당히 거리를 두고 믿으란 이야기가 아니다. 순수한 믿음을 말하는 것이다.

좀처럼 나아질 것 같지 않는 내담자의 상태가 호전될 것이라는 믿음.

헛된 희망을 조장하지 않으면서도 성장할 것이라는 믿음.

언젠가는 자기 사업을 위해 떠날 것임이 분명한 직원에 대한 믿음.

또 다시 실망을 시킬 것이 자명한 자녀에 대한 믿음.

배신할 것을 알면서도 끝까지 제자로 거두는 스승의 믿음.

예수는 유다가 그날 밤에 자신을 배신할 것을 알고 있었다. 예수는 이렇게 말한다. "너는 너의 일을 하거라." 예수는 은신처를 밀고한 유다로 인해 체포당하였다. 예수께서 가장 사랑하였다는 베드로는 어떠한가? 최후의 만찬에서 예수께 그가 말하기를 "당신과 함께라면 나는 감옥에 갈 수도 죽을 수도 있습니다."라고 말했다. 그의 말에 예수는 "새벽닭이 울기 전까지 너는 세 번이나 나를 모른다고 부인할 것이다." 말 그대로 그는 예수를 세 번이나 배신했다. 그럼에도 예수는 모두에게 제자 됨을 허락하였다.

가끔씩 믿음에 관해 신앙적 관점에서 접근하는 사람들이 있다. 신앙적 관점에서는 신뢰와 믿음에 대한 차이점은 분명하다. 신뢰는 개인의 경험에 의해 습득된 것이고 믿음은 신에 대한 무조건적인 절대적 복종을 의미한다. 무대 위에 자기의 믿음을 증명하려는 독실한 신자인 수희가 있다.

치료사: 당신의 믿음은 어떤 것인가요?

수희: 저의 믿음은 절대적이에요.

치료사: 증명할 수 있나요?

수희: (단호하게) 네.

치료사: 보여주세요.

수희: 저는 제 목숨을 내 놓을 수 있어요.

치료사: 저기 앞에 신이 있어요. 자살로서 당신의 믿음을 원하고 있어요.

수희: 오! 신이시여. 당신께 내 믿음을 보여 줄 수 있다면 저는 제 목숨을 버리겠어요.

당신이 원하신다면. (밧줄을 걸고 목을 메달려고 한다.)

치료사: 잠깐! 신께서는 자살한 자는 천국에 못 간다고 하셨어요. 그래도 실행하시겠어요?

수희: 그분의 뜻이 있겠지요. (결국 자살로서 끝을 맺는다.)

치료사: 사랑하는 사람이 있나요?

수희: 네 저희 가족들이요. 남편이랑 아들이랑..제가 살아있는 이유예요.

치료사: 오늘은 참 가혹한 신이시네요. 이제 당신 남편의 목숨을 원해요. 그러나 당신은 살릴 수 있어요. 신앙을 배신한다면요.

수희: 그럴 순 없어요. 저는 남편의 죽음으로 저의 신앙을 증명해 보일 거예요. 신이 원하신다면 따를 거예요.

치료사: 그렇군요. 이젠 당신의 아들 차례입니다. 아들이 저 의자에 죽음을 기다리고 있어요. 어떡하시겠어요?

수희: ...(흐느껴 운다.) 미안해. 아들. 신의 믿음을 저버릴 수 없어. 언젠가 찢어지는 엄마의 마음을 이해할 거야. 사랑해. 세상 그 누구보다도.....

수희는 몇 번의 역할교대가 있었다. 신이 되어 보기도 하고, 아들이 되어 보기도 하였다. 모든 역할교대의 결과는 신의 뜻에 따라야 한다는 것으로 귀결되었다. 자기에게 죽음을 강요했던 신이 극이 진행되는 도중에 실은 가짜 신이었음이 밝혀졌는데 그것조차도 신의 뜻으로 받아들이고 끝까지 죽음을 선택하는 것으로 마무리되었다.

치료사: 가혹한 상황을 설정한 저를 용서해 주세요. 이곳은 무대이고 연극일 뿐입니다. 당신의 믿음은 참으로 진실되군요. 여기에는 관객들이 있습니다. 신학생도 계시구요. 무대 위로 초대해서 이야기를 잠시 들어보도록 할게요.

신학생: 누구를 위한 신인가요? 왜 선택을 꼭 해야만 합니까? 둘 다 살 수 있는 방법이 없나요? 당신 안의 신은 그 수준입니까? 누가 당신에게 그것을 가르쳐 주었나요?

관객1: 제가 신이라면 이렇게 말해 줄 것 같습니다. "내가 너 수준일까봐! (모두 웃음)"

관객2: 신앙이란 것은 그냥 믿는 것이기에 뭐라 할 수 없어요. 참 신앙인이라면 마땅히 그리해야 합니다. 인간은 신의 깊은 의도를 알지 못하니까요. 저는 응원하고 지지합니다.

신학생: 우리는 이성을 가진 존재입니다. 인간의 이성으로 갈 수 있는 데까지 가보고, 그 밖의 신비의 영역이 신앙이 됩니다. 그래야 참 믿음이 되는 거예요. 도그마에 빠져 앵무새처럼 되뇌이는 신앙은 무너지기 쉬워요. 예수도 십자가에 매달려서 말하지 않았습니까? "이 잔을 제게서 거둘 수만 있다면 거두어 주소서." 여기까지가 예수가 인간으로서 할 수 있는 최대치의 이성적 영역이었습니다. 그것은 너무나도 인간적인 그러면서도 슬프지만 아름다운 모습이었습니다. 그런 다음에 "그러나 제 뜻이 아니라 당신 뜻대로 하소서."라고 했지요. 저는 내담자에게서 두 번째 문장만 보았지 첫 번째 문장을 보지 못하였습니다.

수희: ...(묵묵히 듣고만 있다.)

치료사: 이 땅에 200년 전 가톨릭이 전파되었지요. 초기의 신앙인들은 토착화 과정에서 많은 고문과 순교를 하셨고 신앙촌을 이루며 그들의 신앙을 지켜 나갔습니다. 그리하여 지금 신앙의 자유가 있게 되었습니다. 뉴스를 보면 지금도 전 지구적으로 많은 사람들이 각자의 신앙을 지키기 위해 목숨을 내 놓고 죽어갑니다. 심지어는 사이비 종교의 집단자살까지도 보게 됩니다. 물론 같은 선상에서 비교할 수는 없겠지만 심리적 관점에서는 논할 수 있을 것 같습니다.

수희: 저는 누구의 가르침에 크게 영향 받지는 않은 것 같아요. 내게 영향을 준 목사님도 없었으니까요. 그저 삶의 체험을 통해서 그것을 받아들였어요. 내가 어떤 삶을 살았고, 어떤 영적 경험을 했는지는 아무도 모르잖아요.

치료사: 네 맞습니다. 모든 믿음은 아름다운 것이니까요. 누구도 그것을 판단할 권리는 없습니다. 신의 영역을 어떻게 우리가 알겠습니까. 참으로 오랜만에 종교를 가지고 주제를 다루었습니다. 사실 정치나 종교는 잘 다루지 않는 주제인데, 무대니까 가능했던 것 같습니다.

수희: 그런데...뭔가가 꿈틀거리는 거 같아요. 뭐라 딱 말 할 수는 없지만 분명 다 못한 이야기가 내 안에 있는 거 같아요.

치료사: 네 오늘은 힘든 시간이었어요. 시간을 좀 가지시고 다음 기회에 다루도록 해요.

신앙에서의 믿음은 신으로부터 주어진 것이고 개인의 이성, 경험, 판단 등이 개입할 여지가 없다. 따라서 믿음은 신의 영역이고, 신뢰는 인간의 영역이다. 신앙적 관점의 믿음에는 개인적 경험이 배제되어야 한다. 그것은 신뢰의 영역으로 넘어가기 때문이다. 그러나 독실한 신자의 믿음에는 개인의 경험이 내포되어 있다. 아이러니한 일이다.

믿음은 주어진 것이지만 신뢰는 그곳에서 성장한 것이다. 종교는 믿음이다. 하지만 우리가 서로의 인연관계를 맺는 것은 신뢰이다. 우리는 믿음을 요구할 수 없다. 예수는 믿음보다 사랑을 강조했다. 유대인들은 믿음이 강한 사람들이었기에 예수를 제거했다. 왜냐하면 예수가 그들의 믿음을 파괴한다고 생각했기 때문이다. 초기의 예수 제자들은 유대인들이었지만 그들은 믿음에서 벗어나 신뢰에 도달했고 제자가 되었다. 종교는 믿음이지만 종교성, 즉 영성은 신뢰 속에 있다. 종교는 사회적 현상이지만 종교성은 개인적 관계이다. 이제 종교인들은 신과 내면 깊숙이 연결되어 신뢰회복을 해야 한다. 믿음이 일방통행이라면 신뢰는 쌍방향 통행이다. 믿음은 신뢰가 배제된 것이고, 신뢰는 믿음이 살아서 서로 이야기하고 있는 것이다. 믿음은 안락하고 신뢰는 모험이다. 결혼은 믿음과도 같고 사랑은 신뢰와도 같다. 예수는 신뢰를 말하였다. 그것이 사랑이다. 예수가 종교 속에서 태어난 것이 아니라 예수 안에서 종교가 생겨난 것이다.

13 삶과 죽음

개똥 밭에 굴러도 이승이 낫다. 이렇게 살 바에 차라리 죽는 것이 낫다. 인간이 가지는 영생에 대한 욕구와 그러면서도 삶에 대한 불만은 실존적 딜레마에 놓이게 한다. 실존적 문제 앞에서 어떤 이는 삶을 선택하고 어떤 이는 죽음을 선택한다. 이러한 현상은 프로이트의 삶의 본능과 죽음의 본능에서 더 깊은 뿌리를 찾아 볼 수 있다. 인간은 이 두 가지 본능을 가지고 있다. 삶의 본능은 에로스, 죽음의 본능은 타나토스라고 한다. 에로스(Eros)와 타나토스(Thanatos)는 그리스 신화에 나오는 신들이다. 에로스는 자기 보존적 기능과 성본능으로 구성되어있고, 타나토스는 파괴와 공격적 본능으로 구성되어 있다. 삶의 본능은 생명을 유지·발전시키고, 자신과 타인을 사랑하며, 종족의 번창을 가져오게 한다. 죽음의 본능은 서로를 파괴하고 소멸시키면서 생물체가 무생물로 환원하려는 본능이다.

인간은 이 두 가지 측면을 다 가지고 있다. 음양처럼 서로 분기하면서 하나의 전체성을 가지는 태극의 문양과도 같은 것이다. 삶은 삶으로만 구성되어 있지 않고 죽음 또한 죽음으로만 구성되어 있지 않다. 삶 속에 죽음이 있고, 죽음 속에 삶이 있다. 우리의 삶은 언젠가는 죽음을 맞이하게 되어 있고, 누군가의 죽음 속에서도 우리는 삶을 이어간다. 자신의 죽음조차 유전자를 남김으로써 다음 생을 이어간다. 그러니 모든 건강한 생명체는 삶과 죽음을 동시에 가지고 있다.

산다는 것은 '그냥 살아 있으니 산다.'는 일상적인 느낌을 뛰어 넘어서 온전히 내가 살아있음을 느끼는 순간을 맞이해야 그 의미를 알 수 있다. 죽고 싶다고 이야기 하는 사람들도 죽음에 대한 일상적인 느낌을 넘어서 죽음을 온전히 느끼는 순간을 맞이해야 그 의미를 더 깊게 받아들일 수 있다.

영화 '명량'에서 이순신장군이 아들에게 먹을 것을 내밀며 말했다. "살아서 먹을 수 있어서 좋구나." 살아 있는 것이야 숨 쉬고 살아 있으니 특별할 것도 없고 밥이야 끼니 때마다 늘 먹는 것이니 이 또한 특별한 것이 없다. 그러나 많은 전투에서 늘 죽음의 순간을 맞이한 그에게는 이 소소한 일상 하나가 그를 온전히 살아있음을 느끼게 해 주는 것이다.

'꾸뻬씨의 행복여행'이라는 영화가 있다. 주인공 꾸뻬는 자신의 불행과 현실의 매너리즘을 깨기 위해 여행을 떠나는 정신과 의사이다. 여행 도중 그는 테러리스트에게 납치되어 살해의 순간까지 갔다가 가까스로 풀려나게 된다. 한밤 중 도로 위에 버려진 그는 밤하늘의 별, 마을 사람들의 소리, 스산한 찬바람을 온 몸으로 느끼며 달리기 시작한다. 그는 행복노트에 이렇게 적는다. '행복은 살아있음을 온전히 느끼는 것이다.'

존엄사를 허락하는 몇 개의 나라가 있다. 외국의 어떤 의사 그룹은 삶이 죽는 것보다 나쁘다면 죽음을 권유한다고 한다. 연극치료에서 죽음은 죽고 싶은 마음도 포함되며 일종의 세상과의 단절을 경험하게 된다. 특히 사랑하는 사람의 죽음은 더 큰 상실감을 가져온다. 자신의 죽음은 사람마다 다르게 받아들이지만 보편적으로 죽음은 공포와 두려움의 대상이다.

법륜스님은 수행시절 '삶과 죽음이 어디 따로 있나 같이 있는 거지.'라 말하고 다녔다고 한다. 그는 한때 정부로부터 요주의 인물로 꼽혀 고문실에 끌려가 물고문을 당했는데 숨이 막혀 기절하면 다시 깨워서 고문하기를 수차례 당하니 없는 사실도 자백하게 되더라는 이야기였다. 그리고 급기야는 "살려주세요!"라는 말이 절로 나왔다고 하였다.

타인의 죽음에는 애도가 필요하고 자신의 죽음에는 체험적 통찰이 필요하다. 애도란 남의 죽음, 심한 정신적 고통, 불운을 슬퍼하는 동정심이다. 얼핏보면 타인의 죽음이나 상태에 대한 자신의 감정적 안타까움을 표현하는 것처럼 보이나 실은 자기 자신에 대한 슬픔을 말하는 것이다.

충분히 슬퍼해야 하는데 슬픔을 표현하지 못하고 지내다 우연한 기회에 오랫동안 자신 안에 자리 잡고 있는 슬픔을 뒤늦게 깨닫는 경우가 있다. 감정이 준비되지 않았는데도 갑작스럽게 터져 나오는 울음은 당황스럽게 한다. 그때는 미해결된 감정이 남아 있다는 것을 깨달아야 한다. 그리고 그것이 무엇인지 알아가야 한다. 까마득히 잊어버린 사건일 수도 있고, 이미 해결되었다고 생각되었던 것일 수도 있으며, 억지로 슬픔을 억압하고 있는 의식적인 사건일 수도 있다.

엘리자베스 퀴블러 로스는 자신의 저서 '상실수업'에서 다음과 같이 말하고 있다. 상실에 대한 슬픔의 다섯 단계가 있다. 부정, 분노, 타협, 절망, 수용이 그것이다. 이 단계는 순차적으로 일어나는 것은 아니다. 뒤죽박죽 섞여있기도 하고 끝났다고 생각했는데 다시 전 단계로 퇴행하는 경우도 있다. 그리고 모든 이가 다섯 단계를 다 경험하는 것도 아니다.

부정의 단계에서 '난 사랑하는 그 사람이 죽었다는 게 믿어지지 않아요.' 실제 사랑하는 이의 죽음을 부정하는 것은 아니다. 다만, 당장이라도 두 팔을 벌리고 안길 것만 같은 그 사람이 없다는 현실이 믿어지지 않는 것이다. 이 슬픔의 첫 단계는 우리를 슬픔에서 헤어나오지 못하게 만든다.

분노는 여러 형태로 나타난다. 사랑하는 사람이 건강에 좀 더 신경쓰지 않았던 것에 화가 나고, 사랑한 이를 잘 보살피지 못했던 자기 자신에게 화가 난다. 왜 하필 그 시간에 거기에 있었는가에 화가 난다. 분노의 대상에는 한계가 없다. 친구, 의사, 가족, 자기 자신, 죽은 사람뿐만 아니라 신에게도 확장된다.

"그녀를 찾을 수도 없고, 볼 수도 없는 세상에서 내가 계속 살아야 한다는 것이 화가 납니다. 영혼이 내 곁을 떠나 버렸습니다."

그러나 분노는 치유의 필수과정이다. 끝이 없어 보일지라도 분노를 기꺼이 느껴보라. 진심으로 느끼면 느낄수록 분노는 점점 더 사라지기 시작하며 당신은 치유될 것이다.

사랑하는 사람을 잃기 전에는 그 사람이 살 수만 있다면 무엇이든 할 수 있을 거라 여기며 이내 타협하기 시작한다.

"신이시여, 제발 아내를 살려주세요. 아내가 원하지 않는 일은 절대 하라고 하지 않겠습니다. 더 착한 사람이 되겠습니다. 내 남은 인생 전부를 당신께 바치겠습니다. 지금은 안 됩니다. 제발."

한 시간이 지나 수술을 마친 의사가 와서 말한다.

"죄송합니다. 부인을 살려내지 못했습니다."

시간이 지남에 따라 타협은 형태가 바뀐다. 사랑하는 사람대신 자신을 죽게 해달라고 타협한다. 사실을 받아들이게 되면 고통 없이 죽게 해 달라고 타협한다. 천국에서 다시 만나게 해 달라고 타협한다. 이렇게 타협은 마음이 상실의 한 상태에서 다른 상태로 이동하도록 돕는다.

절망의 단계는 영원히 지속될 것 같다. 아침이 오지만 개의치 않는다. 침대에서 일어날 시간이라며 마음은 속삭이지만 그럴 열의가 없다. 절망은 지극히 정상적인 상황이고 적절한 반응이다. 감당할 수 없다고 느끼게 하여 우리를 보호하려는 신경체계의 본능적 의지이다. 절망에서 빠져나오는 길을 찾는 것은 마치 태풍의 소용돌이 안에서 탈출구가 없음을 두려워하며 바다 위를 떠다니는 것과 같다. 절망감을 방문객으로 여겨라. 환영받지 못한 방문객이지만 당신이 좋아하든 싫어하든 그 시간에 방문해야 할 자이다. 그 손님을 위해 자리를 마련하라. 피할 방법을 강구하지 말고 단지 함께 앉아 있으라. 절망을 느끼도록 공간을 마련하면 상실 안에서 그 목적을 달성한 절망은 곧바로 떠날 것이다.

수용의 단계는 사랑한 이가 실제로 떠나버린 현실을 받아들이고 이 새로운 현실이 영원한 현실임을 인정하게 되는 단계이다. 그것은 '이상 없음', '괜찮다고 여김'의 의미가 아니다. 수용하게 된다는 것은 안 좋은 날보다 좋은 날을 보내게 된다는 의미이다. 다시 정상적인 생활을 하는 자신에게 이것은 사랑하는 사람을 배신하고 있는 것이다라고 느낄 것이다. 물론 다른 무엇으로도 잃어버린 사람을 대신 할 수는 없지만, 새로운 결합, 의미 있는 새로운 관계를 형성할 수 있다.

심리극 내에서 죽음장면에서는 감정이 명료화되고 하나의 핵심감정이 남는다. 미움, 증오, 용서, 화해, 연민, 복수, 외면 등의 정서가 죽은 자에게 그대로 투사된다.

◉ 타인에 대한 애도

가장 가까운 사람의 죽음을 떠올려 보라. 조부모, 부모님이나 형제자매들. 사랑하는 남편과 아내, 자식들 그리고 친구들을 상실한 경험이 있는가? 그때 나는 충분히 슬픔을 표현하고 오열하며 울었는가? 아니면 올라오는 눈물을 참고 견디었는가?

돌아가신 아버지의 입관식 때였다. 이상하게도 눈물이 나오지 않았다. 그날따라 비가 억수같이 쏟아졌다. 형제들 모두 비통한 채 입을 꾸욱 다물고 있었다. 아버지의 관이 땅속으로 내려가고 한삽 한삽 흙이 그 위를 덮고 있었다. 빗소리에 묻혀 침묵이 더 고요했다. 그 때 누군가가 소리쳤다. "야 이놈들아 곡을 해라. 곡을!" 아버지 가는 길에 어찌 울음을 보이지 않느냐는 호통이 천둥번개 같이 울렸다. 형제들은 그제서야 소리를 내어 울기 시작했다. 점점 커지던 통곡과 오열이 온 산을 뒤덮었다.

아마도 그때 그 호통이 없었다면 울음소리 한 번 내지 않고 끝났을 것이다. 그 형제들에게 애도의 눈물이 없는 것이 아니었다. 다만, 참고 억누르고 있었을 뿐이었다.

◉ 자신에 대한 애도

사랑하는 사람을 아프게 했던 자신의 모습을 떠올려 보라. 도무지 용서가 되지 않는 마음과 행동을 한 자신을 떠올려 보라. 자신을 비참하게 내버려 둔 것을 떠올려보라. 자신을 향해 얼마나 많은 비난을 퍼부었는가? 당신은 죄책감을 경험하는가? 그것은 자신을 향한 분노이다. 허락하라. 그 자신을 슬퍼하고 애도하라. 용서가 일어날 때까지.

한 여인 있었다. 그 여인은 남자에 의해 둘의 관계를 숨겨야 했다. 사랑하는 사람이었지만 그 남자의 주위에 자신의 존재를 드러내는 것은 금기되었다. 애도 작업이 시작되고 두 번째 단계에서 음악이 흘러나오자 "나는 누군가에 의해 숨겨졌어!"라며 울기 시작했다. "이제 다시는 그런 상태로 나를 내버려 두지 않을 거야. 나 밖으로 나올 거야. 얼마나 힘들었니."라며 자신을 슬퍼하며 애도하고 오열했다. 숨 막히게 가두어 두었던 스스로에게 용서를 청하고 있었다.

14 안과 밖

내가 살던 고향은 너무 작았으며 안에 갇혀 있는 느낌을 가지게 했다. 바깥세상에서 더 큰 꿈을 키우겠다며 객지로 떠나 온 삶. 삼십년이 지난 어느 날 버스 안에서 스님 한 분의 이야기가 흘러나왔다.

행자승이 노 스님에게 말했다.

"스님께서는 수행자에겐 안과 밖의 경계가 없다고 하셨습니다. 그러니 스님 이제 저는 더 큰 꿈을 찾기 위해 밖으로 나가보겠습니다. 절을 떠나겠습니다."

노 스님이 대답했다.

"안과 밖이 어디있어! 네가 밖에 있다고 생각하니 안이라는 개념이 생기고 네가 안에 있다고 생각하니 밖이라는 개념이 생기는 게야!"

우리는 안과 밖을 다 경험하고 산다. 떠나는 자와 보내는 자를 모두 경험하고 산다. 어느 한 곳에만 머물러 있었던 나. 그리고 그것이 자신이라 스스로 생각했던 시간들이 있었다. 마치 자폐증처럼 스스로를 유배시킨 20살의 청년이었다. 삶이란 그 어떤 것도 헛되이 경험되지 않으며, 그 어떤 것도 거저 주어지지 않는다.

Part 03

연극치료의 실제

투사기법

1 이름자화상 웜업

웜업은 준비과정이다. 참여자들이 연극치료 작업에 들어갈 준비가 되었음을 확인하고 암묵적으로 합의하는 과정이기도 하다. 인간관계에서 만남이 이루어질 때를 상상해보면 훨씬 직관적으로 이해하기 쉽다. 첫 만남에서는 서로를 탐색하고 특성을 이해하고 조심스럽게 다가간다. 자신의 생각이 받아들여지고 타인을 존중해주며 신뢰감이 생기기 시작하면 불안과 경계심을 내려놓고 다음 단계로 발전하게 된다.

영국의 락 밴드 퀸의 싱어인 프레디머큐리는 그들의 공연 중에 관객과의 호흡을 맞추는 작업을 많이 했다. 수 십만 관중을 하나로 묶어낼 수 있는 힘을 주고 받는 댓구절의 허밍으로 찾아간다. 그가 먼저 선창을 하면 관객이 그것을 따라하는 형식이다. 예를 들면 그가 "에～오"라고 외치면 관객은 그대로 따라한다. 몇 분간 음율과 허밍소리를 달리하여 이어진다. 완전히 호흡이 맞추어지면 프레디머큐리는 이렇게 외친다. "올 라잇!" 관객도 "올 라잇!"하면서 공연에 들어간다. 그들이 외치는 올라잇은 '이제 우리는 공연에 기꺼이 참여할 준비가 되었어!'의 암묵적 합의이다.

연극치료에서 웜업은 행위화 단계의 목표에 따라서 이루어진다. 감정의 표출이 본 작업의 목표라면 웜업과정에서 어느 정도 고무적인 감정 작업이 이루어지고, 인지적 통찰이 목표라면 긴장을 완화하고 명상적인 분위기의 웜업이 필요하다.

워업의 원칙은 '치료사에게 집중되는 그룹의 에너지를 그들에게 되돌려 주라'이다. 참여자들이 이 작업 자체를 즐기고 과정 속으로 스스로 몰입하게 만드는 것이다. 그리고 치료사는 무엇이 그것을 가능하게 하는지 고민하는 것이다. 치료사가 워업단계에서 참여자들과 느끼는 거리는 반드시 집단의 분위기에 영향을 미치게 된다. 그러므로 워업과정은 치료사가 참여하여 즐길 수 있는 것이면 더욱 좋다. 참여자들은 자신들이 몰입하는 가운데 치료사도 함께 즐기는 모습을 보게 된다면 더 친숙한 느낌을 받게 되고 신뢰감은 높아질 것이다. 그렇다고 치료사가 아주 높은 능력을 발휘하거나 눈에 띄게 잘하는 것도 경계해야 한다. 너무 뛰어난 치료사는 참여자들을 오히려 위축시킬 우려가 있다. 작업은 그들의 것이지 자신의 것이 아님을 명심해야 한다.

그 어떤 경우에도 워업의 목적은 불안감의 감소, 자발성의 향상, 집단응집력의 강화, 집단의 신뢰감 형성으로 귀착된다. 신체에서 심리적인 것으로, 다수에서 소수로, 분리에서 밀착으로 진행되면서 목적을 달성하게 된다.

소개하는 이름자화상 워업은 영국의 연극치료사 수 제닝스가 집단세션 시작 전에 사용한 기법의 한 예를 모티브로 재구성한 것이다. 그림을 통해서 자신의 이름을 표현하는 것인데 자기소개와 더불어 상징적 이미지 창조를 보면 그룹의 성향, 즉 추상성과 구상성을 파악하는 데 도움이 된다. 이름은 정체성을 내포한다. 그들의 창조적 작업을 경험하고 바라보면서 참여자들의 기본적인 자기이해영역을 알아차릴 수 있다.

활동

준비물: 4절 도화지, 크레파스, 파스텔, 색연필, 공연소품 등

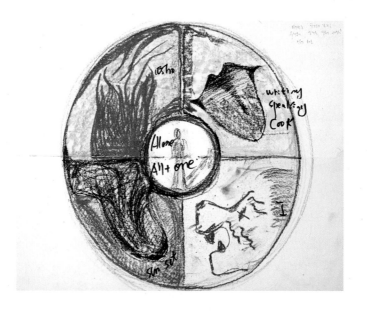

1. 그림을 그릴 수 있는 도구를 준비한다.

2. 자기이름에 대한 의미를 나눈다.

3. 이름에는 3가지 수준의 의미가 있다고 알려준다. 3가지 수준에서의 의미란 개인적인 의미
   (being level), 가족적인 의미(family level), 일반적 의미(global level)이다. 개인적인
   의미는 자기이름을 생각했을 때 어떤 생각을 가지는 것인가이다. 유년시절부터 현재까지
   자기이름에 대한 본인만의 느낌을 담아 표현한다면 어떻게 그릴 수 있을까를 고민하게 한
   다. 가족적인 의미는 본인이 가족 내에서 어떻게 비추어지고 어떻게 생활하는 것인가이
   다. 부모, 형제, 자매 등 가족구성원 안에서 자기의 이미지를 그릴 수 있게 고민하게 한다.
   일반적(우주적)의미란 이름 안에 내포된 존재의 사명을 말한다. 누구나 한 번쯤은 이름값
   을 해야 한다는 소리를 듣는 경우가 있다. 사회적 존재로서 존재적 가치가 있는 의미를 찾

아보도록 한다. 한국의 경우는 한자로 이름이 된 경우가 많다. 그 한자의 뜻 안에서 찾는 경우도 있을 것이다.

4. 세 가지 수준의 의미를 다 포함하여 그림을 그리도록 한다. 추상화, 구상화, 문자, 시 등 표현할 수 있는 것들을 다 허용한다.

5. 한 사람씩 발표하면서 이야기를 나눈다.

➜ 이어가기: 그림에서 동작으로 옮기기

이름자화상 웜업에서 그린 그림을 통해서 자신의 긍정성과 부정성을 신체타블로 기법으로 치환하여 연결움직임으로 안무한다. 그리고 부정적 대사와 긍정적 대사를 찾아내도록 한다.

1. 이름자화상을 벽에 붙인다.

2. 부정적인 면 3가지를 찾도록 한다.

3. 부정적인 단어 3가지를 찾도록 한다.

4. 부정적인 단어 3가지에 해당하는 몸짓 3개를 만든다. 각각의 단어에 각각의 정지움직임이 나와야 한다.

5. 부정적인 몸짓 3개를 연결하여 연속해서 움직이게 한다.

6. 마지막으로 부정적인 대사 한 줄을 찾도록 한다.

이 대사를 외치면서 서로를 만나게 한다. 각각의 사람들이 만나게 되면 서로의 대사를 주고받으며 지나친다. 이때 서로 역동이 올라오면 그대로 허락하고 더 대화하게 해도 된다.

1. 다시 자기 그림 앞에 선다.

2. 긍정적인 면 3가지를 찾도록 한다.

3. 긍정적인 단어 3가지를 찾도록 한다.

4. 긍정적인 단어 3가지에 해당하는 몸짓 3개를 만든다. 각각의 단어에 각각의 정지움직임이 나와야 한다.

5. 긍정적인 몸짓 3개를 연결해서 연속해서 움직이게 한다.

6. 마지막으로 긍정적인 대사 한 줄을 찾도록 한다.

이 대사를 외치면서 서로를 만나게 한다. 각각의 사람들이 만나게 되면 서로의 대사를 주고받으면서 지나친다. 이때 서로 역동이 올라오면 그대로 허락하고 더 대화하게 해도 된다.

→ 이어가기: 자전적공연 발표

위 모든 활동이 끝난 후 한 사람씩 무대 위에 나와서 움직임과 단어나 대사 등을 넣어서 자전적 공연 발표를 한다.

1. 상징적으로 무대를 만든다. 카펫을 깔아도 되고, 실이나 색 테이프 등으로 사각의 링을 만들어도 된다. 조명이 있으면 조명을 사용한다.

2. 한 사람씩 나와서 자신이 작업한 것을 무대 위에서 발표한다. 처음에는 중립 자세로 시작한다. 중립자세란 발을 어깨너비로 벌리고 팔은 자연스럽게 아래로 떨어뜨려 똑바로 서 있는 자세를 말한다.

3. 부정적인 동작과 그에 맞는 단어와 소리, 대사 등을 한다. 동작은 3개의 단어를 상징하는 연속적 움직임이 되고 적당한 시점에서 대사가 나오게 된다.

부정적 표현이 끝나면 중립자세로 선다.

1. 긍정적인 동작과 그에 맞는 단어와 소리, 대사 등을 한다. 동작은 3개의 단어를 상징하는 연속적 움직임이 되고 적당한 시점에서 대사가 나오게 된다.

2. 인사와 함께 마무리한다.

TIP

발표하는 동안에는 정숙을 요한다. 관객들은 어떠한 도덕적 판단이나 충고 등은 하지 않고 조용히 바라본다. 치료사는 자전적 공연 제작과정에 필요에 의해 개입할 수 있으나 원칙적으로는 모든 것을 내담자에게 맡긴다. 음악같은 것은 제안해 줄 수 있다.

2 롤 프로파일

롤 프로파일은 로버트랜디의 역할분류체계를 기반으로 연극치료과정에서 내담자가 취하게 될 역할의 종류를 말해준다. 또한 각 역할의 특성과 기능과 표현 양식의 이해에 기초한 역할 메소드는 내담자를 치료하는 과정에 많은 정보를 제공한다. 연극치료가 연극이라는 예술형식에서 그 고유성을 찾을 수 있는 것이 사실이라면 연극에서 가려낸 이 역할체계는 그 가능성이 심리학적인 관점에서도 매우 유의미하다.

롤 프로파일에 등장하는 역할의 종류를 선정하는 기준은 다음과 같다.

로버트 랜디는 연극사를 세밀하게 훑어보면서 랜디는 서구 극문학 역사에서 끊임없이 되풀이되는 유형이 있음을 발견했다. 그는 연극사 문헌에 기록이 있고 책으로 출판되었으며 그 이후에도 정기적으로 선정된 600여개의 희곡을 검토한 끝에 그리스 비극에 최초로 등장하는 우아한 비극적 주인공과 로마 희극에 나오는 우스꽝스러운 바보와 보편적 유형들을 추려냈다. 각 유형의 성립은 연극사를 통틀어 주요 시기라 할 수 있는 고전기와 르네상스기와 현대의 대표적 텍스트에 반복해서 나타날 때만 인정되었다. 그러므로 유형의 성립은 고대의 영웅과 바보는 시대의 유행에 따라 변형되면서 수 세기 동안 지속과 확장을 거듭해 온 것이다. 예를 들어 초기 로마 희극에 등장하는 바보 세돌로스는 같은 제목의 현대 뮤지컬 <광장으로 가는 길에 생긴 우스운 일>에서도 찾아볼 수 있다. 그 바보는 또한 르네상스기 코메디아 델 아르테에서도 어김없이 등장하며 그 밖에도 연극사의 여러 시대에 산재해 있다.

랜디는 84가지의 역할 유형을 추출한 다음 그것들을 다시 인간의 여섯 가지 주요 영역인 신체, 인지, 정서, 사회, 정신, 예술 영역으로 나누어 묶었다. 분류가 점차 체계화됨에 따라 랜디는 역할 유형을 세분하고 조직화하여 역할 분류학을 완성했다.

랜디의 역할 분류학을 기반으로 71개의 프로파일 카드를 제시하여 연극치료에서 진단의 목적으로 사용하였다. 그러나 이것은 비록 진단의 목적뿐 아니라 내담자와 치료사 사이에 풍부한 대화거리를 제공해 준다. 개인을 이해하는 데 역할의 가짓수는 매우 중요한 단서를 제공한다. 역할은 내담자가 맡아 연기하고 또 거기서 분리되는 하나의 형식으로서 연극치료와 직접적으로 관련되기 때문이다.

다음은 로버트 랜디의 롤 프로파일을 모티브로 한 확장된 연극치료 과정을 소개한다.

활동

준비물: 역할카드, A4용지, 필기도구, 공연소품 등

PART 1. 역과 역의 모습을 분류하여 작업하기

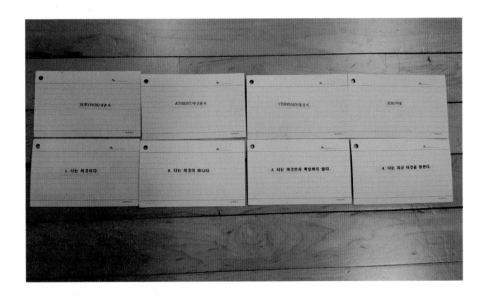

71개의 역할이 적힌 카드를 가지고 워크샵을 진행한다. 한 묶음의 카드는 2명당 1개씩 필요하다. 이 작업은 모든 참가자들에게 역의 윤곽을 창조해 나가는 기회를 제공해 준다.

2인1조로 나뉘어서 한 명은 치료사 한명은 내담자역할을 한다. 치료사 역할을 맡은 사람은 내담자역할을 한 사람에게 아래와 같이 이야기한다.

"이 워크샵에서의 경험은 당신의 개인 인성을 알아보려는 시도에서 행해집니다. 그 개성은 영화나 연극, 이야기 등에서 흔히 볼 수 있는 등장인물들의 성격들입니다. 당신에게 한 뭉치의 카드가 주어질 것입니다. 각 카드에 역할의 이름이 각각 적혀있습니다. 각 역의 성격은 일반적인 연극이나 영화나 이야기에서 나오는 역의 성격 중 하나입니

다. 카드에 적힌 역들을 보고 내가 지금 느끼는 감정대로 카드를 아래 네 그룹 중 하나
에 놓습니다. 각 그룹은 아래와 같이 쓰여진 네 그룹들입니다."

1. 나는 이것이다.(나는 이 역 / 인물이다)
2. 나는 이것이 아니다.
3. 나는 이것인지 확실하지 않다.
4. 나는 지금 이것이 되고 싶다.

카드분류에 너무 많은 시간이 걸릴 수 있으므로 가능하면 빨리 카드를 4그룹으로 나누게 한다.

PART2. DISCUSSION / 토의

1. 진행자는 실험에 참가한 사람들에게 그룹으로 나누어진 역할에 대해 토의하게 한다. 아래의
   질문들은 가이드라인이 될 수 있다.
   a. 각 그룹을 볼 때 무엇을 보는가?
   b. 어떤 놀라움이 있는가?

    c. 어떤 역이 가장 중요하고, 어떤 역이 가장 중요하지 않는가?

    d. 역들이 일상적인 삶과 어떻게 연관지어 지는가?

2. 치료사는 내담자에게 각각 나누어진 카드 뭉치 4그룹들로부터 대표적인 카드 1역씩 선택하도록 요청한다.(4장 선택)

3. 치료사는 선택한 4개의 역들을 가지고 그 역의 성격을 이용해서 이야기를 작성하도록 내담자에게 요청한다. 동화형식, 수필, 시 어떠한 형태도 상관없다. A4용지 한 장 분량의 스토리를 작성하게 한다. 문장의 첫 시작은 "옛날 옛적에 ○○이 살았습니다."라고 시작하도록 한다. ○○은 주인공의 이름으로 구체적으로 적도록 한다. 주인공의 이름이 잘 떠오르지 않을 때는 글을 다 완성한 후에 적도록 한다.

4. 스토리작성이 끝나면 치료사역할과 내담자역할을 바꾸어서 실시한다.

5. 서로에게 치료적 관점에서 소견서를 적어서 교환한다. 원래 롤 프로파일의 목적은 내담자가 연극치료를 받아야 하는지 아닌지를 판단하는 검사도구로 쓰인다. 이 목적에 충실하여 치료사로 소견서를 적어서 상대방에게 전해준다. 서로에게 상처되는 일이 최소화되도록 진행자는 신중을 기해 전달한다. 치료사는 이렇게 말해준다 "여기 우리는 정신질환자가 아니므로 치료를 받을 만큼 그렇게 심각한 사람들은 없을 것입니다. 그래도 실습의 차원에서 경험하길 권합니다. 상대방이 상처받지 않도록 최대한 배려해서 소견서를 작성하시길 바랍니다."

→ 이어가기: 자전적공연발표

    위 모든 활동이 끝난 후 4~5인 1개 조를 편성하여 자기의 스토리와 소견서 등에 대해 서로 대화를 나눈 후 각 조에서 1명을 주인공으로 선정하여 조별공연 발표를 한다.

1. 소그룹으로 나누어 각자의 동화를 나누고 극화할 주인공 1명을 정한다.

2. 스토리텔링 후 장면을 극화해서 즉흥극으로 발전시킨다. 심리극형태, 타블로기법, 마임형태, 나레이션, 핫 시팅 등 그 어떠한 양식도 괜찮다. 주인공은 극에 참여할 수도 있고 아닐수도 있다. 다만 주인공은 극 전체의 연출가로 의견을 존중받아야 한다.

3. 소그룹별로 공연 발표를 한다.

→ 이어가기: 치료사의 역할메소드

1. 치료사는 공연을 모두 관람한 후 한 팀씩 치료적 장면을 재구성한다.

2. 각 팀의 공연 중에서 의미있는 장면 한 개를 골라서 정지상태로 조각하게 한다.

3. 주인공에게 그 장면으로 들어가 한명 씩 앞에 서서 자신이 하고 싶은 이야 기를 하게 한다. 만약 주인공이 극에 참여했다면 다른 팀의 한 사람을 불러 대역을 하도록 요청한다. 자신의 대역을 요청할 때는 최대한 주인공의 의견을 따라 정하도록 한다. 이때 듣고 있는 조각은 반응하지 않고 가만히 듣고만 있는다.

4. 주인공이 극 속 장면의 각각의 사람들에게 이야기를 다 했다면 원하는 조각으로 다시 바꾸도 록 요구한다. 재 조각을 원하지 않는다면 그대로 끝낸다.

5. 원하는 조각이 완성되면 장면에 다시 들어가 장면 속의 사람들 하나 하나에게 하고 싶은 이야기를 하게 한다. 이때 듣고 있는 조각은 반응하지 않고 가만히 듣고만 있는다.

6. 치료사는 주인공에게 그 이야기가 자신의 삶과 어떤 관련이 있는지 물어보며 필요하다면 치료적 개입을 하거나 공연에 대한 이야기를 나누며 마무리한다.

TIP

주인공이 장면속으로 들어가 한 사람씩에게 이야기 할 때 조각된 사람은 듣고만 있다. 그러나 경우에 따라서는 반응할 수도 있는데 이럴 때는 극이 길어지게 되며 역할교대까지 일어나게 된다. 치료사는 역량에 따라 상황을 끌어가야 하며 시간이 많다면 심리극으로 발전시킨다.

PART3. RESULT / 결과

카드를 4그룹으로 나누는 데 특별히 옳고 그른 방법은 없다. 그러나 랜디의 이론에 의하면, 검사자는 참가자들이 올바른 방법으로 자신을 볼 수 있는지, 없는지를 체크해야 한다. 올바른 방법이란 '나는 이것이다, 나는 이것이 아니다'하는 이 두 모둠에 각 역들을 비교적 균등하게 나누었는가 하는 것을 의미하고, '나는 이것이 되고 싶다'에 비교적 카드가 적당하게 나뉘어져 있어야 한다. 만약에 '나는 이것인지 확실하지 않다'라는 그룹에 카드가 많지 않다면, 참가자는 자기 정체성 인식이 비교적 확실한 것이다. 이 그룹에 카드가 많이 모이면 역에 대해 이해가 부족하거나, 모르거나, 참여자가 아직 미성숙하기 때문이다. 검사자가 참여자에게 검사자의 판단을 강요하지 않는 것이 중요하다. 정확한 질문들을 통해서 참가자가 자신의 역의 성격은 어떤지 역의 윤곽을 가지도록 도와주어야 한다.

PART4. ANALYSIS / 분석

어떤 분석된 판단도 이 시점에서는 임시적이다. 그러나 역의 성격적 윤곽의 내용을 분석 / 해석하는 것은 아래의 일련의 반응들을 기초로 해서 이루어질 수 있다.

1. 나는 이것이다. 나는 이것이 아니다.
   이 두 그룹으로 나누는 데 있어 카드가 비교적 균등하게 나누어진다면, 참가자는 안정된 상태를 보여준다.

2. 나는 이것이다. 나는 이것이 아니다.
   이 두 그룹으로 나누는 데 있어 카드가 비교적 불균등하게 나누어진다면, 참가자는 불안정한 상태라는 뜻이다.

3. 나는 이것인지 확실하지 않다.

   이 그룹에 역할이 다른 그룹보다 많으면 참가자는 불안정한 상태를 의미한다. 이 불안정성은 역에 대해 잘 모르거나 참가자가 아직 미숙하다는 뜻이다.

4. 나는 이것이 되기를 원한다.

   이 그룹이 다른 그룹보다 많으면 참가자는 삶의 목표에 있어 명확하거나, 혹은 그 반대로 현실존재에 대해 제대로 알지 못하는 상태일 것이다.

5. 검사자가 참가자를 혼동시키거나 어렵게 만드는 역을 지적할 때, 참가자가 그것을 부인하면, 그 역은 참가자에게 위험한 것이다. 이 때 검사자는 참가자가 역에 대해 더 생각해볼 필요가 있다고 알려주어야 한다. 그가 한 가지 역을 특별히 고집한다면, 참가자는 치료가 필요하다는 뜻이다.

6. 적당한 균형이란 뜻은 참가자가 역들이 어떤 것이 가장 중요하고 중요하지 않은지, 또 왜 그런지 자세히 알고 있다는 것이다. 만약에 참가자가 그렇지 않다면, 그의 삶의 여러 면들에 대해 집중할 수 있도록 하고, 우선순위가 무엇인지를 결정하는 데 도와주어야 한다는 뜻이다.

7. 만약에 한 그룹에 서로 상반된 역들이 있다면, 이것은 참가자가 애매모호한 역들을 선택하는 것에 문제가 없다고 생각하거나, 참가자가 혼동을 겪고 있거나, 혼동을 주는 역들을 분류하는데 도움이 필요하다는 뜻이다.

8. 참가자가 다른 그룹에 있는 역/인물을 이용해서, 어떤 의미를 연결할 수 있다면 그는 안정된 상태로 작업에 참여하고 있다는 것이다.

9. 참가자가 역할들 사이에 형태를 구분하지 못하면, 참가자가 조직적으로 형태를 만들어 가지 못한다는 뜻이거나, 기분이 우울하다는 뜻이다.

10. 참가자가 자신의 역의 윤곽을 추상적으로 보거나, 의미없이 본다면 자아의 주체적 감각의 상실과 이에 따른 치료의 필요성을 의미하거나, 이런 실험과 참가자 사이에 이해의 부족이 있다는 뜻이다.

11. 참가자가 실험 후 흥미있었고, 역의 윤곽 찾기 경험을 유용하게 사용하는 방법을 알고 있었다

면, 그는 안정된 상태이다. 만약에 그가 이 실험의 의미를 잘 알지 못하고, 무의미하고, 재미없다고 생각한다면, 그는 불안정한 상태이거나, 안정된 상태로의 치료가 필요하다는 뜻이다.

* 역의 종류(각 역이 각기 다른 카드에 적혀야 한다.)

   ADOLESCENT / 청소년

   ADULT / 어른

   ANGRY PERSON / 화난사람

   ARTIST / 예술인

   ASEXUAL / 무성(無性)을가진사람

   ATHEIST / 무신론자

   AVENGER / 복수하는사람

   AVERAGE PERSON / 보통인간

   BEAST / 야수같은사람

   BEAUTY / 미인

   BIGOT / 고집쟁이

   BISEXUAL / 양성(남녀)을좋아하는사람

   BROTHER / 형제

   BULLY / 약한자를괴롭히는자

   CHILD / 어린이

   CLOWN / 광대

   CONSERVATIVE / 보수주의자

   COWARD / 겁쟁이

   CRITIC / 비평가

   DAUGHTER / 딸

   DEMON / 악마

   DREAMER / 꿈이있는자

   EGOIST / 자기밖에모르는사람

   ELDER / 노인

   FATHER / 아버지

   FRIEND / 친구

   GOD / 신

   HEALER / 치료사

HELPER / 도움을주는사람
HERO / 영웅
HETEROSEXUAL / 이성을좋아하는사람
HOMELESS PERSON / 홈리스
HOMOSEXUAL / 중성을가진사람
HUSBAND / 남편
INNOCENT / 순수한사람
JUDGE / 판사
KILLER / 살인자
LOST ONE / 실종자
LOVER / 연인
MAGICIAN / 마술사
MISER / 구두쇠
MOTHER / 어머니
OPTIMIST / 낙관론자
ORPHAN / 고아
OUTCAST / 버림받은자
PERSON OF FAITH / 믿음이좋은사람
PESSIMIST / 비관론자
POLICE / 경찰
POOR PERSON / 가난한사람
RADICAL / 급진주의자
REBEL / 반역자
RICH PERSON / 부자
SAINT / 성인(聖人)
SICK PERSON / 환자
SINNER / 종교적죄인
SISTER / 누나
SLAVE / 노예
SON / 아들
SPIRITUAL LEADER / 영적리더

SUICIDE / 자살한자
SURVIVOR / 생존자
VICTIM / 희생자
VILLAIN / 악당
VISIONARY / 몽상가
WARRIOR / 용사
WIFE / 아내
WISE PERSON / 현명한사람
WITNESS / 목격자
WORRIER / 근심걱정하는사람
ZOMBIE / 얼간이

3 가면기법

가면을 만드는 과정은 한 사람의 여러가지 역할 또는 딜레마의 양 측면을 가면으로 형상화할 수 있게 한다. 가면은 얼굴을 가리는 대신 몸을 새롭게 발견하게 한다. 뻣뻣하게 굳어있는 신체를 릴랙스시키며, 거기로부터 스토리텔링이나 토론으로 작업을 진전시킬 수 있다.

사람들은 살아가는 동안에 많은 역할을 요구받는다. 개인내적 역할과 사회적 역할로 구분할 수 있다. 개인내적으로는 현재 자신이 처해 있는 심리적 상태를 기준으로, 사회적으로는 타인들로부터 기대받는 수준을 기준으로 그 역할을 수행한다.

심리내적 상태란 감정을 의미한다. 사람들은 기쁨, 슬픔, 노여움, 즐거움, 분노, 쾌락, 무기력, 우울감, 활기, 생동 등을 표현 또는 억압한다. 문제는 기쁜 상태에서는 기쁨을, 분노 상태에서는 분노를 제대로 표현할 수 없는 데서 비롯된다. 여기서 사람들은 가짜 감정의 가면을 선택하며 진짜 본연의 감정은 가면 뒤에 숨겨두게 된다. 연인관계에 있어서 이별이 두려워 서운함과 분노를 감추게 되며 직장에서는 인사상 불이익이 두려워 상사의 불합리한 지시에 거짓 웃음을 지으며 거기에 따를 수밖에 없는 것이다. 한국적 상황에서는 고부간의 갈등이 그 대표적인 예가 될 수 있다. 오랫동안 시어머니의 구박에 순응하던 며느리가 어느 날 솔직한 자기감정을 표현하게 되었을 때는 새로운 국면을 맞이한다. 그 새로운 국면은 관계의 회복일 수도 있고 파국일 수도 있다. 어느 정도 을의 관계에 있는 사람이 감정에 솔직해 진다는 것은 거대한 두려움을 동반한다. 그러나 장기적으로 보면 두려움을 극복하고 자기에게 진실한 것이 진정한 자기 삶의 주인이 된다는 것에는 큰 이의가 없다.

사회적 역할로서의 가면은 페르소나에 해당된다. 연극치료에서 말하는 역할 레퍼토리는 일상생활에서 역할을 수행할 수 있는 가짓수를 말한다. 원시사회에서는 그 역할의 가짓수가 한정되어 있어서 그리 큰 문제가 되지 않았을 것이다. 가장 기본적인 의식주와 종족보존, 외부의 위험에 대처하는 보호능력 정도였다. 현대처럼 복잡다단한 구조를 가진 사회가 되면서 한 개인이 수행해야 할 역할의 가짓수가 너무 많아졌다. 학교가 생기면서 학생과 교사, 직장이 생기면서 상사와 부하, 가게가 생기면서 고객과 점원, 이념이 생기면서 보수와 진보, 국가가 생기면서 내국인과 외국인 등 부지불식간에 사람들은 이러한 역할의 요구 속에서 살아가게 된다.

그러다보니 역할에 대한 보편된 사회적 상이 생겨나고 되고 거기서 벗어나게 되면 부적응자로 내몰리게 된다. 사람들은 살아남기 위해 자신을 속이고 타인을 속이게 되며, 가면을 선택해서 제대로 사용하지 못하면 살아남지 못하는 세상이 온 것이다.

활동

준비물: 흰가면, 아크릴, 붓, A4용지, 필기도구 등

1. 가면을 만들 수 있는 도구를 준비한다. 아크릴물감은 물을 타지 않고 원액을 사용해도 무방하다.

2. 자신에게 있는 양면성을 가면 1개에 표현한다. 선과 악, 분노와 용서, 웃음과 울음, 집착과 사랑, 피해와 가해, 자학과 가학, 위선과 진실, 비겁과 용기 등이 주제가 될 수 있다. 특별히 참여자들이 물어보지 않으면 설명하지 않아도 된다. 사람들은 주관적 진실의 세계에 살고 있기 때문에, 그들이 받아들인 대로 하고 싶어 하는 것을 하도록 한다. 자신의 예술적 표현에는 정답은 없다.

3. 완성된 가면을 보면서 '가면이 들려주는 이야기'를 A4용지에 적는다. 그 가면에게 인격을 부여해서 가면이 살아온 이야기를 적는다. 동화형식이든 실화형식이든 상관 없다.

4. 가면을 쓰고 전신거울 앞에 선다. 공간이 넓다면 옆 사람과의 거리를 두고 혼자만의 작업이 되도록 한다. 전신거울이 없으면 손거울도 좋고, 휴대폰의 셀카 모드를 작

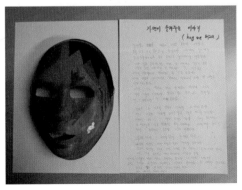

동시켜서 보게 하는 것도 좋다. 때에 따라서는 셀카로 녹화하는 것도 개인의 치료역사를 되돌아보게 한다는 점에서 유용하다.

5. 가면과 대화를 나눈다. 처음에는 마음속으로, 그 다음에는 속삭이는 정도, 마지막 단계에서는 옆 사람이 들을 정도로 한다.

6. 대사 한 줄을 읽는다. 처음에는 속삭이는 정도로 시작해서 마지막에는 참여자 모두가 들을 수 있는 정도로 대사를 말한다.

7. 사람들과 만나면서 자기대사를 상대방에게 말하고, 상대방은 대사를 들은 후에 마찬가지로 자기대사를 말한다. 이때 서로의 대사에는 반응하고 않고 각자 자기대사를 말하고 헤어진다.

8. 참여자 모두를 만나서 자기대사를 말하고 상대방 대사를 들을 때까지 이어진다.

각자 대사를 말하는 시간이 끝나고 서로 반응하는 시간을 갖는다. 걷다가 만나는 사람에게 자기대사를 말한다. 이때 듣고 있는 사람은 상대방의 대사에 반응하여 이야기를 이어나간다. 상대방의 이야기에 반응할 필요를 못 느낀다면 자기대사를 말하여 상대방의 반응을 유도한다.

1. 참여자 모두를 만나서 자기대사를 말하고 반응이 오면 이야기를 이어나가고, 반응이 없으면 상대방 대사에 반응하여 이야기를 이어나간다.

2. 활동을 끝낸 후 무대 위에 빈 의자를 마련한다.

3. 한 사람씩 빈 의자 위에 자기가면
을 올려놓고 적어두었던 '가면의
이야기'를 낭독한다.

→ 이어가기: 영웅가면 만들기

1. 가면을 만들 수 있는 도구를 준비한다.

2. 자신에게 있는 힘을 줄 수 있는 영웅을 가면 1개에 표현한다.

3. 완성된 가면을 보면서 '영웅가면의 이야기'를 A4용지에 적는다. 그 가면에게 인격을 부여해
서 현재 자기에게 힘을 주는 지혜를 적는다. 동화형식이든 실화형식이든 상관없다.

4. 가면을 쓰고 거울 앞에 선다.

5. 가면과 대화를 나눈다. 처음에는 마음속으로, 그다음에는 속삭이는 정도, 마지막 단계에서는
옆 사람이 들을 정도로 한다.

6. 대사 한 줄을 찾는다. 처음에는 속삭이는 정도, 마지막에는 참여자 모두가 들을 수 있는 정도
로 한다.

7. 활동을 끝낸 후 무대 위에 빈 의자를 마련한다.

8. 한 사람씩 영웅가면을 쓰고 전에 작업했던 자기가면을 빈 의자 위에 올려놓고 '영웅가면의
이야기'를 낭독한다.

9. 낭독이 끝나면 하고 싶은 이야기를 하고 마무리한다.

TIP

　가면은 얼굴을 가리고 익명성을 보장받는다는 점에서 인터넷상에서 키보드워리어처럼 위험할 수도 있다. 감정의 표출을 충분히 보장해주되 물리적 공격성에는 주의해야 한다. 가면에 너무 밀착되어 감정이 격앙되거나 무기력하게 되면 치료사의 개입이 필요한 시점이다.

4 사진기법

　사진은 정지된 영상이지만 그 안에는 많은 이야기를 내포하고 있다. 한 장의 사진으로도 한 개인의 역사 중 한 부분뿐만 아니라 과거와 현재 미래까지 엿볼 수 있기에 강력한 투사기법이 된다. 언제 찍었는지? 누가 찍었는지? 사진 속에 누가 등장하는지? 그때 무슨 일이 있었는지? 자신에게 주는 느낌과 의미는 무엇인지? 좋고 긍정적인 부분은 무엇인지? 부정적인 부분은 무엇인지? 사진 속에 더 초대하고 싶은 부분이 있다면? 사진 속에 제외하고 싶은 부분이 있다면? 이렇듯 탐색할만한 질문과 이야기들이 무궁무진하게 숨겨져 있고 내담자들은 자신의 내면을 기꺼이 사진 투사하여 이야기를 들려준다.

　연극치료에서는 사진이 투사기법의 한 부분으로 사용되지만 근래에는 사진치료라는 이름으로 독립되어 예술치료의 한 맥을 형성해 가고 있다. 쥬디 와이저가 그 대표적인 선구자라고 하겠다. 그는 사진을 다양한 맥락에서 치료적으로 사용하고 있는데 투사적 작업, 자화상작업, 타인이 찍은 내담자사진 작업, 내담자가 찍은 사진 작업, 가족앨범 작업 등을 대표적 치료기법으로 소개하고 있다. 주제도 다양하지만 작업내용을 보면 사진을 찍기도 하고 찍히기도 하고, 사진을 오려내거나 찢거나 해서 콜라주 작업을 하기도 하고, 사회관계망을 자신으로부터 1차 관계에서 먼 관계까지 설정하여 가족이나 주변인물을 위치시키는 동심원 작업을 하기도 한다.

　투사적 기법으로서 사진의 장점은 내담자를 즉시 그 순간의 감정으로 이동시키며 자신의 이야기를 꺼려하는 분리적인 내담자들에게 세션에 대한 불안감을 경감시킨다. 사진이라는 매개체는 내담자와 치료사 사이에 안전한 공간을 제공하며 치료사도 기꺼이 그 이야기에 동참하는 것을 허락하게 된다. 치료사는 내담자의 직접적인 심리적 노출 없이도 민감하고 비밀스러운 그러나 안전한 공간이라는 역설의 방에 초대받는 것이다.

　한 장의 사진을 바라보는 데도 사람마다 다르게 바라본다. 로샤검사를 할 때 피검사자들이 같은 카드그림을 보고 사람에 따라 악마로, 천사로, 나비로 보는 까닭이 그것이다. 이렇듯 주관적 진실의 세계를 반영하는 사진은 내담자의 내부세계가 어떻게 형성되어왔는지 그 까닭은 무엇인지를 탐험하게 하는 유용한 도구가 된다. 제한된 환경에서 살아온 내담자일수록 기꺼이 치료사는 내담자의 눈으로 세상을 바라볼 수 있도록 노력해야 한다. 비록 그것이 망상의 세계일지라도 그것은 내담자가 생각하는 주관적 진실의 세상이므로 그 세상에 함께 들어가야 한다. 그리고 보편된 시각과 가치를 함께 탐구해 보면서 손을 잡고 더 넓은 세상으로 나아가야 한다.

연극치료에서 사진은 내담자를 즉시 그 장면으로 이동시켜 역할극이나 심리극으로 발전시킬 수도 있다. 이럴 경우에는 사진 속에 등장하는 인물을 참여자 중에서 뽑아서 진행해 나간다.

활동 I

준비물: 많은 주제의 사진들(동물, 사람, 자연, 환상, 감정 등), 공연소품 등

1. 치료사가 사진을 준비한다. 가급적이면
   다양한 주제, 감정, 인물, 자연, 동물,
   판타지 등이 포함된 사진을 준비한다.

2. 사진을 펼쳐 놓는다.

3. 처음에는 그냥 사진을 감상하게 한 후
   자리에 앉는다.

4. 자리에 돌아와 앉으면 본 사진 중에 기억에 남는 사진을 말로 설명한다.

5. 그 사진을 가져오게 한다.

6. 말로 설명할 때와 실제 사진을 가져와 볼 때의 차이점을 이야기한다. 말로 설명할 때와 사진을
   볼 때와는 많은 차이점이 발생함을 알 수 있다. 그리고 참여자들도 그것을 느낄 수가 있다.

7. 참여자들에게 사진설명을 한 후 피드백
   을 듣는다. 다른 사람들도 그렇게 느끼
   고 있는지 알아본다. 공감대와 차이점
   은 무엇인지 확인한다. (주관적 세상에
   살고 있는 내담자들의 내면을 실제 사
   진을 보고 설명할 때는 더 확연하게 알
   수 있다.)

8. 다시 사진을 가져다 놓고 '자신을 반영하는 사진'을 가져오도록 한다. 구체적인 갯수는 먼저
   말하지 않는다. 물어보면 원하는 만큼 허락한다.

9. '자신을 반영하는 사진'을 가져오면 이야기를 나눈다. 이때 치료사는 귀담아 들었다가 치료적 개입이 필요한 참여자를 선정한다.

➜ 이어가기: 장면 만들기

1. 참여자에게 사진 속의 장면을 꾸며 보도록 요청한다. 다양한 천과 소품이 있으면 활용해도 좋다. 등장 속 인물은 참여한 사람들에게 도움을 요청하도록 한다.

2. 장면이 완성되면 그 장면을 보면서 하고 싶은 말을 하도록 한다.

3. 이야기가 끝나면 장면이 마음에 들도록 재조각하도록 한다.

4. 수정한 장면을 보면서 하고 싶은 말을 한다.

5. 이야기가 끝나면 사진을 찍어서 마음속에 담아두도록 한다. 실제 사진을 찍어도 되고 양손으로 카메라 앵글을 만들어 찍은 후 가슴으로 가져와 담아둔다.

6. 작업이 끝나면 '나에게 힘을 주는 사진'을 가져오도록 한다.

7. 이야기를 나눈 후 '나에게 힘을 주는 사진'을 각자 핸드폰으로 찍어서 힘들 때마다 볼 수 있다고 말한다.

TIP

* 쥬디와이저가 소개하는 [사진을 탐색하기 위한 몇가지 질문들]

• 이 사진이 가진 이야기는 무엇인가요? 어떻게 해서 촬영되었을까요?

• 이 사진은 무엇과 관련된 것이며 무엇에 대한 사진인가요?

• 이 사진에 제목을 짓는다면 어떻게 지을 것이며, 그 이유는 무엇인가요?

• 이 사진 안에서는 어떤 일이 벌어지고 있나요?

• 이 사진을 보면 처음 떠오르는 세 가지 단어는 무엇인가요?

• 이 사진을 마주하면 어떠한 감정이 느껴지나요?

• 이 사진에 대해 특별히 더 좋거나 싫거나 하는 점이 있나요?

• 이 사진 안에 뭔가가 더 있어야 더 완벽하거나 하나의 전체로 느껴지는 것이 있나요?

• 만약 당신이 거기 있었다면 이 사진을 촬영하도록 결정했을까요? 혹은 아닌가요? 왜 그런 결정을 했을까요?

• 이 사진을 주고 싶은 사람을 생각해볼 수 있나요? 만약 그렇다면 이유를 설명할 수 있나요? 그리고 그 사진을 주는 것에 대해 당신은 어떻게 느끼나요?

• 이 사진이 말을 할 수 있다면 뭐라고 말할까요? 당신과 사진 사이에 오가는 대화를 상상해 보세요. 그 대화가 어떻게 들릴까요? 그 대화들에 대해 나는 어떻게 느낄까요?

• 이 사진에 메시지 혹시 비밀이 있나요? 만약 그렇다면 그것이 무엇이고, 더 중요하게는 그것이 왜 메시지 혹은 비밀인가요?

• 당신이 생각하기에 사진이 말하지 않거나 질문하지 않기를 원하는 것이 있나요? 그 사진으로부터 듣고 싶어 하지 않거나, 찾지 않기를 바라는 것이 있나요?

활동 2

준비물: 참여자의 사진들, 4절 도화지, 가위, 풀, 스카치테이프, 크레파스, 필기도구 등

• 개인적으로 특별한 의미가 있는 사진들(20장 내외)
  스냅사진이나 가족사진이 될 수 있으며 혹은 엽서, 연하장, 사진이미지, 검색을 통해 담아뒀던
  사진의 프린트물, 스캔된 사진, 잡지에서 본 사진들도 해당된다.

• 자화상 사진 – 내가 찍은 사진(10장 내외)
  일상적이면서도 혼자 모습이 담겨진 독사진, 자화상 사진들.
  '자화상'이란 당신이 촬영하고 당신이 언제, 어디서, 어떻게 찍을 것인지 등을 결정하는 힘을
  가지고 촬영한 사진을 의미한다. 얼굴만 담겨져 있거나 전신이 담겨있어도 상관은 없다.

• 가족구성원의 사진(10장 내외)
  적어도 3세대가 보여지는 사진
  이 선호된다. 혈연관계에 있거
  나, 입양된 가족, 당신이 선택
  한 가족구성원의 사진, 원한다
  면 3개의 조합도 괜찮다.

1. 위에 열거한 참여자 자신의
   사진을 가져온다. 세션을 위
   해 사진을 고르면서부터 참여
   자들은 사진 속의 상황들을 머릿속으로 재연하기 시작한다. 즉 사진을 준비하면서부터 이미
   시작되는 것이다.

2. 동심원을 3개 정도 그린다. 중심에서부터 중요한 순서대로 사진을 위치한다. 가져온 사진
   을 가지고 콜라주 작업을 한다. 전지나 4절 도화지 위에 테이프로 붙이거나 풀을 사용하여
   사진들을 원하는 곳에 붙인다. 그리고 만일 그 주변을 장식할만한 도구가 있다면 그렇게 해
   도 된다.

3. 쥬디와이저가 사진치료 작업에서 제안한 아래 질문에 답을 쓴다.

[자화상 사진에 대한 질문들]

- 이 사진에 대해 내가 좋아하는 3가지
- 이 사진을 보고 당신이 나에 대해 알 수 없는 3가지
- 이 사진을 보기만 해도 알 수 있는 매우 명백한 3가지
- 이 사진에 내가 붙이는 제목
- 만약 이 사진이 말을 할 수 있다면 뭐라고 말했을까요? 만화에 나오는 말풍선을 그려넣을 수 있다.
- 이 사진에서 빠진 것이 있나요? 만약 이 사진이 불완전하다면 완전하게 만들기 위해 필요한 것은 무엇일까요?
- 이 사진에게 말해주고 싶은 것이 있다면 무엇일까요? 사진이 내가 알았으면 혹은 들었으면 하는 것이 무엇인가요?
- 사진이 내게 말해주고 싶은 것이 있다면 무엇일까요? 사진이 내가 알았으면 혹은 들었으면 하는 것은 무엇일까요?
- 만약 이 사진이 비밀을 나눈다면 그것은 어떤 비밀일까요? 이 사진과 함께 나누고 싶은 비밀이 있다면 무엇인가요?

• 만약 이 사진을 다른 사람에게 주었다면 나는 _____에게 주었을 것이다.
• 나는 이 사진을 _____에게 만큼은 절대로 주지 않았을 것이다.

"만약 가족체계와 관련된 문제들과 관련하여 작업하고 있다면 다음과 같은 질문을 첨가할 수 있다"

이 사진에 대해 나의 어머니(아버지, 연인, 다른 특정한 사람 등)가 좋아했을 3가지는 무엇인가요? 그들이 이 사진을 보았다면 지어줬을 제목, 사진에 대해 말하는 것, 이 사진에서 보이지 않는 것 등.

다음은 이러한 질문에 대해 쥬디와이저가 의도하는 것의 한 가지 예라고 할 수 있다.

'한 남자가 이러한 작업을 통해 그의 자화상 사진을 보며 그의 어머니 입장에서 질문에 답을 해보며 깨닫기를 "오! 나의 어머니는 내 옆에 없었구나. 라고 얘기했을 거예요. 그것이 제 모든 인생의 문제였어요. 어머니는 절대로 내가 어머니 곁에서 떨어지지 않기를 원했어요."

4. 동심원에 위치한 사진 옮기기
   가장 중심에 위치한 사진 중에서 밖으로 내 볼 것을 찾아보고, 동심원에서 멀리 위치한 사진 중에서 중심으로 이동할 수 있는 사진을 찾아본다. 탐색이 끝나면 사진을 떼어서 새로운 위치에 붙인다. 밖으로 나간 사진은 욕심, 의무, 애착 등을 상징하고 안으로 들어온 사진은 관심, 화해, 통합 등을 상징한다.

활동 3

준비물: 참여자의 사진

[참여자 사진준비]

• 본인이 포함된 어릴 적 가족사진 1장

1. 사진을 참여자에게 소개한다.

2. 사진에서 마음에 드는 점과 마음에 안 드는 점을 찾아서 말한다. 여기서 치료사는 역할병존에 대해 설명한다. 2가지 모순된 감정이 인간에게는 내재해 있다. 선 안에 악이 있고 악 안에 선이 있다. 긍정 속에서도 부정이 있고 부정 속에서도 긍정이 있다. 이것을 찾아낼 수 있는 능력이야 말로 한 가지 역할에 치우치지 않고 균형점을 유지하는 역설적 건강함이다. 아무리 긍정적인 사진이라 할지라도 그 안에서 부정의 면을 찾을 수 있도록, 아무리 부정적인 사진이라 할지라도 그 안에서 긍정의 면을 찾을 수 있도록 독려한다.

3. 이 과정에서 치료사는 참여자 중 한 사람을 주인공으로 선택한다.

4. 주인공은 사진 속의 장면을 조각상처럼 포즈를 취한다. 참여자들에게 보조자 역할을 요청하고 다양한 소품을 이용한다.

5. 주인공은 장면 속에 있지 않고 자신의 대리역할을 다른 참여자에게 부탁하고 주인공이 연출

가 역할을 할 수 있도록 치료사는 도와준다.

6. 조각상이 끝나면 주인공에게 다시 한 번 제대로 조각했는지 물어보고 한 바퀴 쭉 돌면서 관찰하도록 한다.

7. 검수가 끝나면 자신이 조각한 조각 상들에게 다가가 마음에 드는 점과 들지 않는 점을 말하게 한다.

8. 위 과정이 끝나면 마음에 들게 재조 각한다.

9. 사진을 찍어서 보관한다.

5 영상기법

영상은 映(비칠 영), 像(모양 상)으로 텔레비전이나 모니터 등에 비추어진(映) 모양(像)을 일컫는다. 즉 영화, TV, 비디오, 광고, 사진 등의 시각 기호와 렌즈라는 매체를 통해 형성된 이미지를 뜻한다. 스크린이나 모니터, TV화면에 내용이 비추어진다는 의미에서 연극치료의 투사기법이 된다.

현재 연극치료에서 자신의 심리를 비추는 투사 매체 중에서 사진은 사진치료로, 영화는 영화치료로 독립적인 영역을 구축해 나가고 있다. 각 치료영역에서 전문적으로 발전시켜 독자적 행보를 하고 있지만 연극치료는 그것을 역할로 나아가기 위한 하나의 촉매제 역할로 활용한다. 즉 사진이나 영화에서 나온 스토리 또는 장면을 확장하고 조각기법으로 변환시켜 내담자를 그 장면으로 들어가게 하고, 역할극과 심리극으로 발전시키는 것이다.

영상기법의 장점은 별다른 설명 없이도 영상을 보고 그 즉시 모방할 수 있으며, 일정 부분 공동무의식을 형성하여 집단의 공감대를 불러일으킨다. 그리고 다양한 의견들을 역할 VS 반대역할로 치환하여 구조화시키는 데도 용이하다. 이렇게 두 가지 원형적인 역할로 나뉘게 되면 역할교대를 통해서 반대쪽 입장을 경험하는 기회가 된다.

여러 영화에서 예를 들면 '캐스트어웨이'에서는 주인공이 무인도를 탈출하는 것과 같은 큰 결정이 필요할 때, '얼라이브2015'에서는 조난 시 부상당한 사람에게 식량을 줘야 하는지 말아야 하는지 생명에 대한 도덕적 가치관을 논할 때, '폭풍우치는 밤에'서는 늑대와 염소의 우정을 통해서 강자와 약자의 역할을 논할 때, '프리덤라이터스'에서는 자신의 공격성을 트라우마로 인식하고 솔직함을 필요로 할 때, '빌리엘리어트'에서는 면접상황에서 자신의 결정에 정당성을 부여하고자 할 때 등 집단을 역할 VS 반대역할로 구조화하여 장면을 만드는 데 훌륭한 영상이 된다. 영화 외에도 자신이 만든 영상이나 UCC, 텔레비전 드라마의 한 장면, 광고 등도 빠른 시간에 주제에 접근하는 데 매우 유용하다.

현재에는 영화치료라는 독립적 영역이 구축되어 있으므로 보다 구체적으로 목표를 설정하고 싶다면 주제별로 선정한 영화목록들이 책으로 출판되어 시중에 나와 있으니 그것을 참고해도 좋다.

주제는 다양하다. 강자와 약자, 죽음과 삶, 선생과 제자, 심판자와 피의자, 피해자와 가해자 등 양극성을 다룰 수 있는 것이면 원형적 측면에서 모두 훌륭한 재료들이다.

다음은 소희정 마음과공간예술심리연구소에서 진행한 것을 소개한다.

활동 |

준비물: 빔프로젝트, 영화클립, 손인형, 캐릭터의상, 분장도구 등

1. 개미와 베짱이 이야기를 나눈다. 개미가 되고 싶은 사람들, 베짱이가 되고 싶은 사람들의 이야기를 들어본다.

2. 개미와 베짱이 영상클립을 상영한다.
   (영상내용: 베짱이는 미래의 행복을 위해 사는 스타일이 아니라 현재의 행복에 충실하게 살아가는 편이었습니다. 음악적 재능이 뛰어 났고 음악을 즐겼지요. 베짱이는 유독 안티도 많았지만 특이한 용모와 독특한 개성으로 점차 마니아 층도 생겨났고 오디션 프로그램에 출연하여 마침내 두각을 나타내면서 음반을 내게 되었습니다. 그 음반이 히트하면서 콘서트도 여는

등 바쁜 일정으로 하루를 보내고 있어요.

개미는 최저임금을 받고 열심히 일했지요. 세상 돌아가는 것도 모르게 엄청난 잔업도 마다않고 열심히 일했어요. 겨울이 오자 개미는 자신이 '왜 이렇게 살아야 하나?'하는 생각이 들었어요. 뼈 빠지게 일해야 수입은 뻔하고 최저임금이 오른다고 하나 수입은 거기서 거기입니다. 그래서 주식에 투자하기 시작했어요. 개미투자자가 된거죠. 펀드에서 손해보다 직접 몰빵투자를 했다가 그나마 남은 재산도 날려버리고 말았어요. 길거리에선 베짱이의 [난 참 바보처럼 살았군요]라는 리메이크 노래가 유행하는 가운데 개미는 오늘도 황량한 거리에서 인력거를 끌고 있어요.)

3. 개미와 베짱이에서 창조적 역할에 대한 이해와 경험을 현재 삶과 연결시켜 본다. 그리고 주제를 강자와 약자로 옮겨와서 늑대와 염소에 대해 이야기를 나눈다. 늑대가 되고 싶은 사람들, 염소가 되고 싶은 사람들의 이야기를 들어본다.

4. 손 인형으로 늑대와 염소 역할극을 한다. 늑대는 늑대의 역할에 충실하게 하고 염소는 염소의 역할에 충실하게 한다. '잡아먹을테다. VS 살려주세요.' '잡아먹어야하는 이유 VS 살아야 되는 이유'로 구조화 한다.

5. 2인1조로 나와서 역할극을 한다.

6. 역할을 바꾸어서 한다. 늑대는 늑대의 역할에 충실하게 하고 염소는 염소의 역할에 충실하게 한다. '잡아먹을테다. VS 살려주세요.' '잡아먹어야하는 이유 VS 살아야 되는 이유'로 구조화한다. 치료사는 늑대와 염소이야기에서는 참여자들의 능동과 수동성향, 강자와 약자 역할을 충분히 볼 수 있다. 개인의 성향이 평소 자신이 수행하던 역할의 특성으로 잘 드러난다. 반대역할을 취할 수 있도록 함으로써 균형잡힌 상태로 목표를 세워야 한다.

활동 2

준비물: 빔프로젝트, 영화클립, 손인형, 캐릭터의상, 분장도구 등

1. 영화클립 [폭풍우치는 밤에]를 상영한다.

(영상내용: 염소인 메이와 늑대인 가부는 폭풍우치는 밤에 우연히 어두운 오두막에서 서로가 어떤 동물인지 모르고 만난다. 폭풍우가 몰아쳐서 비를 피해서 들어온 오두막 안은 어두워서 서로를 알아볼 수가 없었다. 둘은 대화가 잘 통했고 같이 있으니 천둥의 두려움도 잊을 수 있었다. 이렇게 만난 것도 인연인데 다음날 같이 점심을 하기로 했다. 지금은 날이 어두워 서로 알아볼 수 없으니 다음날 만날 때 "폭풍우치는 밤에"라는 암호를 정하고 헤어진다. 다시 만난 둘은 "폭풍우치는 밤에"라는 암호로 만났는데 알고 보니 늑대와 염소였던 것이다. 둘은 둘의 사이를 극복하고 친구가 되지만...)

2. 2인1조로 암호를 정한다. 말은 할 수 없으며 동작으로만 표현해야 한다. 둘이 만나서 암호를 마임으로 하면 참여자들은 암호를 맞춘다.

3. 모든 조원들의 발표를 경청한 후 자발적으로 늑대가 되고 싶은 사람과 염소가 되고 싶은 사람들로 나눈다.

4. 그룹을 늑대그룹과 염소그룹으로 크게 2그룹으로 나눈다.

5. 좀비게임을 한다. 늑대그룹은 모두 손을 잡고 좀비처럼 천천히 일정한 속도로 염소그룹을 몰아간다. 염소그룹은 빠른 속도로 피한다. 이 게임에서 혼자 남은 염소는 좀비들의 연기가 실감날수록 생각보다 공포스러운 경험을 하게 된다.

→ 이어가기: 공포로 주제 옮기기

1. 공포와 관련하여 주제를 이동시킨다. 살면서 어떤 형태의 공포를 경험했는지 탐색한다.

2. 공포를 작은 단위로 분해하여 두려운 상황으로 열거한다. 공포는 거대한 기운에 억눌려 꼼짝할 수 없이 몸을 얼어붙게 만든다. 불안함과 두려움은 가벼운 형태의 공포이다. 두려움을 극복하는 과정에서 제대로 표현하지 못했던 수치심이나 분노의 감정을 직면해야 한다. 분노에 다다르면 그 분노는 용기의 형태로 이동 시킬 수 있다. 인간의 감정은 대표적으로 표출되거나 느껴지는 어느 한 가지에 매몰되기 쉽다. 그러나 그 감정을 하나하나 세분하여 살펴보면 복합적인 하부요인들의 합일체일 가능성이 크다.

3. 상황극을 만든다. 두려운 상황에서 과거에 제대로 대처하지 못했던 장면을 조각기법으로 만든다. 조각상에게 느껴지는 감정을 세분화하여 살펴본다. 거기에서 분노를 표출해야 하는 부분을 찾아내도록 한다.

4. 분노를 표출한다. 언어로 해도 좋고 종이 몽둥이로 내려치게 해도 좋다. 베개 등으로 때리거나, 가면을 바닥에 놓고 부수게 해도 좋다. 소리가 나올 수 있도록 힘을 더해 준다. 행위와 소리가 같이 나올 때 배설효과는 더 커진다.

→ 이어가기: 영웅캐릭터로 분장하기

1. 분노를 용기로 이동시킨다. 용기는 데이비드 홉킨스박사에 의하면 "난 할 수 있다."라고 말하는 수준의 의식이다. 삶에서 열정을 느끼고, 생산적이고, 독립적이고, 자율적이다. 효과 있는 행동을 할 수 있다. 용기의 상태에서는 유머, 활기, 명확성을 가질 수 있고 직면할 역량이 있는 수준에 도달한다.

2. 용기를 낼 수 있는 영웅캐릭터를 상상한다. 그 상상대로 분장한다. 이 때 캐릭터 의상이 있으면 그것을 미리 보여주고 선택하게 해도 좋다. 페이스페인팅, 가면그리기 등도 상징적 측면에서 효과적으로 선택된다.

3. 영웅으로 자신을 안내한다. 하루 24시간을 영웅으로 살게 하면서 어떤 일이 일어나는지 관찰하고 행위화한다. 가고 싶은 상황이 있으면 그 영웅의 모습으로 찾아가도록 안내한다. 일상생활에서 효과적인 대안을 찾도록 한다.

4. 영웅복장을 하고 거울 앞에 서서 자전
   적인 독백으로 마무리한다.

TIP

영상기법에서는 영화 등에서 다양한 갈등유형의 장면을 비디오 클립으로 만들어야 한다. 전체영화를 다 볼 수 없기 때문에 주제에 맞게 편집을 해야 한다. 영화에는 역할 VS 반대역할 구조가 선명하게 드러나므로 원형적 측면에서 작업하기가 유리하다.

6 비디오기법

비디오는 움직이는 피사체의 움직임과 소리 등을 정확히 있는 그대로 반영해 준다.

배우들이 카메라 앞에서 연기를 할 때 얼마나 많은 시간을 반복해서 촬영본을 보고 수정하고 재촬영해서 완벽하게 한 후 내보내는지 알면 실로 놀라울 것이다. 그렇게 자신의 연기에 대해 스스로 점검하고 연습한 그 모습을 우리는 보게 되는 것이다. 비디오는 행동 패턴, 발음, 음성의 톤, 그리고 습관과도 같은 미세한 행동도 그대로 보여준다. 그래서 자신의 모습을 그대로 반영하고 직면하게 된다.

사람들은 녹음된 자신의 목소리를 자신의 것이 아닌 것으로 낯설게 느끼듯이 자신의 모습에도 낯설어한다. 기계적으로 가장 정확한 반영일지라도 저항을 가져오게 하는 것이다. 사람에 따라서는 의외로 화면이 잘 받아서 만족감을 나타내는 경우도 있지만 대부분 기대치 이상으로 자신의 상을 가지기 때문에 정직한 반영에 당황스러워 하는 내담자들이 흔히 목격된다. 비디오로 확인되기 전까지는 자신의 모습이 그렇다는 것을 생각해본 적이 없는 경우가 많기 때문이다.

특히 중년의 여성들이 화장끼 없는 얼굴이나, 우울증 환자의 생기 없는 얼굴이 촬영된 것을 볼 때에는 그 낯설음이 충격적 상황으로까지 이어지는 것을 흔히 보아왔다. 자신의 얼굴을 촬영한 동영상을 보여주었을 때 "흠 믿기지 않는군. 저것이 내 얼굴이란 말인가? 초라하고 이렇게 매력 없는 사람이 되어있을 줄이야."라는 반응을 보인다. 평소에 자신을 가꾸지 않고 세상 속에서 악착같이 살아온 자신에게 미안해지는 순간을 맞이하는 것이다.

또한 카메라를 보고 5분 동안 응시하라는 지시에 미동도 않고 가만히 있는 경우도 있고, 이리저리 두리번거리며 카메라 앵글을 벗어나는 사람도 있고, 심하게 눈을 깜빡거리는 사람도 있고, 그저 거기에 사물이 있는 것처럼 무심한 사람도 있다. 즉 무감각적인 상태에서 고양된 상태까지, 정적인 상태에서 동적인 상태까지, 분리적인 상태에서 밀착적인 상태에 이르기까지 그 스펙트럼의 개인차가 크다. 만약 사람이 언어로 반영을 해 주었을 때는 받아들이지 않을 수 있겠지만 촬영된 자신의 모습을 직면하는 상황에서 부정하기란 쉽지 않다.

비디오기법은 같은 사람에게 여러 번 활용할 수도 있다. 반복해서 할 경우 치료사와 내담자는 역할이 변해가는 과정과 함께 인식의 변화를 읽어낼 수 있다. 연극치료사 르네 에무나는 확장된 연극치료 집단 과정에서 이 기법을 효율적으로 활용해 왔다.

필자도 비슷한 경험을 해 왔는데 특히 신체 변화를 뚜렷이 관찰할 수 있었다. 많은 여성의 경우 비만체형에서 체중감소가 일어났으며 얼굴의 안색도 화사하게 변하는 것을 알 수 있었다. 걸음걸이, 말투, 습관적 버릇 같은 것에도 의식적 변화가 일어났으며 이러한 신체적 변화는 심리적 안정감과 타인과 자신에 대한 인식도 함께 변화시켰다.

방법은 매번 얼굴 촬영을 반복해서 긴장감과 경직성을 탐색하였고, 전체 움직임 응용기법에서는 동작의 유연성과 습관, 걸음걸이, 언어 등을 탐색하였다. 매주 새로운 역할을 부여하여 그것을 연기하도록 하였고, 때론 조지켈리의 고정역할기법을 사용하여 내담자가 닮고 싶고 동일시하는 인물을 탐색하여 그 인물로서 일주일 동안을 살아보도록 한 다음 치료시간에 비디오기법으로 촬영하였다.

어떤 한 남성은 매사에 자신감이 없었고 무감각하여 표현력도 매끄럽지 못해 사회생활에서 어려움을 겪고 있었다. 세상에서 가장 자신감 넘치는 인물을 탐구하도록 한 다음 그 인물의 사진을 가져오도록 했다. 그리고 사진을 직접 스케치를 하였는데, 그 순간만큼은 매우 작업에 흥미를 가졌다. 만약 내가 그 인물이라면? 이라는 질문으로 일상생활을 접근해 갔다. 그리고 자신감이 없을 때 어떤 말과 행동이 나에게 힘을 줄 것인가? 를 탐색하도록 한 후 그것을 촬영하였다. 매회가 변화되는 영상에서 그 내담자도 힘을 얻었으며 필요에 따라 어떤 장면은 스틸사진으로 촬영하여 지갑 속에 가지고 다니게 되었다.

비디오기법은 반영이라는 점에서 가장 정직한 도구가 되며 치료사라는 인간에 의한 반영 없이도 스스로의 상태를 통찰하게끔 한다.

로버트랜디의 얼굴촬영위주 기본기법과 몸 전체를 반영하는 필자의 신체위주 응용기법을 함께 소개한다.

활동

준비물: 빔프로젝트, 비디오카메라, 컴퓨터, 공연소품 등

1. 조용하고 독립된 공간에서 비디오 카메라 렌즈를 응시하도록 한다.

2. 자신에게 편지를 쓴다고 마음속으로 생각하면서 5분 정도를 가만히 응시한다. 치료사는 비디오를 켜주고 참여자가 혼자 있도록 자리를 비켜준다. 집단치료라면 나머지 사람들은 다른 공간에서 별도의 작업을 할 수 있다. 가령 위에 소개한 기법 중 이름 자화상 웜업에서 한 명씩 불러내어 5분간 촬영을 하도록 하고 집단에 복귀시킬 수 있다. 또한 점심시간을 활용하여 한 명씩 개별 촬영을 하면 나머지 참여자들이 한 사람의 작업 때문에 전체 시간을 기다리지 않아도 된다.

3. 정해진 5분이 경과하면 치료사는 방으로 들어가 종료되었음을 알리고 비디오를 종료한다.

4. 치료사는 촬영된 것을 컴퓨터에 옮긴다.

5. 참여자에게 촬영된 영상을 컴퓨터로 보여준다.

6. 영상이 나오는 중에 그 화면에 비친 내담자 자신의 모습을 보고 하고 싶은 이야기를 하게 한다. 화면의 이미지에게 '너'라는 2인칭을 부르면서 말을 한다. 외양과 내면의 감정상태와 생각을 포함해서 화면에 나타나는 이미지에서 볼 수 있는 것들을 구체적으로 열거하면 된다.

7. 위 과정도 비디오로 촬영한다.

8. 2번작업과 6번 작업을 한 화면에 편집한 후 빔 프로젝트를 이용하여 전체가 모인 곳에서 화면으로 상영한다.

9. 마지막으로 8번의 과정을 돌려보고 난 다음에 그 느낌을 글로 써본다. 자기 이미지를 보고 말하는 자기를 지켜본 느낌과 그 과정에서 관찰된 다양한 역할들을 꼽아본다.

→ 이어가기: 신체 응용기법

9번 작업에서 나온 스토리를 그림으로 표현하게 한 후 그림을 벽에 붙인다. 신체움직임으로 안무한다. 그리고 부정적 대사와 긍정적 대사를 찾아내도록 한다.

1. 그림 속의 메시지를 신체와 대사로 찾아가게 한다.

2. 위 과정을 비디오로 촬영한다. 전체 참여자가 다 나오는 각도로 촬영을 한다.

3. 신체표현과 대사가 완성되었으면 개인 발표를 한다.

4. 위 과정을 비디오로 촬영한다.

5. 2번 작업과 4번 작업을 한 화면에 편집한 후 빔프로젝트로 상영한다.

6. 자기차례의 영상이 끝나면 전체 참여자가 춤이나, 언어 또는 벽에 붙어 있는 그림에 포스트잇으로 피드백을 해준다.

TIP

비디오기법은 내담자 스스로의 행위를 관찰하는 용도로 다양하게 응용할 수 있다. 꼭 비디오가 아니더라도 핸드폰의 촬영기능을 이용해서 위의 언급된 것들을 2인1조로 수행해낼 수 있다.

신체 응용기법에서 개인 발표할 때 소그룹으로 시행해도 된다. 3인 1조가 되어서 1인이 공연할 때 나머지 2인이 도와주는 역할을 한다. 자전적 공연 형식이므로 연출은 주인공이 하고 나머지 2인은 그것에 따른다. 이렇게 돌아가면서 3인이 모두 자전적 공연을 발표한다. 1인의 공연이 끝나면 나머지 2인이 차례로 한 명씩 나와서 춤이나, 언어 또는 벽에 붙어 있는 그림에 포스트잇으로 피드백을 해준다. 소그룹의 인원이 늘어날수록 시간도 같이 늘어난다는 것을 명심해야 한다.

7 물체상상변형

물체상상변형이란 사물의 본래 목적이나 기능을 배제하고 새로운 기능을 상상하여 변형하는 것을 말한다. 백설공주에 나온 독사과가 미지의 우주를 탐험하는 원형모양의 우주선이 되기도 하고, 자동차 열쇠가 천국의 문을 여는 베드로의 열쇠가 되는 것이다.

이러한 사물들은 주변에 손쉽게 널려 있으며 구하기도 쉽다. 집에 있는 물건을 가져온다고 상상해보자. 집은 방, 욕실, 거실, 주방 등으로 구성되어 있다. 각각의 공간에서 가져올 수 있는 물건들은 의외로 많다. 그리고 각각의 크기와 질감, 형태를 고려하면 다양한 물건들을 사용할 수 있다.

사물의 크기에서는 책상서랍을 뒤져보는 것이 좋다. 그동안 사용하지 않고 방치되어 있는 것들이 많다. 옛날 동전, 작은 수첩, 스테이플러, 오래된 사진, 클립, 포스트잇 등 생각보다 많은 것들을 구할 수 있다. 질감에서는 목욕탕에서 부드럽고 폭신폭신한 샤워타올을 구할 수 있다. 주방에서는 과일을 구할 수 있다. 과일은 후각을 자극하는 향이 나며 작업이 끝난 후에 함께 나눠먹을 수도 있다. 거실에서는 작은 양초, 인형, 장난감 등이 굴러다닐 것이다. 그리고 사물을 담을 수 있는 바구니 하나와 그 안에 사물을 넣고 위를 덮을 수 있는 보자기 하나를 준비한다.

물체상상변형은 연극치료의 고유한 기법이라기보다는 교육연극이나 창의적 연극놀이에서 그 자원을 끌어내고 있다. 교육연극이나 연극놀이에서는 사물에 새로운 상상력을 동원해 그것을 가지고 노는 것이 흔히 목격된다.

가상과 현실을 넘나드는 극적능력을 발휘한다는 측면에서는 공히 그 목적을 같이 하며 스토리텔링으로 이어져 공연화하고 치료적 측면으로 넘어간다면 보다 쉽게 연극치료적 목적을 달성하게 된다. 그것은 현실세계나 또는 가상세계 어느 한 쪽에 함몰되어 극적능력이 손실된 내담자에게 새로운 역할 레퍼토리의 확장을 가져오기 때문이다. 다른 의미로서는 창조성의 회복을 가져오는 것이기도 하다.

특히, 현실에 매몰되어 사고가 경직된 강박성향의 내담자들은 새로운 변형이미지를 부여하는 것을 매우 어렵게 생각한다. 내담자들뿐만 아니라 일반인들도 이러한 상황에서는 당황스러워하며 놀이로서 사물을 변형시켜 표현하는 것에 거의 공포수준의 불안이 있는 것을 알 수 있다. 그것은 놀이와 상상의 세계는 비상식적이면서 점잖지 못한 유치한 것으로 느끼기 때문이며, 타인 앞에서 자기 방어의 벽을 뚫고 나오려는 우스꽝스러운 아이가 되지 않겠다는 자기신념에서 오는 것이다.

놀이와 상상은 강박기제를 내려놓을 수 있는 훌륭한 극적형태이다. 상상의 흔적인 놀이를 통해서 내담자의 내면세계를 탐색할 수 있다. 그것은 무의식을 발견하는 통로가 되며 과거에 떠오르지 않던 내면의 기억들이 자연스럽게 수면 위로 떠오르게 될 것이다. 무의식에 유배시킨 기억들을 치유하기에 놀이보다 훌륭한 것은 없다.

다음은 수 제닝스의 워크숍의 작업 내용을 소개한다.

활동

준비물: 다양한 사물, 바구니, 보자기, 필기도구, 공연소품 등

1. 집안에 있는 다양한 사물을 바구니에 담아서 보자기를 덮어서 가져온다.

2. 방에서 2개, 거실에서 2개, 책상 서랍에서 3개, 욕실에서 2개, 과일종류 1개 등 구체적으로 정해주면 좋다. 크기와 질감, 향 등을 고려하여 골고루 가져오게 한다.

3. 상상력을 동원하기 위해 몇 가지 설명을 한다.

   이미 사용되어 스탬프가 찍혀진 편지봉투나 엽서는 훌륭한 상상력의 도구가 된다. 그가 왜 보냈을까? 등 이야기 거리가 생기고 상상력이 동원된다. 과일은 심리적인 안정감을 가져오게 하며 집단에서 안전함을 느끼게 하는 심리적 기능을 제공한다. 결과로서의 성과를 의미하기도 하며 작업이 끝난 후 파티에서 나눠먹는 음식이 되기도 한다. 작은 인형은 주인공으로 선택될 가능성이 높으며 인성을 부여하여 극 전반에 걸쳐 여정을 함께하는 동반자가 될 수도 있다. 이어폰은 실타래처럼 보이며 입체적인 극 구조를 상징할 수도 있고 미지의 세계로 들어갈 때 다시 왔던 길을 되돌아갈 수 있도록 바깥 세상에 묶어 놓은 안전장치 역할을 할 수도 있다. 스카치테이프는 괴물을 만났을 때 그 괴물을 바닥에 눕혀 손발을 칭칭 감아서 제압하는 도구로 쓰일 수 있다. 또는 관계에서 분리되지 못하고 자신의 정체성을 망각시키게 하는 동일시의 도구로 사용가능하다. 좀처럼 떼어지지 않는 껌딱지처럼 붙어있는 자신의 어두운 면을 표현할 수도 있다. 열쇠는 말 그대로 열쇠이다. 무엇을 여는 열쇠일까? 상상 가능한 모든 것을 동원해볼 수 있을 것이다.

4. 2인1조로 짝을 지어서 각자가 가져온 바구니에 손을 넣고 감각적으로 느껴본다.

5. 어떤 느낌인지 서로 이야기를 나눈다. 사실적인 느낌과 상상을 부여했을 때 느낌을 같이 서로 나눈다.

6. 보자기를 걷고 하나씩 나열하여 자기가 가져온 사물에 대해 이야기를 들려준다. 실제 자기한테의 의미와 상상력을 부여했을 때 이야기를 한다.

7. 역할을 바꾸어서 이야기를 나눈다.

8. 4~5인 1조로 소그룹으로 만난다. 6번의 이야기를 집단원 전체가 한 명씩 다시 나눈다.

9. 그룹별로 한 명의 이야기를 선정하여 스토리를 작성한다. 맥락을 벗어나지 않는 범위 내에서 다른 사람의 새로운 이야기가 덧붙여지거나 삭제될 수 있다.

10. 공연발표를 한다. 상상력에 의한 공연이므로 치료사의 개입은 최소화 하고 지지속에서 관람한다.

8 스토리텔링

이야기에 나오는 인물들은 내담자가 동일시 할 수 있는 대상이 된다. 이야기를 듣거나 혹은 극화하면서 그 속의 인물과 적당한 거리를 유지할 때 사람들은 정서를 표출하면서 자기 삶에서 해당 인물과 비슷한 측면들을 인식할 수 있다. 1인칭 주인공 시점의 완전한 동일시나 3인칭 관찰자 시점의 완전한 분리는 내담자의 심리적 미적거리의 균형이라는 관점에서 보면 한 쪽에 치우치는 불균형 지점에 있다. 동일시하면서도 적당한 거리를 내포하는 미적거리를 유지하는 데서 스토리텔링은 유용한 기법이 될 수 있다.

로버트랜디는 스토리작업에 다음과 같이 이야기한다. '스토리텔링이나 이야기 극화 작업을 할 때는 서술의 시점을 어떻게 잡는가가 중요하다. 이야기는 3인칭 시점에서 진행될 때 가장 분리적이다.' 로버트랜디는 작업 중에 살인자의 시점에서 이야기를 풀어가다가 갑자기 멈추더니 감정이 북받쳐 어쩔 줄 몰라 했던 내담자를 목격했다. 치료사는 그때 얼른 1인칭 시점에서 3인칭으로 시점을 바꿔 "내"가 살인을 한 게 아니라 "그"가 했다고 고치게 했다. 그렇게 이야기의 구조를 분리적으로 전환하면서 내담자는 이야기를 완성할 수 있었고 나중에는 마음에 품고 있던 살인에 대한 환상을 자각하게 되었다. 이와 반대로 이야기에 지나치게 거리를 두는 내담자에게는 1인칭 시점으로 접근할 수 있을 것이다.

이야기에서는 시간도 무시할 수 없는 거리조절 요인이다. "옛날 옛적에"로 시작하는 고전적인 동화형식으로 거리를 두어 분리적인 태도를 취하게 한다면, 현재로부터 적절한 거리를 유지할 수 있다.

치료사가 내담자들에게 이야기를 들려주기도 한다. 그럴 경우에는 이야기를 선택할 때 몇 가지 고려해야 할 점들이 있다. 첫째, 이야기의 구성과 인물은 단순하고 명확한 것이 좋다. 하위 플롯과 인물들이 복잡하게 얽히면 듣는 사람들에게 혼란을 주게 되어서 대상에게 동일시 하거나 투사하기가 힘들어질 수도 있기 때문이다. 신화와 우화는 대체로 구성과 인물면에서 초점이 명확한 편이다. 그렇지만 구조상 다소 복합적인 이야기라도 치료사의 역량에 따라 이야기를 들려주는 과정에서 얼마든지 단순화할 수 있다. 트로이에서 이타카에 이르는 기나긴 오딧세이의 여정도 고향에 돌아가려는 오딧세이의 투쟁에 초점을 맞춰 복잡다단한 여러 사건들 가운데 한 가지만 (예를 들면 사이렌의 유혹) 부각시킨다면 얼마든지 간단하게 줄일 수 있다. 해님 달님의 한국적 동화에서는 집으로 돌아오는 어머니의 이야기 중 호랑이가 말한 "떡 하나 주면 안 잡아먹지."라는 부분만 부각시켜 전혀 다른 결론으로 유도할 수 있다. 그렇다고 해서 이야기에 내포된 주제나 심리적 복합성을 평면화하라는 의미는 아니다. 이야기가 갖고 있는 깊이 있는 주제들을 손상시키지 않으면서도 초점을 명확히 잡아 단순화하는 것이 치료사의 몫이다.

치료사는 집단에 따라 내담자에게 치료적으로 도움이 될 만한 주제와 인물을 담고 있는 이야기를 신중하게 선택할 필요가 있다. "오딧세이"는 충격적인 경험을 하고 일상생활로 복귀하지 못하고 장애를 겪는 내담자들에게 어울리는 이야기일 수 있다. 연극 "고도를 기다리며"는 출소를 기다리는 재소자들에게 공감을 줄 수 있으며, 또한 무엇인가를 희망하며 기다리는 사람들에게도 적절한 이야기가 될 수 있다.

수 제닝스는 치료사가 들려줄 스토리텔링 작업 시 유의해야 할 점을 다음과 같이 언급했다.

● 이야기 선택과 준비

치료를 위해 이야기를 고를 때는 그것이 개인 또는 집단의 경험과 관련이 있는 것인지 살펴보아야 한다. 문화적인 배경이 다른 이야기를 선택할 경우 그 안에 담겨 있는 신성한 의미가 존중되도록 관심을 기울여야 하며, 이야기의 배경과 의미를 이해하고자 노력하는 것이 중요하다.

전통적인 이야기에 들어 있는 은유는 치료 효과가 있다. 연극치료에서 사용하는 이야기에는 모종의 해결이 포함될 필요가 있다. 치료 효과가 나타나려면 이야기에 끝맺음이 있어야 하며 불확실함 또는 처벌이라는 부담을 남기지 않아야 한다.

● 이야기 고르기

이야기를 고를 때는 당신이 좋아하는 것을 고른다. 여러 번 읽어서 텍스트가 없어도 진행할 정도가 되어야 한다. 그렇지 않으면 불편하게 느끼게 될 것이다. 왜 이 이야기를 선택했는가? 이를 어떻게 사용할 지를 분명히 알아야 한다. 개인을 위한 것인가? 집단을 위한 것인가? 이야기를 들려줄 것인가 아니면 탐구하도록 할 것인가? 몸의 움직임, 그림, 연극을 사용할 것인가? 다른 사람의 이야기를 번안해서 쓸 경우는 판권문제를 확인해야 한다.

◉ 이야기 준비

이야기를 다양한 각도에서 여러 번 읽는다. 장소, 시간을 바꾸어 보라. 얼마나 많은 등장인물이 나오는지, 현대인에게 받아들여지는 이야기인지, 폭력적이거나 인종 및 여성과 노인 등을 차별하는 주제가 아닌지 살펴보아야 한다. 혹은 위험한 주제는 아닌가?

이야기의 내용이 무엇이라고 생각하는가? 작품 배후에 숨은 의미는 무엇인가? 치료적인 은유는 무엇인가? 다른 사람들은 이 이야기에 우리 생각과 다른 의미를 부여할 수 있을까?

◉ 이야기 적용하기

- 개인, 집단에서 이야기를 읽거나 짧은 DVD나 너무 지시적이지 않은 그림을 사용해 이야기 내용을 살펴본다.
- 춤, 그림그리기, 조각상 만들기, 역할극을 통해 탐구해 보고 싶은 인물을 선택한다.
- 인물 분석을 적어본다. 1인칭으로 인물에 대해 적어본다. 느낌, 생각, 꿈, 일상생활 등.
- 인물 분석한 것을 같은 인물을 선택한 사람들과 나누어 본다.
- 작은 모둠에서 움직임, 마임, 드라마, 조각을 통해 내담자가 해석한 이야기를 말해 본다.

◉ 치료적인 이야기의 함의

치료적 이야기는 실망하거나, 희망이 없는 이들, 버려진 이들, 괴롭힘을 당한 이들, 학대를 받은 사람들을 위해 썼거나 선택된 이야기를 뜻한다. 치료적인 이야기는 희망을 주고 앞으로는 달라질 것이라는 가능성을 시사하는, 치료에 도움이 되는 은유를 사용한다. 이런 이야기에는 대체로 조언을 구할 수 있는 현명한 사람(노(老)현자, 부처 등) 또는 마법의 인물(산신령, 마법사 등)이 등장한다. 노래, 주문, 제의 등 의식적인 요소가 안정감을 주는 데 도움이 될 수 있다.

이야기가 충분한 '거리'를 두고 있는지 확인한다. 이야기에 나오는 치료에 도움이 되는 은유는 변화를 가져오는 동인이다. 이것은 이야기에 대한 이해와 건전함을 부여한다.

활동

준비물: A4용지, 필기도구, 공연소품 등

1. 한 사람씩 종이 한 장을 나눠주고 6분할 한다.

[6분할 이야기표]

1. 등장인물(주인공과 반대역할)	2. 등장인물이 완성해야 할 임무
3. 주인공이 임무를 완성하는 데 방해하는 것 또는 사람	4. 등장인물을 도와주는 것 또는 사람

5. 그 다음에 무슨 일이 일어났는가?	6. 이야기가 어떤 결말로 끝이 났는가?

2. 1번 칸부터 6번 칸까지 번호를 적고 문장을 읽어 받아쓰게 한다.

3. 1번 칸에 들어갈 내용을 설명한다. 주인공을 떠올리며 선정한다. 동화, 신화, 소설, 영화 또는 새롭게 창작된 이야기도 괜찮다.

4. 2번 칸에 들어갈 내용을 설명한다. 주인공의 목표이다. 극 속에서 완성해야 할 목표도 좋고 새롭게 창작된 내용에 따라 이루어야 할 사명도 괜찮다.

5. 3번 칸에 들어갈 내용을 설명한다. 주인공이 목표를 달성하는 데 걸림돌이 되거나 방해하는 것 또는 사람을 적는다.

6. 4번 칸에 들어갈 내용을 설명한다. 주인공에게 우호적이거나 지혜를 주어서 주인공의 목표를 달성하는 데 도움을 주는 것 또는 사람을 적는다.

7. 5번 칸에 들어갈 내용을 설명한다. 주인공이 자신의 목표를 달성하기 위해 겪는 시련과 장애물을 어떻게 대응해 나가는지를 적는다.

8. 6번 칸에 들어갈 내용을 설명한다. 그래서 어떻게 되었는가? 이야기는 지속되는가? 결말이 있는가?

9. 각 칸의 주어진 문장에 따라 이야기를 적는다. 주인공, 등장인물, 각 등장인물들의 목표, 감정, 사건들을 적는다.

10. 글이 완성되면 한 사람씩 발표한다. 이때 치료사는 몇 가지 요소에 주의하여 귀를 기울인다. 첫째, 내담자가 이야기를 발표할 때 말하는 음성의 톤. 둘째, 이야기의 맥락과 핵심 메시지. 셋째, 이야기에 나타나는 지배적인 대응양식(BASIC Ph)이 그것이다.

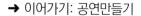

→ 이어가기: 공연만들기

1. 이야기의 주인공을 중심으로 4~5명 소그룹으로 나눈다.

2. 배역을 정한다.

3. 스토리텔링 후 장면을 극화해서 즉흥극으로 발전시킨다. 심리극형태, 타블로기법, 마임형태, 내레이션, 핫시팅 등 그 어떠한 양식도 괜찮다. 주인공은 극에 참여할 수도 있고 아닐 수도 있다. 다만 주인공의 의견은 극의 연출가로서 존중받아야 한다.

4. 발표한다.

→ 이어가기: 감정평가표(Assessment of copying strengths) 작성

감정평가표(Assessment of copying strengths)는 이스라엘의 물리 라하드(Mooli Lahad)교수가 개발한 평가도구로서 이스라엘의 폭력지역 주민들이 어떻게 그 상황에서 살아남는가? 라는 대응 양식을 연구하면서 알리다저시의 영향을 받아 이론을 정립한 것이다.

신념(Belief), 정서(Affect), 사회(Social), 상상(Imagination), 인지(Cognition), 신체(Physical) 요소의 결합으로 개인의 고유한 대응양식을 제시하여 6개 요소의 이니셜을 따서 BASIC Ph라 명명하였다.

감정평가표는 위기의 상황에 대처할 때 가장 많이 사용하는 영역이 어떤 것인가를 한 눈에 알아볼 수 있다.

	상	중	하	개수
신념(Belief)				
정서(Affect)				
사회(Social)				
상상(Imagination)				
인지(Cognition)				
신체(Physical)				

물리 라하드는 사람들마다 스트레스와 만나는 대응방식이 있다는 것을 발견했다. 한 예로 이스라엘에 폭격이 터진 적이 있었는데, 그 현장에 아이들이 장면을 목격했고 각자의 대응방식대로 공포와 두려움을 극복하고 있었음을 관찰했다.

어떤 아이는 신에게 드리는 기도로(신념), 어떤 아이는 슬픔에 젖어 울고 소리치고(정서), 어떤 아이는 친구들과 그 일을 함께 극복하기도 하고(사회), 어떤 아이는 그 장면에 대해서 왜 이런 일이 일어났을까? 이야기를 하면서(상상), 어떤 아이는 책과 공부를 하면서(인지), 어떤 아이는 축구(신체)를 하면서 두려움을 이겨내고 있었다는 것이다.

1. 이야기에 나오는 내용을 분석하여 6요소에 체크한다. 개수를 확인하여 숫자로 표시한다.

2. 신념(Belief)은 종교, 철학, 이념, 믿음 등이 해당된다.

3. 정서(Affect)는 열정, 분노, 사랑 등이 해당된다.

4. 사회(Social)는 사람의 수, 마을, 공동체, 국가 등이 해당된다.

5. 상상(Imagination)은 창의적인 생각, 환상, 신화적 요소들이 해당된다.

6. 인지(Cognition)는 논리, 사고, 합리적 등이 해당된다.

7. 신체(Physical)는 물리적 힘, 폭력, 무기 등이 해당된다.

8. BASIC Ph에 따른 주요 유형과 그 해석은 아래와 같다.

- B(신념) 자기 신뢰적, 명확한 가치와 관점과 신념
- BC(신념과 인지) 매우 경직되거나 구체적인 가치와 관점과 신념
- BA(신념과 정서) 지나치게 민감한 신념과 견해, 때로는 상상적이다.
- BS(신념과 사회) 사회적 가치
- A(정서) 모든 유형의 감정
- A-(정서 네거티브) 자기에 대한 공격적 감정과 전반적 파괴
- AS(정서와 사회) 사회적 감정(BS와 유사한) 혹은 사회적 지지
- AI(정서와 상상) 무시무시한 용이나 괴물처럼 상상의 인물과 뒤섞인 감정
- AC(정서와 인지) 개념화에 의지하여 감정을 이해하려는 경향, 경우에 따라서는 지성의 힘으로 감정을 통제하거나 중성화하려고 한다.
- SC(사회와 인지) 사회적 의식이 있으며 스트레스 상황에서 실질적인 문제해결의 능력이 있다.
- SI(사회와 상상) 슈퍼맨과 같은 상상의 인물로부터의 사회적 지지
- S-(사회 네거티브) 사회로부터의 소외감 혹은 거부됨, 적대감
- I(상상) 내용이나 범주에서 광범위한 상상력
- IC(상상과 인지) 실질적 지식에 근거한 즉흥능력
- I-(상상 네거티브) 병적인 상상력
- C(인지) 인지, 지식, 조직화, 사고, 구체적인 과제에 대한 상식에 따라 행동한다.
- C-(인지 네거티브) 행동에 분명한 원인이 있지만 논리적이지 않다. 즉 겨울이니까 해변에

간다는 식이다. 현실 검증 능력의 부족
- Ph(신체) 신체적으로 매우 표현적이며 활동으로 충만하다. 움직임, 먹기, 고통스러워 하기, 춤추기, 여행하기 등
- CPh(인지와 신체) 구체적인 사고 방식, 행동지향적

9. 물리 라하드는 동화나 신화의 요소에 바탕을 둔 투사적 이야기를 통해 자아가 세상을 만나기 위해 조직화된 현실 속으로 자기를 투사하는 방식을 볼 수 있다고 생각한다. 많은 사람들이 6분할 이야기표에서 '3.주인공이 임무를 완성하는 데 방해하는 것 또는 사람'을 통해서만 대응행동을 알 수 있을 거라 생각하지만 그렇지는 않다. 각 칸의 이야기들이 모두 대응양식에 대한 중요한 정보를 제공한다. 예를 들어 만일 주인공이 요정이라면 그것은 내담자가 상상력을 즐겨 사용한다는 힌트나 암시가 될 수 있다. 조력자는 실질적일 수 있고 상상적이거나 아니면 내면적인 신념일 수 있다. 장애물 역시 사회적, 상상적, 매우 현실적일 수 있고 또는 해결에 대한 압박감일 수도 있다. 대응방식이나 결론도 정서적, 지적, 사회적, 상상적인 모든 방식으로 나타날 수 있다. 그러므로 내담자가 사용하거나 사용하지 않는 양식을 결정하는 데 주의를 기울여야 하며, 그 지침에 따라 접촉을 시작하는 것이 중요하다. 어느 한 영역에 강한 면모를 보인다면 그 영역으로 접근해서 전체적인 밸런스를 가져오도록 한다.

다음 이야기는 자퇴를 고려하고 있으며 집안문제를 갖고 있는 17세 소년이 만든 이야기다. 그는 다양한 상담을 받아왔지만 별다른 효과가 없었다.

도시에 사는 35살의 강한 남자가 있다(인지, 신체) 그의 과제는 그가 감시하는 마을에 작은 물건을 배달하는 것이다.(사회, 인지, 신념) 그를 도울 수 있는 것은 그의 의지력(신념)과 마음(두뇌, 인지)이다. 장애물은 그 물건을 공항에 있는 사람에게 전해야 한다는 것(사회, 인지)인데, 거기엔 그를 찾아내려는 변장한 사람들로 가득하다.(사회) 그는 머리를 써서 간신히 물건을 전한다.(인지) 그리고 마지막에 자기 마을로 되돌아온다.(인지, 사회)

이야기를 분석하면 인지가 여섯, 사회가 셋, 신념이 둘, 신체가 하나이다. 내담자는 현실의 인물과 문제해결기술을 사용하고 있다. 그는 어떤 가치나 의미의 사회적인 사명을 띠고 있다. 그러므로 인지적 접근, 가치 명료화와 의미기법이 적당할 것이다. 그리고 모종의 사회적 기술이 필요하다.

TIP

　내담자의 강한 영역으로 시작해서 치료사가 개입한다. 약한 영역을 왜 사용하지 않는지를 탐색하면서 전체적으로 6영역의 균형을 이루도록 한다. 각 영역을 개발시키기 위해서는 물리 라하드는 아래 학자들의 이론을 추천한다.

- 신념(Belief) 프랭클, 매슬로우 - 가치명료화, 의미
- 정서(Affect) 프로이트, 로저스 - 듣기기술, 언어적이고 비언어적인 감정표현, 수용
- 사회(Social) 에릭슨, 아들러 - 사회적 기술, 자기주장훈련, 역할연기, 시뮬레이션
- 상상(Imagination) 융, 드 보노 - 창조성, 놀이, 심리극, 유도된 환상, '만약-라면', 상징
- 인지(Cognition) 라자루스, 엘리스 - 정보, 원하는 순서, 셀프토크, 문제해결
- 신체(Physical) 스키너 - 활동, 게임, 이완

⑨ 본어게인(Born-again) 작업

　본어게인은 인도 명상가 오쇼가 개발한 프로그램으로 말 그대로 다시 태어난다는 의미이다. 우리는 어느 시점에서부터 성장이 멈추어져 버린 내면의 어린아이의 모습을 가지고 있다. 내면의 상처받은 그 어린아이에게 관심을 주고 성장의 요소를 주기 위해서는 그때로 되돌아가 하고 싶었던 일, 하지 못했던 일, 상처 받았던 일 등을 어떠한 비난의 요소없이 경험해야 한다. 어른이 되어 가면서 잃어버린 동심의 세계는 부끄러운 것, 유치한 것, 미성숙한 것 등으로 치부되면서 기억의 언덕 너머로 유배를 보내버렸기 때문이다. 어른스러움을 강요받으면서 타인에게 맞추고 문화에 맞춰서 살아가는 자신이 내면의 어린아이와 갈등을 빚게 된다.

　본어게인은 오쇼 명상의 3대 치유 명상 중 하나로 새롭게 태어나는 제2의 삶을 발견하는 것을 가능하게 해준다. 내면의 아이를 만나 대화하고, 그 아이의 말을 공감하고 경청해주고, 그 아이를 위해 안전한 공간을 만들어 줌으로써 결코 그 아이를 떠나지 않고 있음을 느끼고 체험하게 된다. 본어게인은 살아서 새로운 삶을 부여받는 특별한 경험이다. 방법은 너무도 간단하다. 그것은 어린 시절로 즉시 되돌아가 어린 아이가 되는 것으로 가

능하다. 단순히 어린아이처럼 행동한다? 훌쩍 커버린 우리는 아마도 가장 어려운 일일지도 모른다. 인생에는 순수함이 사라지고 어린 시절의 가식 없는 즐거움이 사라지고, 거짓됨이 자라나는 어떤 지점이 있다. 그때부터 우리는 스스로 분리된 채 심각하게 많은 지식을 쌓아가며 다 자란 어른으로서 홀로 서 있게 된다. 그런 채로 닫혀있는 것이다.

본어게인은 우리가 성장을 멈춘 그 지점으로 되돌아가 일체의 마스크를 벗어던지고 어린아이처럼 다시 태어나게 한다. 자신의 존재의 탐구에 있어서 어린이다운 천진함과 자유스러움이야말로 본질적으로 중요하다. 왜냐하면 그것들이야말로 가장 일찍부터 억압되고 왜곡되어 왔기 때문이다. 본어게인은 당신의 폐쇄성과 허위를 벗어던지고 삶의 에너지 파장을 근본적으로 바꾸며, 생생한 삶의 맥박 속으로 다시 돌아올 수 있는 훌륭한 기회를 제공한다.

과거로 돌아간다. 즐거웠고 해맑게 놀았던 그 시절, 그때의 나로 돌아간다. 즐거웠던 어린 시절로 떠나는 여행을 시작한다. 그러나 이것은 쉽지 않은 행동이다. 여전히 어른의 가면을 쓰고 참여하기 때문이다. 내면에는 두려움과 부끄러움, 심지어는 퇴행에 대한 경멸감마저 자리잡고 있다. 본어게인 작업에 참여하는 사람들은 혼자 있는 아이, 놀이를 하고자 하는 아이 등으로 명확히 구분된다. 또한 지식화의 방어기제가 강한 사람일수록 작업의 참여도는 떨어진다. 그래서 한 번의 작업으로 목표를 달성하기는 어렵고 지속적인 작업이 이루어져야 한다.

어릴 적을 막연히 떠올리면 힘들어하는 참여자들도 문장을 완성하는 작업을 통하여 조금 더 명료하고 선명하게 그 당시를 떠올릴 수 있는 계기가 된다. 워크시트 작업이 끝나면 자신이 떠올렸던 과거의 순간을 한 발씩 한 발씩 돌아가는 시간을 갖는다. 과거투사를 통하여 자신이 즐겁게 놀고 행복하게 지냈던 그 시절로 무대를 보며 크게 공간을 돌게 되는데, 한 걸음씩 내딛으며 내담자가 최대한 자신의 어린 시절에 몰입할 수 있도록 안내한다. 한 바퀴를 돌아 무대로 돌아오면 그 시절의 내가 된다는 이야기를 하고 마지막으로 한 바퀴를 더 돈다. 참여자들이 무대로 들어올 때는 만화주제곡이나 옛날 노래를 틀어놓음으로서 그들이 적극 상상하고 어린 시절의 자신이 될 수 있는 장치를 해둔다. 장난감이나 인형, 악기, 이불, 베개, 담요 등으로 무대를 꾸미고 원한다면 의자와 소품들을 활용해 자그마한 텐트나 안정된 공간을 만들어도 좋다.

충분히 자신의 어린 시절을 회상하고 느끼고 나면 친구들과 만나서 인사도 나누고 즐

겁게 뛰어노는 시간을 갖는다. 얼음땡, 숨바꼭질, 무궁화 꽃이 피었습니다, 땅 따먹기 등 그 시절 즐거웠던 놀이들에 술래와 참여자가 되며 목적도 없이 목 표도 없이 그저 뛰어노는 시간에 집중 한다. 땀을 흘리고 몸을 움직임으로써 딱딱하게 굳어있던 어깨가 펴지고 뛰 어놀며 올라오는 숨에 목소리 톤도 한 층 밝아지는 것을 느낄 수 있다. 실컷 뛰어놀고 나면 잔잔한 노래와 함께 모 두 자신의 편안한 공감을 찾아들어가 눈을 감고 고요히 떠올리는 시간을 갖는다. 나의 어 린 시절을 흘려보내며 숨을 고르고 가만히 자신에게 집중하는 시간을 통하여 과거를 회 상하는 참여자들도 있고 기억나지 않았던 부분들이 떠오르는 참여자들도 있다.

다음은 마음과 공간 예술심리연구소 소희정의 본어게인 워크숍을 기반으로, 한국공연 예술치료협회 연극치료 1급과정의 창조적 프로그램 개발에서 시연되었던 김태은(2018) 의 작업이다. 그는 본어게인을 가면과 4분할 스토리텔링으로 연결시켜 가벼운 투사적 동 물에서 허구적 인물로, 허구적 인물에서 두렵거나 무서워하는 인물의 극적 대립으로, 마 지막 종결은 존경하는 인물로의 통합을 시도했다.

활동 I

준비물: 워크시트지, 가면, 조명, 음향, 도화지, 파스넷, 의자, 조명 등

1. 워크시트지를 나누어 주면서 줄리아카메룬의 아티스트웨이의 이야기를 들려준다.
   "창조성이 막혀버린 많은 사람들은 실상 힘과 창조성이 넘치는 사람들이다. 단지 자신의 힘과 재능에 대해 의심하도록 강요받았을 뿐이다. 그들은 인정받지도 못하고, 마음대로 헐뜯으며 자신의 창조적인 에너지를 빼앗는 가족이나 친구들에게 이용당해 왔다. 이런 비정상적인 시스템에서 벗어나려고 하면 지각있게 생각하라는 말을 듣곤 한다. 그런 얘기가 전혀 도움이 되지 않는 시점에 말이다. 자신의 재능에 의심을 품게 된 그들은 다른 사람에게 상처를 줄까 두려워 자신의 재능을 감춘다. 대신 자신에게 상처를 주는 것이다."

2. 워크시트지의 내용을 작성한다.
   우리가 버렸던 존재, 바로 자기 자신을 되찾기 위해서는 간단한 추적 작업을 해볼 필요가 있다. 다음 문장들을 완성하고 나면, 기억을 되살리고 잃어버렸던 당신의 모습을 다시 찾으면서 강렬한 감정을 느끼게 될 것이다. 각각의 문장을 자유롭게 연상해서 완성해 보자.

   어릴 적에 좋아했던 장난감은_____였다.
   어릴 적에 좋아했던 놀이는_____였다.
   어릴 적에 본 최고의 영화는_____였다.
   어릴 적에 내가 했던 최고의 괴짜행동은_____였다.
   어릴 적에 내가 좋아했던 음식은_____였다.
   어릴 적에 본 최고의 만화는_____였다.
   어릴 적에 나를 무섭게 했던 방해꾼은_____였다.
   나는_____을 하기 싫었다.
   나는_____을 하고 싶었다.

   워크시트지 내용을 발표하고 서로 느낌을 나눈다. 어떠한 도덕적 판단도 내려놓고 격려와 지지를 보낸다. 내면의 어린아이가 말을 꺼낸 것에 대한 용기를 칭찬하고 어린아이에 대한 믿음을 가지도록 한다. 준비가 되면 본어게인 작업에 들어간다.

1. 본어게인에 대한 설명을 자료로 나누어 준다.

당신의 어린 시절을 다시 찾으라.

모두가 그것을 원하지만 그것을 되찾기 위해 실제로 무엇인가를 하는 사람은 거의 없다. 사람들은 어린 시절이 파라다이스였다고 말한다. 시인들도 어린 시절의 아름다움에 대해 노래한다. 누가 당신을 막고 있는가? 그것을 다시 찾으라.

그 시절이 좋았다고 말하는 것은 도움이 안 된다.

왜 다시 그때로 돌아가지 않는가? 왜 다시 어린아이가 되지 않는가? 당신이 다시 어린아이가 될 수 있다면, 새로운 길로 자라나기 시작할 것이다. 처음으로 진정하게 다시 살아날 것이다. 당신이 아이의 눈을 갖는 순간, 아이의 감각을 갖는 순간, 젊고 삶으로 맥박치는 아이의 감각을 갖는 순간, 삶 전체는 당신과 함께 진동할 것이다.

기억하라, 당신의 파장은 변형되어야 한다. 세상은 언제나 흥분으로 진동해 왔다. 오직 당신이 그것에 조율하지 않고 있을 뿐이다. 세상이 문제인 것이 아니다. 문제는 당신이다. 당신이 조화를 이루지 않는 것이다. 세상은 춤추면서 항상 축복 속에 있으며, 모든 순간이 축제이다. 축제는 영원에서 영원으로 이어지는데 당신만이 그것에 조화를 이루지 못하고 있다. 당신은 스스로 분리되어 심각하게 많은 지식을 가지고 성숙한 사람으로서 홀로 있는 것이다. 당신은 닫혀있는 것이다. 그대의 폐쇄성을 던져버려라! 삶의 흐름 속으로 다시 움직여 들어오라. 태풍이 불어오면 나무는 춤을 출 것이며 당신 또한 춤을 출 것이다. 밤이 오면 모든 것이 어두워지고, 당신도 어두워진다. 그리고 아침에 해가 뜨면, 당신 안에서도 해가 뜨게 하라.

어린아이같이 즐거워하고 과거를 생각하지 말라.

어린아이는 결코 과거를 생각하지 않는다. 진정으로 그는 과거를 생각하지 않는다. 어린아이는 미래에 대해 걱정하지 않는다. 그는 시간관념이 없다. 그는 전적으로 걱정 없이 산다. 그는 순간 속에 움직인다. 그는 어떤 과거의 기억도 가지고 다니지 않는다. 그는 화가 나면 화를 낸다. 그 분노 속에서 그는 엄마에게 말할 것이다. "엄마, 미워." 이것은 단지 말이 아니다. 이것은 진심이다. 그 순간에 그는 진정으로 전적인 분노 속에 있는 것이다. 다음 순간 그는 분노에서 나와, 웃으면서 엄마에게 키스하면서 이렇게 말할 것이다. "엄마, 사랑해." 여기에 모순은 없다. 이것은 전혀 다른 순간이다. 그는 전적인 분노에 있었고, 이제 그는 전적인 사랑 속에 있다. 그는 강물이 흐르듯 지그재그로 움직인다. 물이 그를 어디로 이끌든 그는 전적으로 흐른다.

전적으로 아이가 되라.

미움이 올라오면 미워하라. 사랑이 올라오면 사랑하라. 화가 나면 화를 내라. 그리고 잔치를 벌이고 싶다면 잔치를 벌이고 춤을 추어라. 과거의 것은 어떤 것도 지니지 말라. 순간에 진실하게 존재하고, 미래를 신경 쓰지 말라. 이 기간 동안은 시간에 대해 완전히 잊어라. 시간을 던져 버려라. 이것이 내가 당신에게 심각하지 말라고 하는 이유이다. 당신이 심각해지면 질수록 더 시간에 신경을 쓰게 된다. 어린아이는 영원 속에 산다. 그에게는 시간이란 없다. 그는 시간이 무엇인지 모른다. 이 기간 동안 당신이 시간을 버린다면, 당신은 진정한 명상을 할 수 있을 것이다. 순간을 살고 그것에 진실하라.

장난스러워져라.

그것은 어려울 것이다. 당신은 여태 갑옷을 두르고 살아왔기 때문에 그것을 벗는 것이 어려운 것이다. 당신은 춤도 노래도 못하고, 팔짝팔짝 뛰지도 못하고, 소리를 지르거나 울거나 웃지도 못한다. 웃고 싶어도 당신은 먼저 웃을 대상을 찾을 것이다. 당신은 이유 없이 웃는 법을 모른다. 무슨 이유가 있어야만 웃는다. 당신은 무슨 이유가 있어야만 웃거나 울 수 있다고 생각하는 것이다.

당신의 지식을 던져버리고 심각함을 던져버려라.

이 기간 동안 전적으로 장난스러워져라. 당신은 아무것도 잃을 것이 없다. 얻는 것이 없을 것이라고 생각되겠지만 잃을 것도 없다. 당신이 장난스러워짐으로 무엇을 잃겠는가? 오히려 단언컨대 당신은 완전히 달라질 것이다.

내가 장난스러워지라고 하는 것은 당신이 성장을 멈춘 그 지점으로 돌아가기를 바라기 때문이다. 인생에는 성장이 사라지고 거짓됨이 자라나는 어떤 지점이 있다. 당신은 어린 시절에 짜증이 나서 화를 낸 적이 있을 것이다. 그러면 어머니나 아버지가 말한다. "화내지 말아라. 그것은 좋지 않다!" 당신은 자연스러웠지만 어떤 분리가 일어나고 하나의 선택을 해야 하는 상황이 생긴다. 당신이 자연스럽게 있는다면 부모의 사랑을 얻지 못할 것이다. 이 기간 동안에 당신은 자연스러운 상태에서 '좋은' 상태로 이전하는 지점으로 돌아가게 될 것이다. 당신의 어린 시절이 다시 돌아오도록 장난스러워져라. 당신은 마스크를 던져버려야 하므로 이것이 쉽지만은 않을 것이다.

당신은 인격이라는 그대의 얼굴을 벗어라.

기억하라. 본질은 당신의 인격이 사라질 때에만 나타나는 것이다. 인격은 감옥에 갇힌 수인처럼 되었기 때문이다. 그것을 벗어 던져라. 그것이 고통스러워도 그렇게 해야 한다. 그대는 그것을 통해 다시 태어날 것이기 때문이다. 고통 없이는 어떤 거듭남도 없다. 당신이 진실로 다시 태어나고자 한다면 위험을 감수하라.

오쇼, Meditation: First and Last Freedom.

2. 놀이 공간 만들기

어린 시절로 들어갈 때는 환경을 만들어 주는 것이 필요하다. 쑥스럽기도 하고 겸연쩍어서 쉽게 어린 시절로 들어가기 어려워한다. 적당히 조명을 어둡게 하여 자신 내부에 집중하게 한다. 매트리스나 이불, 솜 베개를 충분히 마련해서 자신의 공간을 확보하게 하는 것도 좋다. 폭신한 인형도 도움이 된다. 치료사는 그룹 안에서 자신만의 독립된 공간을 확보하여 그룹에 관여하지 않고 어린 시절로 돌아간다. 가끔씩 천 같은 것을 찢는 소리를 내어 역동을 부여한다. 찢어진 천은 엮어서 내 놓으면 참여자들이 다양하게 이용하는 것을 볼 수 있다. 베개를 묶어 강아지 산책을 시킨다든지, 매듭을 중간 중간에 만들어 고무줄놀이를 한다든지. 뭐든 일어나는 대로 허락한다.

3. 놀이하기
매뉴얼에 따라 원칙을 읽어준다.

For the first you behave like a child, just enter your childhood.

Whatever you wanted to do, do it - dancing, singing, jumping, crying, weeping -

anything at all, in any posture.

Nothing is prohibited except touching other people.

Don't touch or harm anyone else in the group.

For the second hour just sit silently.

You will be more fresh, more innocent and meditation will become easier.

지나친 신체접촉이나 과격한 행동에 사전 주
의를 주고 그 외에는 무엇이든 허락한다. 친분관
계가 있거나 공격적이지 않으면 가벼운 신체접촉
은 허용한다. 춤추고, 노래하고, 뛰고, 울고, 흐느
끼고 뭐든 하고 싶은 대로 한다. 어린 시절은 사
람마다 느끼는 시간대가 다르다. 손가락을 빠는
영아에서부터 말을 하고 집단 놀이를 하는 소년
까지 다양하다. 자기가 생각해서 어린 시절이라
고 생각되는 나이로 가면 된다.

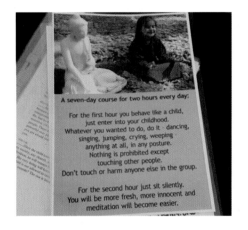

→ 이어가기: 가면과 4분할 스토리

어린 시절로 돌아가는 본어게인 작업으로 참여자들의 자발성과 어린 시절의 회상이 충분하였
다면 참여자들이 워크시트에서 이야기하였던 만화영화 주제곡이라든가, 타 추억에 관한 음악을
들어주고 하얀 가면을 준비해 그들이 무대 위에서 자연스레 다른 역할을 입을 수 있도록 돕는다.
조명도 편안하게 느낄 수 있도록 조도를 조정한다. 이는 안전장치로서 투사적 매체에 몰입할 수
있는 힘을 안겨준다. 치료사는 본 작업에 필요한 음악, 조명, 흰 가면을 준비하고 웜업에서 참여
자들이 보여줬던 역동성을 이해하고 적극 활용하도록 한다. 또한 도화지와 파스넷을 준비하여
무대 밖 안전한 공간해 마련해 두고 역할을 벗고 나왔을 때 자연인으로서 기술할 수 있도록 준비
해둔다. 무대 위에 올라설 때는 하얀 가면을 착용하여 치료사가 제시하는 동물이나 인물이 되어
보고 무대 밖으로 나오면 하얀 가면을 벗고 참여자 본 모습이 되도록 충분한 설명과 무대 분위기
를 꾸며줌으로써 몰입도가 높아진다.

1. 첫 번째 가면 작업 – 좋아하는 동물
   동물은 용이하게 접근할 수 있는 투사적 물체로서 강아지, 고양이, 돌고래, 퓨마, 호랑이, 뱀
   등을 포함하며 포괄적으로 곤충(장수풍뎅이, 메뚜기, 거미)이나 신비의 동물(유니콘, 불사조)
   의 등장도 허락한다. 숲속 음향을 틀고 초록색 조명을 사용하는 것은 도움이 된다. 5분 정도

의 시간을 각자 연기하도록 하는데, 역동이 올라오지 않거나 참여자의 몰입도가 떨어진 다면 시간을 더 준다거나 조명을 더 낮춰 충분히 참여자들이 좋아하는 동물에 몰입할 수 있도록 한다. 이후 다른 동물들과 인사해보는 시간을 갖는다. "다른 동물들과 인사를 나누어볼게요. 안녕!! 나는 돌고래야~ 물을 뿜고 있지." 서로 인사를 하며 궁금한 점을 나누도록 한다. "너는 왜 물을 뿜고 있니?",

"너는 뭘 먹고사니?" 등 다양한 질문과 그들의 소통에 집중하고 충분하다고 느꼈을 때 치료사는 "와! 여기 정말 다양한 동물들이 있네요. 자, 이제 무대 밖으로 나가면 우리는 자연인이 됩니다. 나갈 때는 가면도 함께 벗어주세요."라고 하며 조명을 바꾸고 도화지와 파스넷을 준비한 공간으로 인도한다.

2. 4분할 스토리텔링 첫 번째 칸
   도화지를 4분할이 되도록 접게 하고 네모 칸에 각 숫자를 쓰도록 한다. 첫 번째 칸에 동물이 되어보았을 때 그 동물의 긍정적인 면을 3가지 적도록 하는데 예시를 들어주는 것이 좋다. "강아지의 긍정적인 면이 뭐가 있을까요? 귀엽다, 예쁘다, 착하다, 반겨준다 등 자신이 느끼는 그 동물의 긍정적인 면을 적어볼게요."

3. 두 번째 가면작업 – 동경, 좋아했던 만화나 영화의 허구적 인물
   참여자들이 다 적었음을 확인하고 무대 위로 올라오기 전 다음 제시할 문장을 미리 얘기하여 참여자들이 몰입할 대상을 찾는 것을 돕는다. '좋아했던 만화나 영화의 허구적 인물'을 떠올리게 하고 참여자들에게 나왔던 정보를 토대로 그 시절 만화주제곡이나 영화의 음악을 들어주며 조명을 바꾼다. 참여자들이 가면을 쓰고 무대 위로 올라오면 그 인물이 되어서 혼자만의 시간을 갖도록 하고 좋아하는 동물과 동일한 방법으로 일정 시간이 흐른 후 타 인물들과 인사

를 나누도록 한다.

4. 4분할 스토리텔링 두 번째 칸

　　활동이 끝나면 진행자는 무대 밖으로 인도하고 조명을 바꿔준 후 자연인으로서 자신이 연기
했던 허구적 인물의 긍정적인 부분을 두 번째 칸에 3가지 적도록 한다.

5. 세 번째 가면작업 – 괴물, 나를 방해하거나 혹은 무섭게 했던 것

　　모든 참여자의 작성이 끝나면 세 번째
'나를 방해했던 인물 혹은 나를 무섭
게 했던 무언가'를 제시한다. 빨간 조
명과 괴기스러운 음향을 준비하고 참
여자들이 가면을 쓰고 빨간 무대로 올
라서며 연기를 시작하도록 돕는다. 불
편함을 느끼는 참여자들은 상대적으
로 망설이다 천천히 무대로 오르는 경
우가 있기도 하다. 타인들과 인사를
나누고 치료사는 활동이 끝나면 "와 여기 무서워요."라든가 자신만의 [유머코드]로서 빠르게
역할에서 빠져나오도록 돕는다.

6. 4분할 스토리텔링 세 번째 칸

　　안전지대로 안내하고 나를 방해했던 인물 혹은 나를 무섭게 했던 무언가의 능력을 세 번째 칸
에 3가지를 적도록 한다. 참여자들 대부분 방해했던 인물이나 무섭게 했던 무언가를 떠올리
는 일을 불편하게 생각한다. 이럴 때 치료사는 어렸을 때 봤던 공포물이나 옆집 할아버지가
쫓아왔던 자신의 경험을 이야기 해주는 것은 도움이 된다. 빨간 마스크, 늑대인간, 살인자 등
다양한 인물을 빨간 조명에서 연기하며 자신이 그 인물이 되어 인간의 잔혹성 및 그 시절의
무서워했던 이유를 찾는데 이 작업은 큰 효과를 가진다. 또한 실제 그 인물은 어떤 능력을 가
지고 있는가에 대해서도 색다른 관점에서 접근하게 된다.

7. 네 번째 가면작업 – 영웅, 존경하는 인물

　　어린 시절 또는 현재의 영웅이나 존경했던 인물이 되어보는 시간으로 혼자 연기하는 시간을 충
분히 가진 후 타인과 만나도록 한다. 그 인물처럼 말하고 걷고 제스처를 흉내내다보면 그 인물
과 동일시되는 경험을 한다. 노란색 밝은 조명과 경쾌하거나 신비한 음향을 준비한다.

8. 4분할 스토리텔링 네 번째 칸

안전지대로 안내한 후 영웅이나 존경했던 인물의 긍정적인 면을 네 번째 칸에 3가지를 적도록 한다.

9. 두 명씩 짝을 지어 자신이 적은 종이의 내용을 나눈 후 종이를 서로 바꾸고 상대방의 긍정적인 부분을 읽어준다.

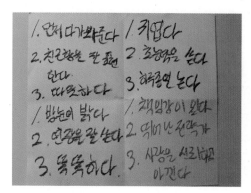

10. 상대방이 읽어 줄 때 주어는 "당신은"이라고 한다. "당신은 ○○○한 사람입니다."라고 말하면 종이의 주인은 "나는 ○○○한 사람입니다."로 주어를 "나는"이라고 바꾸어 응답한다. "당신은 먼저 다가와 주는 사람입니다.", "나는 먼저 다가가는 사람입니다." 12가지의 문장이 끝나면 역할을 교대하여 표현하도록 한다.

→ 이어가기: 빈 의자

단체 나눔 작업으로 넘어가 무대 위에 의자를 두고 의자위에 관객들이 보이도록 종이를 붙인다. 그 뒤에 주인공은 앉아서 관객들이 종이에 적힌 것을 읽는 것을 듣고 주어를 "나는"으로 바꾸어 복창한다. 둘이 짝지어했던 동일한 방법으로 관객들 모두에게서 선물을 받는 시간이다. 자신의 언어로 바꾸어 말하는 것을 허용하는 것이 중요하다.

가면과 4분할 스토리텔링에서 나온 주제, 즉 동물, 동경, 괴물, 영웅의 작업은 모두 자신에게서 일정부분 투사된 영역이다. 갖고 싶은 부분일 수도, 배척하고 싶은 부분일 수도 있다는 것을 설명해 준다. 이로써 참여자들은 자신의 모습을 인지할 수 있고 타인에게 들은 것을 스스로에게 이야기를 해주면서 집단치유의 힘을 붇돋아 주게 한다.

TIP

4분할 스토리텔링 문장에서 변형하고 싶은 부분을 찾게 하도록 한다. 특히 세 번째 가면작업에서 나오는 문장들은 자신이 두려하는 존재를 다루기 때문에 부정적이거나 비현실적인 단어가 나올 수 있다.

예를 들면, 살인자는 연장을 잘 쓴다. 귀신은 순간 어디에도 나타난다라고 장점을 쓰는 경우가 있다. 이럴 때는 그와 비슷한 자신의 모습을 찾아낸 후 자신만의 언어로 바꾸는 작업이 필요하다. 변형작업 후에는 연장을 잘 쓴다는 "나는 사람의 마음을 이해하는 심리학적 도구를 잘 사용한다."로, 순간 어디에도 나타난다는 "나는 자유로운 영혼이다."라고 스스로 말하는 것을 볼 수 있다.

10 감정카드 작업

현대인들에게 사회는 각박한 도시의 모습으로 형상된다. 이들은 돈을 벌고 일을 해야 능력이 있는 것이며, 매출을 올리고 영업을 성공해야하며, 맡은 일을 해내야만 성공한 것이라는 착각 속에 자신을 끊임없이 채찍질한다. 스트레스를 해소하는 방법으로 술이나 운동 혹은 음식에 집착하여 근원은 모른 채 그저

만족감을 얻으려고 한다. 스트레스의 근원은 소통의 단절이며, 자신을 드러내지 못하는 현실에 감정의 배출구가 없다는 것인데 이들은 단순히 겉으로 해결하려 부단히 애쓰고 있다.

이 기법을 개발한 한국공연예술치료협회 김태은(2018)의 개발동기를 살펴봄으로써 좀 더 명확하게 감정카드를 이해할 수 있다.

'숨 쉬고 싶고 살고 싶어서 찾아온 예술치료협회에서 나의 감정이 차단되어있음을 인

지했다. 주변에 수많은 사람들이 자신의 감정을 차단한 채 살아간다는 것에 안타까움과 더불어 감정을 표현하는 단어 자체를 배운 적이 없다는 생각이 들었다. 점차 단어는 늘어 갔지만 그 단어에 대해 어떻게 생각하는지의 벽에 부딪쳐 다시 단어를 늘리고 줄이고, 감정의 단어와 생각의 단어까지 줄을 이었다. 감정을 인지하고 표현하는 방법을 재차 연구한 끝에 백 번 말로 해봤자 표현함으로 얻는 체득은 어렵다는 생각이 들어 놀이로 접근하여 어린 아이부터 70대 어르신까지 모시고 작업해 보았다. 결과는 집단과 개인이 제각기 다른 형태로 단어의 의미를 받아들였으나, 고유한 자신을 인지하고 스스로를 진단하는 도구임에는 틀림이 없었다. 심지어 감정만을 나누고 공유했을 뿐인데 그것은 집단에게 선물을 받고 자신 스스로에게 선물을 주는 효과를 자아내어 치유의 시간으로 끈끈한 유대의 모습을 띄었다.

초등학생 아이들에게는 명확한 자신의 감정을 알아차리는 도구로 회기가 거듭될수록 스스로 화난 이유를 찾는 모습도 보여주었다. '네가 나의 물건을 던지는 모습에 화가 올라왔어.'라고 정확하게 자신의 입장과 감정을 설명하기도 하였으며 질문에 한 두 문장으로 단답형을 보였던 아이들은 감정카드를 꺼내놓으면 질문에 대하여 열 개 이상의 감정을 골라 다양한 문장을 구사하며 그들의 자발성에 큰 영향을 끼침을 알게 되었다. 평소에 사용하는 감정에 대한 단어가 현저히 적었음을 인지하고 감정카드 프로그램 회기를 늘려갈수록 아이들의 감정 설명 구사력이 늘어가는 것을 볼 수 있었다.'

감정카드는 게임처럼 감정을 몸으로 표현하고, 그 표현을 보고 맞추는 놀이로 시작한다. 감정릴레이는 언어를 제외하고 감정을 행동으로만 표현하니, 자신은 감정을 표현하고 있음에도 불구하고 타인은 오해하기도 하고 특별하게 표현하기 어려워하는 감정이 있음을 인지하게 된다. "저는 화, 분노, 짜증이라는 감정을 표현하려니까 자꾸 웃음이 났어요. 평소에 화도 못내는 제 모습이 놀이를 통해 확연히 드러났어요."라는 참여자에게 화를 내지 못하는 이유와 상황에 대해 자연스럽게 꺼내놓는 계기를 마련해 주게 된다.

회기가 거듭되면 자신에게 초점을 맞추어 주 관심사와 현재 느끼고 있으나 표현하지 못하는 감정을 찾아본다. 집단 작업으로 타인에게 힘이 되는 감정을 선물하기도 하고 자신이 표현하기 어려운 영역을 되짚어보며 역할극을 도입하여 감정의 시초가 어디였는지 스스로 탐색해 본다. 마무리는 미래지향적 감정으로 미래투사, 영웅캐릭터 등 자기계발에 초점을 맞추어 프로그램이 진행된다.

감정카드는 표현하기 힘든 정서를 카드를 선택하는 행위만으로 표현을 가능하게 하며 감정의 배출구로서의 역할을 갖는다. '감정카드'는 진단도구이자 투사적 매개체로서의 기능을 한다. 카드를 가지고 스스로 자신을 진단하며 자신의 상태에 대한 알아차림이 가능하다. 타인에게 표현하는 자신의 감정에 대하여 자가진단의 기능을 한다. 외부세계의 어떤 부분에 감정이 걸려있고 그 감정을 표현하는 방법을 카드를 통하여 스스로 느낄 수 있도록 돕는다.

감정카드 활용방안

감정카드	• 본 감정카드는 자신과 타인의 감정을 인식하고 표현하는 연습을 위해 개발되었다. • 현재 자신의 상태를 파악하고 서술해 줄 수 있는 도구로서 현대인들의 감정차단과 스트레스를 인지하는데 유용하며 억압된 감정을 표출하고 감정을 나누는 과정을 통하여 자아성찰과 자기계발에 보다 편안하고 구체적으로 표현할 수 있게 된다.
구 성	• 감정카드는 총 177가지로 '기쁘다', '슬프다', '화가 난다', '분노'를 기본으로 생각하는 단어와 감정이 맞닿아 있는 단어까지 표현하도록 구성되어 있다. • 카드를 나열하여 'ㅇㅇ하여 ㅇㅇ한 감정이 올라온다'는 문장을 만들기 용이하도록 구성되어 있으며, 감정을 문장에 이용하여 서술하기 어려워하는 경우 이 카드를 사용하여 나열하면 누구나 문장으로 자신의 감정을 탐구할 수 있도록 설계되었다.
특 징	• 휴대가 간편하고 가볍게 카드를 고르는 행위만으로 상담이 가능하다. • 비자발적인 내담자나 자신의 감정으로부터 분리된 내담자, 혹은 핵심 감정을 모르는 내담자가 문장을 서술하기에 편안함을 느낀다. • 자신의 감정을 인지하고 표현함에 있어 자가진단 도구의 역할을 한다. • 자신과 타인의 감정을 사용하는 단어가 다를 수 있다는 것을 인지하는 데 도움이 된다.
활용대상	• 자신: '감정카드'는 진단도구이자 투사적 매개체로서의 기능을 한다. 카드를 가지고 스스로 자신을 진단하며 자신의 상태에 대한 알아차림이 가능하다. 자아성찰에 도움을 주며 자신의 감정을 타인에게 표현할 때, 유독 불편하게 느껴지는 감정이나 표현을 스스로 탐구할 수 있도록 돕는다. 　– 감정표현에 서툰 현대인 　– 억압하고 우울증을 겪어본 현대인 　– 무기력한 학생 　– 교우관계에 어려움을 느끼는 학생

	‒ 자기표현을 하지 못하는 학생 이외 초, 중, 고, 성인 모두 활용 가능하다.
활용사례	• 감정표현을 하지 않는 고등학생 대상: 학교를 포함한 우리 사회는 중고등학생들에게 많은 감정을 요구하지 않는다. 이들은 작은 사회를 살고 있는 것이나 다름 없다. 감정을 표현하지 못함으로 인하여 소통은 단절되고 이들은 폭력, 반항, 자살 등의 감정의 폭발을 보여준다. 이들에게 "왜 그랬니?", "왜 말을 안 해!"하면 돌아오는 대답은 이와 같았다. "언제부터 관심 가졌다고. 그런 척 하지마. 어차피 이해도 못 해줄 거 잖아." ‒ 감정카드를 펼치며, "오늘 나의 하루가 어땠는지, 감정카드를 뽑아보자."는 지시문에 10개 이상의 감정카드를 고르며 상세하게 카드를 넣어 설명하기 시작한다. 감정을 인지하고 파악하는 것을 떠나 그들은 어떠한 단어로 어떻게 표현해야 할 지를 모르는 것이다. 평소 한 문장으로 간결하게 표현하던 학생들은 10문장도 넘게 자신의 하루를 표현하고 느끼며 배출하는 시간을 가졌다. 다음 지시문에도 진지한 표정으로 집중하여 감정에 대해 생각하는 것으로 자신의 내면에 한 걸음 다가가 이해해 보려는 모습이 주를 이루었다.

자신의 감정을 알아보는 질문지

1. 지금 나의 감정은 무엇입니까?

2. 나를 감정으로 표현한다면 어떠한 단어일까요?

3. 나는 어떠한 감정을 보고 싶지 않아합니까?

4. 나는 어떠한 감정을 갖고 싶습니까?

5. 나에게 필요 없는 감정은 어떠한 감정입니까?

6. 나에게 필요한 감정은 어떠한 감정입니까?

7. 위 카드들이 말하는 현재 나의 상태는 어떠한 감정일까요?

8. 타인에게 선물 받고 싶은 감정이 있습니까?

9. 지금 다시 나의 감정을 찾아봅니다.

10. 이 감정을 몸으로 표현하고 떠오르는 감정을 찾아봅니다.

활동

준비물: 감정카드, A4용지, 필기도구 등

1. 아이들에겐 놀이가 교육이다. 놀이로 웜업을 시작한다. '무궁화 꽃이 피었습니다.' 변형 놀이로 감정을 대입하여 어울려본다. 예) '무궁화 꽃이 설레입니다.', '무궁화 꽃이 당황합니다.', '무궁화 꽃이 화를 냅니다.' 등

2. 감정릴레이를 위해 한 줄로 길게 늘어선다.

3. 전부 뒤를 돌아있고 맨 앞의 사람만 진행자의 [감정카드]를 본다.

4. 10분의 시간을 제한하고 '시작'과 함께 맨 앞의 사람에게 [감정카드]를 보여준다.

5. 맨 앞의 사람은 두 번째 사람의 등을 두드려 뒤를 돌아보게 한 후 마주본 상태에서 무성(소리가 없는 상태)으로 몸과 표정으로만 감정을 표현한다.

6. 맨 끝에 위치한 사람부터 정답을 이야기하는데 오답일 경우 앞에 사람에게 어떠한 감정을 표현했는지 질문하고 공유하는 시간을 갖는다.

7. 부정적인 감정을 표현했을 때 몸의 변화와 긍정적인 감정을 표현했을 때 몸의 변화를 비교하여 나누어본다.

TIP

- 맞춘 개수는 중요하지 않다는 것을 얘기해준다.
- '놀이를 통해 정확히 말하지 않으면 감정이 전달되지 않는다는 점'을 이야기해주며 모든 사람 관계에 있어서 표현이 얼마나 중요한지를 나눠본다.

  예) "말을 하지 않으니까 어떠한 상황이 일어났죠? 어떻게 받아들여졌나요?"

- 참여인원 모두 출제된 문제를 몸으로 내보고 답을 맞춰보는 시간을 준다.

➜ 이어가기: 발전놀이

1. 감정카드 중 상대팀의 단어 하나를 골라서 문제를 출제해 준다.

2. 팀원이 전부 단어를 한 번에 표현하여 다른 팀이 맞춰보는 놀이를 통하여 팀원의 결속력과 표현력을 증진시킨다.

3. 놀이를 시작으로 느껴진 주요 감정으로 팀원 중 한 명이 연출자가 되어 신체타블로(조각 만들기)를 한다. 치료사는 연출한 조각이 마음에 드는지 멀리서 바라보게 한 후, 바꾸고 싶은 곳이 있다면 재조각을 하게 하여 연출자가 마음에 드는 감정으로 바뀔 수 있도록 도와준다.

➜ 이어가기: 감정선물하기

1. '나는 하루에 감정을 5개 이상 느낀다.'로 감정을 5개 이하로 느끼는 팀과 그 이상으로 느끼는 팀으로 나누어 이야기를 듣는다.

2. 집단 과정이 끝나면 동그랗게 둘러 앉아 마지막으로 개인의 감정카드를 고른 후 나눔의 시간을 가진다.

3. '필요 없는 감정'과 '필요한 감정'에 대해서 이야기한다.

4. 집단은 개인의 이야기를 듣고 감정카
   드에 적힌 주고 싶은 감정을 선물한다.

5. 마무리 작업은 자신에게 오늘 가장
   끌리거나 유독 눈에 들어온 카드를
   빈 의자에 두고 감정에게 대화를 시
   도하는 빈 의자 기법, 스토리텔링, 에
   너지샤워(호오포노포노) 등으로 마무
   리 한다.

본 작업은 감정카드를 집단으로 활용하는 방법과 1:1 개인으로 활용하는 방법이 있다. 집단으로 활용하는 경우는 앞 두 작업을 통하여 어느 정도 집단의 역동이 올라와 감정에 대해 꺼내놓아도 괜찮다는 행동이 보여질 경우이다. 프로그램 진행 시 집단의 역동이 울음바다를 만들 정도로 감정의 바다 속에 빠지는 경우가 있고, 반면에 무미건조하게 자신이 듣고 싶은 이야기만 듣는 집단이 있다. 후자일 경우는 집단으로 활용하기보다는 개인 작업으로 스스로 점검하고 소규모로 나눌 수 있도록 진행하는 것이 좋다. 또한 개인 작업은 자가진단에도 유용하다. 스스로 자신의 상태를 카드 나열로서 알아차리고 스스로에게 다른 감정을 선물해 줌으로써 자신감을 획득하고 표현해볼 수 있는 계기가 된다.

감정카드 활용방법(개인작업)

1. 진행자가 질문을 합니다.   예) 지금 현재 자신의 감정을 골라보세요.

2. 참여자는 카드를 고르게 됩니다.   예) 자괴감. 불편함

3. 진행자는 참여자가 고른 카드로 문장을 만들도록 요구합니다.

> 예) 일을 실패하며 자괴감이 들었어요. 현재 여기 있는 것조차 불편해요.

4. 진행자는 참여자에게 질문합니다.   예) 자신에게 자괴감은 어떤 의미인가요?

5. 참여자가 이야기한 의미를 감정카드로 골라보도록 합니다.   예) 열등감. 속상하다.

6. 참여자가 고른 감정의 반대 감정카드를 골라보도록 합니다.   예) 우월감. 만족하다.

7. 진행자는 참여자 스스로 감정을 명확히 인지하고 있는지 감정에 대하여 이야기를 나눠봅니다.

8. 진행자는 A4용지를 준비하고 핵심 감정 3~5개 정도를 고르게 한 후 스토리텔링(이야기 만들기) 작업을 하여 진단과 평가의 도구로 활용할 수 있습니다.

감정카드 활용방법(집단작업)

1. 진행자가 질문을 합니다.   예) 오늘 아침에 일어나서 현재까지 감정을 고르세요.

2. 참여자는 카드를 고릅니다.   예) 피곤하다. 설레인다. 겁난다. 기대감

3. 진행자는 참여자가 고른 카드로 문장을 만들도록 요구합니다.

> 예) 어제부터 피곤한 스케줄로 몸이 무거웠어요. 오늘 하게 될 프로그램에 대하여 설레이는 감정과 겁나는 감정, 그리고 기대감이 들었습니다.

4. 진행자는 참여자들로 하여금 질문하도록 합니다.

> 예) 피곤한 일이 무엇인지 이야기해도 되나요? 몸이 무거워서 어떤 감정이 드나요?

5. 타 참여자들이 발표한 참여자에게 도움을 줄 수 있는 단어를 선택하도록 합니다.

> 예) 후련하다. 시원하다.

6. 타 참여자들은 참여자에게 카드를 주며 그 감정을 주고 싶은 이유를 설명하도록 합니다.

> 예) 웃으시니까 제 속이 시원하더라구요. 함께 시원하셨으면 좋겠어요.

7. 참여자는 카드를 받고 느낀 점에 대해 이야기 나누고 감정을 공유하고 소통하는 시간을 갖게 됩니다.

11 애도 작업

애도란 남의 죽음, 심한 정신적 고통, 불운을 슬퍼하는 동정심이다. 얼핏 보면 타인의 죽음이나 상태에 대한 자신의 감정적 안타까움을 표현하는 것처럼 보이나 실은 자기 자신에 대한 슬픔을 말하는 것이다.

슬픔, 동정심, 고통에 대해서 사람들은 타인에게는 친절하면서 정작 자신에게는 친절하지 않다. 자기에게 친절하다는 것은 물질적·감정적으로 인색하게 대했던 자기를 용서한다는 것이다. 용서를 위해서는 얼마나 비참하게 자신을 학대해 왔는가를 직면하고 그것에 애도가 필요하다.

평범한 할머니인 네이딘스테어(Nadine Stair)가 85세 때 적은 시가 있다. 다시 세상을 살수 있다면 실수를 두려워하지 않고 살 것이라는 내용으로 시작한다. 아이스크림은 더 많이 먹고 콩은 조금만 먹을 것이며, 더 미친 듯이 덜 위생적으로 살겠다는 시다.

강박적으로 살아온 그는 '더 많은 실수를 하고, 더 많이 어리석어지고, 더 많은 기회를 얻고, 더 많은 곳을 여행하고 싶다.'고 하였다. 이 시는 그렇게 살지 못한 자신에 대한 애도이며 진정한 용서를 담고 있다.

애도에 대한 자세한 내용은 앞서 설명한 연극치료와 변증구조의 "삶과 죽음" 부분에 나와 있으니 그것을 참고하면 된다.

다음은 인도의 명상가 오쇼 3대 명상 중 하나인 쿤달리니명상과 줄리아카메론의 아티스트웨이 작업을 기반으로 한 내용이다.

실행방법

준비물: 쿤달리니음향, 필기도구, 옹기단지 등

오쇼 쿤달리니 동적 명상은 각각 15분씩 네 단계로 나누어져 있는 한 시간짜리 명상이다. 이 명상은
세 번의 종소리가 울리면서 끝마친다. 각 단계마다 지시되는 사항이 있고 거기에 충실히 따르면 된
다. 본 실행방법은 정통적인 방법에서 연극치료적방식이 융합되어 재해석되어진 체현-투사기법이다.

1. 첫 번째 단계: 15분
   몸을 이완하고 에너지가 발에서부터 위로 올라온
   다고 느끼면서 온 몸에 떨림이 일어나게 한다. 바
   닥에 고정된 채 발을 가볍게 흔들다가 무릎, 골
   반, 복부, 가슴, 양팔, 머리까지 떨림을 이어간다.
   모든 것을 놓아버리고 떨림 그 자체가 되도록 한
   다. 눈을 뜨거나 감아도 된다.

약 10분 정도 지난 후 떨림을 계속 유지한 채로 호흡을 "후"하고 거칠게 내쉰다.
소리를 낸다. 몸통에서 나오는 어떠한 소리라도 기꺼이 초대한다. 그것이 동물의 소리라도.
몸이 요구하는 대로 다 들어주도록 한다. 이제 됐다 그만 하면 됐다 싶을 정도로 자신만을 들
여다보는 시간이 되도록 한다. 자신과 접촉하고, 스스로 어떤 감정 상태에 빠져있는지 알아차
리고 몸의 속도를 음악에 맞추고, 오직 몸이 해달라는 대로 다 들어주도록 한다.

2. 두 번째 단계: 15분
   두 번째 음악이 바뀌면 느끼는 대로 춤을 춘다.
   첫 번째 단계에서 에너지가 고조로 응축되었다면
   두 번째 단계에서는 갇혀진 에너지가 밖으로 나
   오게 된다. 첫 번째 단계에서 고정된 채 떨기만
   했던 신체에너지는 밖으로 튀어 나가려고 할 것
   이다. 걸어다녀도 되고 뛰어 다녀도 된다. 온 몸

이 원하는 대로 움직인다. 눈을 뜨거나 감아도 된다.

3. 세 번째 단계: 15분

음악이 바뀌면 앉거나 선 채로 눈을 감고 가만히 있는다. 내면과 외부에서 일어나고 있는 것은 무엇이든 주시한다. 슬픔에게 자리를 내어주고, 눈물의 샘이 마를 때까지 울도록 허락한다. 몸의 자세를 슬픔과 애도에게 내어주면 자연스럽게 자세를 찾아갈 것이다. 어떤 이는 엎드리고 어떤 이는 웅크리고 어떤 이는 바닥을 내리칠 것이다.

치료사는 슬픔에게 자리를 내어 주도록 요구한다.

> "분노가 솟구치면 소리 내어 분노하라. 판단하지 말고, 의미조차 찾으려 하지 않고,
> 오직 분노 그대로를 느껴라. 어차피 삶은 불공평하다. 죽음 역시도 불공평하다. 그러니
> 이토록 불공평하기 짝이 없는 상실 앞에서, 어찌 분노하지 않을 수 있겠는가."

눈물의 샘이 마를 때까지 울도록 한다. 정작 피해야 할 일은 쏟아 내어야 할 눈물이 충분히 빠져나오기 전에 울음을 억지로 멈춰버리는 것이다. 10분 동안 울어야 할 울음을 1분 만에 그치지 말도록 한다. 눈물이 전부 빠져 나오게 두도록 한다. 그러면 스스로 멈출 것이다.

4. 네 번째 단계: 15분

음악은 멈추고 정적히 흐른다. 눈은 감은 채로, 가만히 누워 있는다. 지난 3단계까지 자신에게 일어났던 일을 조용히 관망한다. 여러가지 복잡한 감정이 찾아오기 마련이고 생각은 꼬리에 꼬리를 물고 일어난다. 치료사는 이러한 상태를 설명해 주고 "무엇이 찾아오든 흘려보내십시오."라고

말해 주면서 생각에 끌려가지 않도록 한다.

→ 이어가기: 편지쓰기

워크시트1: 너에게 쓰는 편지. 상실의 밑바닥까지 발을 디뎌보라.

슬픔은 밖으로 표현되어야 한다. 고통과 슬픔은 오직 밖으로 표현될 때만이 충분히 실감할 수 있다. 떠나간 이에게 편지를 쓰라. 당신이 얼마나 한심하게 지내고 있으며, 얼마나 독하게 잘 참아내고 있는지를, 그리고 단 하루도 당신을 잊은 적 없다고 고백을 쏟아보라.

워크시트2: 나에게 쓰는 편지. 상실의 밑바닥까지 발을 디뎌보라.

슬픔은 밖으로 표현되어야 한다. 고통과 슬픔은 오직 밖으로 표현될 때만이 충분히 실감할 수 있다. 나에게 편지를 쓰라. 도무지 용서가 되지 않는 마음과 행동을 한 자신을 떠올려 보라. 자신을 비참하게 내버려 둔 것을 떠올려 보라. 자신을 향해 얼마나 많은 비난을 퍼부었는가? 나 자신을 슬퍼하고 애도하라. 용서가 일어날 때까지.

→ 이어가기: 불의 의식

무대를 마련하고 의자에 앉아 편지를 독백한 후 옹기단지에 편지를 넣고 불태운다.

12 환생 기법

인생은 한 번뿐이다. 죽음에 임박해서야 '～했더라면', '～ 삶을 살았더라면'하고 후회한다. 흔히 우리는 다음 생에서는 어떠한 삶을 살고 싶다고 미련을 남긴다. 그것은 젊은이나 노인이나 상관없이 마음의 바람을 담아서 흔히들 하는 이야기이다.

'나는 사진작가가 되고 싶었다. 나는 여행가가 되고 싶었다. 나는 내셔널 지오그래픽 사진작가가 되어서 오지를 여행하는 삶을 살고 싶었다. 나는 세계각지에서 1년씩 살아보기를 하고 싶었다. 나는 우주여행을 하고 싶었다.' 이런 것들이 생각으로만 존재할 때 어느 날 문득 왜 지금 생에는 안 되지? 라는 강한 의문이 들 때가 있다. 유럽의 노천 카페테라스에서 커피를 마시고 싶다면 지금 당장 그 비슷한 카페를 찾아서 분위기를 즐기면 되는 것이 아닌가. 비록 장소는 다르지만 그것이 출발점이 될 수 있다. 연극치료에서는 미래의 바람이 지금 현재에 일어나도록 경험할 수 있다.

다음은 연극치료의 환생기법을 통해서 실제 나에게 일어났던 일이다.

과감히 투자해서 카메라를 샀다. 비록 사진작가는 아닐지라도 좋아하는 일을 남에게 허락받을 것은 아니다. 그리 비싼 사양을 가진 것은 아니지만 수동식 준전문가용을 구입할 수 있다. 카메라가 생기니 이곳저곳 닥치는 대로 출사를 하면서 촬영을 한다. 사물들이 달라 보이기 시작한다. 전문용어로 말하면 접사촬영에서 광각촬영까지 아주 작은 것에서부터 아주 큰 것까지 시야가 넓어진다. 세상을 보는 눈이 달라진 것이다. 사람도 내면과 외면을 동시에 볼 수 있는 균형감이 생겨난다.

카메라를 가지고 이제는 세계를 여행하기 시작한다. 아시아에서 북미, 유럽대륙까지 모든 것을 담아낸다. 그 기간 동안 만큼은 내가 살아 있다는 것이 생생하게 느껴진다. 돈이 있어서 시간이 남아서 떠난 것이 아니었다.

파울로 코엘료의 유명한 이야기가 있다.

> "아니, 여행을 다니는 게 얼마나 신나는 일인데요! 유감스럽지만 전 그럴 돈이 없지만요." 여행은 언제나 돈의 문제가 아니고 용기의 문제다. 오랜 시간 나는 히피로 세상을 떠돌았다. 돈이 어디 있었겠는가? 한 푼도 없었다. 간신히 차비만 감당할 정도였지만 나는 그때를 내 젊은 날의 황금기로 꼽는다.
>
> - 알레프 중에서

여기에 나는 이렇게 덧붙인다.

> '나는 아직 젊은가 보다. 다행이다. 스스로를 뒷방 늙은이로 취급하지 않으니까. 비싼 직항보다는 저렴한 비행기를 몇 번이나 갈아탄다. 8시간이면 충분한 거리를 30~40시간으로 가면서 비용도 줄이고 중간 기착지에서 다른 도시를 덤으로 여행한다. 그러다가 경유지에서 시간에 쫓기어 간혹 비행기를 놓치는 경우도 있다. 그것이 순간으로는 긴장감과 불안감을 주기는 하지만 여행 전체를 놓고 볼 때는 추억으로 남는다. 택시는 엄두를 내어본 적이 없고 공항에서 도시까지 버스 편이 없어 3시간을 걷는다. 식성도 바뀐다. 죽기보다 싫어하는 빵 한 조각으로 끼니를 때우고 숙소가 구해지지 않는 날엔 길거리에서, 바닷가 해변에서 노숙을 청한다. 나는 파울로코엘료의 이야기가 무엇인지 너무나 잘 알고 있다. 여행은 돈의 문제가 아니고 용기의 문제다. 그리고 시간의 문제도 아니다. 나는 지금이 내 젊은 날의 황금기이다.'

세계 각지에서 1년씩 살아보기는 지금도 그 꿈을 이루지는 못했다. 다만 한 달 살아보기는 가능한 삶을 살게 되었다. 직장을 그만두고 학생들을 가르치는 직업으로 바뀌면서 방학이란 것이 생겨났다. 방학을 이용하면서 세계 각지에서 한 달 살아보기를 통해 은퇴 후 1년 살아보기의 기초를 다지고 있다. 이럴 때 사람들은 묻는다. "아니 결혼 안 하셨어요? 부인은요?"

물론 결혼은 했다. 처음에 한 달 살기 여행을 시작했을 때 많은 저항이 있었다. 비난도 많이 감수해야 했다. 중요한 것은 더 큰 자유를 위해 작은 자유는 포기해야 한다는 것이다. 여기서 말하는 더 큰 자유는 한 달 살기이고 작은 자유는 일상생활에서 가정에 충실해야 한다는 것이다. 집안일을 분담하고, 주말을 함께 지내고, 분기별로 가족들과 짧게 해외여행을 함께 다녀야 한다는 것이다. 사람마다 여행의 패턴은 다르다. 나는 자유여행을 선호하고 가족들은 패키지를 선호한다. 나는 패키지여행을 그동안의 경험으로 대신 진행해준다. 가고 싶은 곳을 정하고, 숙소를 정하고, 다른 장소로 이동할 때 선택권을 가족에게 물어보고 전체 일정의 가이드가 되어준다. 다시 말해 그들이 여행에서 원하는 것을 최대한 맞추어낸다.

내가 딱히 선호하는 패턴은 아니지만 가족들의 만족도는 꽤 높은 편이다. 심지어는 지인들에게까지 소개가 되어서 가이드가 역할로 함께 다니는 경우도 많이 생겨난다. 이것들을 다 감내한 후에 얻어내는 큰 자유는 그럴만 하지 않은가?

우주여행은 아직까지는 상상의 영역으로 남아있다. 정말 보고 싶은 곳은 우리 은하와 가장 가까운 안드로메다은하이다. 흔히들 사람은 죽는 순간에 영혼이 분리된다고 한다. 아직 육체 속에 영혼의 느낌이 남아 있는 그 죽음의 순간에 깨어 있기를 바란다. 충분히 의식을 가지고 죽음을 맞이하면 아마도 내 영혼은 안드로메다의 모습을 보여줄 것이라 믿는다.

마지막으로 여생의 마지막 통합단계에서 죽음을 앞둔 86세의 노인이 깨달은 이야기를 아름다운 시로 소개한다.

'내가 다시 세상을 살 수 있다면, 다음번에는 실수를 두려워하지 않을 거야.

아주 완벽해지려고 애쓰지 않겠어. 훨씬 느긋해질 거야. 융통성도 가질 거야.

그럭저럭 사느니 차라리 어리석어지겠어. 사실 알고 보면 정말 심각한 일은 얼마 안 되거든.

더 미친 듯이, 조금 덜 위생적으로 사는 거야.

더 많은 기회를 얻고, 더 많은 곳을 여행하고, 더 많은 산에 오르고, 더 많은 강을 헤엄쳐 건너고 한 번도 가보지 못한 곳에 더 많이 가보고 싶어.

아이스크림은 더 많이 먹고 콩은 조금만 먹을 거야.

현실의 고통은 더 겪더라도 상상 속의 고통 따위는 겪지 않을 거야

나는 매일 매시간을 예방하고 예측하며 살았던 사람이야.

체온계 없이는, 보온병 없이는, 치약 없이는, 우산 없이는 아무 데도 가지 않았어.

시간을 되돌릴 수만 있다면, 지나간 순간들을 되찾을 수만 있다면 가벼운 차림으로 여행을 떠날 거야.

다시 태어난다면 이른 봄에는 맨발로 풀을 밟고, 가을에는 그 향기에 젖어들겠어. 회전목마도 더 많이 타고, 해 뜨는 광경도 더 자주 지켜보고, 손자들과도 더 자주 놀겠어.'

- 네이딘 스테어 Nadine Stair, 86세

원래 시는 86세 여성이 '안전 강박'적인 삶에 대해 후회하는 내용인데 더 행복해지기 위해, 삶에서 더 많은 것을 얻기 위해 세상을 바꿀 필요가 없음을 마지막 순간에 깨달았다. 세상은 이미 아름답다. 바꿔야 할 것은 그 자신이었다.

우리는 다시 태어난다고 가정할 때 취하는 그 삶의 양식은 다양하다. 다만 그것을 관통하고 있는 정신은 공통점이 있다는 것을 알게 된다. 행복, 사랑, 자유가 그것이다. 그것에 대한 각자의 시를 써보라.

활동

준비물: A4용지, 필기도구, 공연소품 등

1. 워크시트1: 시를 써보자. '내가 다시 세상에 태어난다면'

더 자주 여행을 다니고,
더 자주 노을을 보리라.
데이지 꽃도 더 많이 보리라.

---

2. 워크시트2: 버킷리스트 적기

살아오면서 생각한 버킷리스트를 적고, 실행한 것을 확인하고 새로운 것을 추가하기

버킷리스트

실행한 것 또는 가능한 것	추가할 것

3. 워크시트3: 20가지 인생

만일 당신이 다섯 가지 인생을 살 수 있다면 각각 어떤 인생을 살고 싶은가? 나는 조종사나 목장, 물리학자, 무당, 수도승이 되고 싶다. 당신은 잠수부나 경찰, 동화작가, 축구선수, 배꼽춤을 추는 무희, 화가, 행위예술가, 역사 선생님, 의사, 과학자, 평화봉사단원, 심리학자, 어부, 장관, 자동차수리공, 목수, 조각가, 변호사, 해커, 연극배우, 포크송 가수, 드럼주자 등 무엇이든 될 수 있다. 그것이 무엇이든 적어둔다. 이 가상의 인생에서 포인트는 그 삶 자체가 재미를 갖고 있다는 것이다. 당신이 적어놓은 것 가운데 하나를 골라 이번 주에 그것을 해본다. 예를 들어 포크송 가수를 적었다면 기타를 쳐보자. 축구선수가 되고 싶다면 공을 가지고 공원에 나가보자. 운 좋으면 조기축구회를 만날 수도 있다.

—아티스트 웨이 중에서.

20가지 가상의 삶	
중요한 삶	가능한 삶
절대 불가능한 삶	

4. 워크시트4: 계획세우기
절대 불가능한 것도 포함하라.(꿩 대신 닭이라도 적어보라.)

가상의 삶	무엇을 갖추고 있는가?	무엇이 더 필요한가?	시작시기	황금기
ex) 사진작가	− 카메라 − 용기	− 포토샵 능력 − 블로거 입문 − 학원		

→ 이어가기: 즉흥극 만들기

1. 작성한 워크시트를 조별로 나누어 서로 발표한다.

2. 워크시트1의 '내가 다시 세상에 태어난다면'을 대본으로 하여 장면을 2~3개 정도 선택한다.

3. 마치 그것이 지금 삶인 것처럼 현재시점에서 연극을 만든다.

4. 조별로 발표한다.

13 행동콜라주 작업

연극은 종합예술로서 미술, 음악, 움직임 등이 무대 위에서 펼쳐지는 공연예술이다. 연극치료는 각 예술부분이 가지고 있는 특성을 자원으로 하여 역할의 확장을 도모할 수 있다. 콜라주는 미술에서 비롯된 것이지만 연극치료에서 움직임 활동 이전에 행동 모티브를 제공하는 훌륭한 자원이 된다.

감정의 표현이 제한적인 사람들에겐 앞서 소개한 감정카드가 도움을 줄 수 있고, 행동의 제한이 있는 사람들에겐 행동콜라주가 행위를 표현하는 데 도움을 준다. 표현하고 싶은 움직임을 콜라주를 통해서 내면의 행위갈증을 풀어내게 되는 것이다.

행동콜라주에는 다양한 이미지가 필요하다. 사람들의 다양한 행동을 나타내는 이미지와 그것이 행해지는 장소의 이미지가 될 수 있는 한 많이 있어야 한다. 행동이미지는 기도, 휴식, 피곤, 스포츠, 명상, 달리기, 대화, 비난, 싸움, 화해, 춤 등 다양한 액션이 될 수 있다. 장소이미지는 도시, 휴양지, 교회, 집, 집안, 바다, 산, 백화점, 공원 등이 될 수 있다.

참여자들은 어떠한 장소(병원, 카페, 집, 학교, 놀이공원, 도서관, 영화관, 백화점 등)의 그림을 보고 자신이 있고 싶은 장소를 떠올리며 나만의 이야기를 만들어 볼 수 있다. 제목을 주면 좀 더 구체화될 수 있다. 예를 들면 "~한 어떤 날", "내가 있는 곳", "여행을 떠난 이유" 등 이것은 상상의 여행일기장이 될 수 있다.

장소에서 떠오른 느낌이 행동으로 구체화되는 것은 행동이미지로 완성된다. 다양한 행동을 취하고 있는 실루엣 이미지를 보면서 "어떤 모습인가?", "무엇을 하고 있는가?", "누구랑 있는가?", "의미하는 것이 무엇인가?" 등을 표현해볼 수 있다.

그림으로 제시된 장소와 행동이미지는 콜라주 작업을 통해서 하나의 작품이 된다. 콜라주 작품에 말풍선을 그려 넣으면 대본의 기능까지 더하게 된다. 이것으로 무대 행위화 준비가 된 것이다. 참여자들은 주인공이 되어 무대 위에서 장면을 연출 또는 연기해 보는 기회를 가진다. "내가 원하는 장면은 무엇인가", "바꾸고 싶은 장면은 무엇인가", "다른 방법으로 움직일 수 있는 것은 무엇인가", "어떤 관계들이 형성될 수 있는가" 등을 알아가면서 장면을 창조하거나 경험해 볼 수 있다.

행동콜라주 활동은 자신에게 집중할 수 있는 동력이 되고 장소와 움직임들을 구성하는 활동을 통해 생각과 느낌들을 구체적으로 찾아가거나 만들어 갈 수 있다. 상대에게 자신의 이야기를 해야 하는 거부감을 감소시킬 수 있으며 직접 자신을 바라보게 되는 의미에서도 용이할 수 있다. 이 활동은 창조성과 자발성뿐만 아니라 이해능력과 표현력을 발견하고 키울 수 있다.

다음은 한국공연예술치료협회 연극치료 1급과정의 창조적 프로그램 개발에서 시연되었던 두창혁(2018)의 작업이다. 그는 행동콜라주 기법을 이용해서 "그림, 여행, 나 그리고 그림"이라는 제목으로 세션을 진행하였다. 제목에서 말하는 그림은 두 가지 의미로 첫째는 만들어진 나의 모습이고 둘째는 내가 나를 찾아 다시 재창조하는 나의 모습이다. 나를 찾아가는 여행과정을 콜라주를 활용해 연극적으로 접근하였다. 자신이 몰랐던 부분을 여행을 통해 발견하고 재확인하는 시간을 가지며 여행에서 창조적 움직임을 경험해 보고 현실을 재창조해 가는 목표로 진행되었다.

활동

준비물: 4절지, 장소이미지사진, 행동이미지사진, 그림도구, 가위, 풀 등

1. 참여한 공간을 여행지라는 특별한 공간이라고 생각하고 각자만의 공간을 확보하여 자기만의 시간을 가져본다.

2. 여행지에서 만나는 사람으로 서로를 만나고 인사를 해보도록 한다.

3. 기존에 했던 방식으로 하지 않고 창조적이고 색다른 방법으로 인사해 본다.

4. 장소이미지사진과 행동이미지사진을 나누어 준다. 찢거나 오려내어도 되도록 각각의 이미지를 프린터해서 준비한다.

장소이미지사진

행동이미지사진

5. 여행지 장소이미지를 보고 각자가 어떤 그림으로 진행할지 선택한다. 하나가 선택될 수도 있으며 두 가지가 선택될 수도 있다. 선택이 되면 4절에 붙이고 이 그림에 "○○○한 어떠한 날"이라는 제목을 지어본다.

6. 행동이미지 그림을 보고 인물을 선택한다. 원하는 이미지가 없다면 새롭게 그려도 좋다. 나는 어디에 있을까? 선택해 보고 넣고 싶은 공간이 있으면 넣어도 좋고 현실적이지 않아도 좋다. 이후 말풍선을 그려주고 무슨 말을 할지 무슨 생각을 할지 어떤 감정을 느끼고 있을지 적어본다.

7. 도화지에 내가 원하는 이미지를 골라 다양한 방법으로 콜라주 작업을 한다. 다른 도구를 이용해 더 추가적으로 그리거나 표현할 수 있다.

8. 작품이 완성되면 이미지들이 무슨 말을 하고 어떤 생각과 느낌을 가지고 있고 무엇을 하는지 서로 이야기를 나눈다. 질문을 할 수 있고 필요하다면 말풍선을 더 한다든지, 그림을 더 오려서 붙인다든지 추가적으로 더 작업을 해도 된다.

→ 이어가기: 상황극 만들기

1. 프로그램의 마지막 활동으로 지금까지 작업한 여행을 무대 위에서 드라마 또는 조각으로 직접 여행의 모습을 만들어 본다. 시간과 인원에 따라 모든 인원이 할 수도 있고 한 사람을 여

행 주인공을 선택해서 할 수도 있다. 주인공 선정방식은 자발적으로 될 수도 있고 여러 가지 방법으로 접근이 가능하다.

2. 선정이 된 주인공은 목적에 따라 놀이적으로 원하는 장면을 연출할 수도 있고 치료 목적에 따라 반복된 모습을 다른 방향으로 변화시켜 볼 수 있다. 두 가지 목적은 어느 장면을 선택하더라도 연결이 될 수 있으며 목적을 달성할 수 있다.

3. 주인공은 조각을 하여 장면을 보고 바꾸고 싶은 것이 있으면 바꿀 수 있으며 여러 장면을 연출하면서 발견하지 못한 자신을 구체적으로 바라보고 대상과의 관계를 확인할 수 있다. 또는 직접 주인공으로 참여하여 사이코드라마로 접근할 수 있다.

4. 마지막으로 여행의 끝이라고 생각하고 남기고 싶은 장면을 연출하고 조각하여 사진으로 담고 작업을 마무리 한다.

마지막 역할 작업을 마무리 하고 난 뒤 자리에 돌아와 전체적으로 여행했던 부분들을 다시 정리한다는 의미로 이야기한다. 그리고 서로에게 마지막 여행 날 듣고 싶은 이야기들을 해준다. 조언이 아닌 상대의 여행에서 내가 느낀 것은 무엇인지 어느 부분에서 공감이 갔는지 이야기한다.

[참여자의 이야기]

그림 여행 나, 그리고 그림

이번 프로그램은 그림을 투사적 매개체로 사용하며 개인 작업이 많고 집중할 수 있는 시간이 넉넉하여 편안하게 나를 돌아보는 시간이 되었다.

웜업(Warm up)은 진행자가 이끄는 대로 내가 소속해 있는 공간이 예술의 거리가 되는 순간으로 시작되었다. 예술의 거리에서 우리는 각기 다른 여행객으로 공간을 느끼고 마음껏 상상하고 즐기는 것이 허락되었다. 나는 따스한 모래사장에 앉아있는 바다를 연상했고 하염없이 바다를 바라보며 낭만을 즐겼다. 이 공간에서 다른 여행객들과 색다르게 만나보라는 이야기에 나는 그들에게 터치를 감행하는 방식을 택했고, 엉덩이나 손벽을 마주대며 인사를 하기 시작했다. 다른 공간에서 그들을 만난 후 우리는 자리에 앉아 그림을 받았다. 두 가지 그림이었는데 마음에 드는 그림은 카페가 있는 거리였다. 바다를 상상하고 있던 터라 그림에 바다가 없는 것이 아쉬웠고 진행자가 자신이 있는 위치를 선정하고 ○○○한 날이라는 제목을 지으라고 했을 때 망설임 없이 추가로 그림을 그려도 되냐고 질문하였다. 나는 카페 뒤에 모래사장을 그려 넣었고, [속이 뻥뚫리는 평온한 날]이라는 제목을 붙여 넣었다. 그 앞 카페에서 맥주를 시켜 바다를 바라보며 선탠을 하는 평온하며 맥주 한 잔의 시원함과 평온함을 온몸으로 느끼고 있는 내가 그려졌기 때문이다. '나'라고 지정한 인물에게 말풍선을 그려 넣고 대사를 써넣으라는 요구에 "아~ 시원하다! 천국이 따로 없구먼. 이렇게 살고 싶다~ 이만한(바다소리) 음악이 없지~ 따사롭고 행복하구나! 크~ 좋다."고 적어 넣었다. 나의 마음이 원하는 대로 그려지는 기분이었다. 서로의 이야기를 나누며 질문을 주고 받았는데, 질문을 받으면서 나의 추상적인 그림이 조금 더 컬러를 띤 선명한 그림으로 다가왔다.

Q: 누구랑 있어요?

A: 혼자 있어요.

Q: 이곳에 온지 얼마나 됐어요?

A: 두 달이요, 한 달 더 머물 생각이예요.

Q: 매일 무얼 하나요?

A: 여기 앉아서 맥주를 마시며 평온함을 느끼고 있어요. 파도소리를 벗 삼아 명상도 하구요, 지나가는 사람들과 인사도 나누었구요, 주로 혼자 아무 것도 안하고 있습니다.

Q: 어디서 지내요?

A: 카페 위 호텔에서 지내고 있어요. 요 근방을 벗어난 적이 없네요.

Q: 뭔가를 만들고 있지는 않은가요?

A: 네. 바닷가에서 충분히 머물고 와서는 숙소에서 새로운 프로그램을 기획 중이에요. 명상과 사람에 관한 이야기인데, 제가 관심 갖는 쪽으로 고민하고 만들어 내고 있답니다.

Q: 친한 사람은 없나요?

A: 스쿠버다이빙을 좋아해서 근처 다이빙 샵 사장님과 친해졌어요. 가끔 바다로 나가기도 해요.

몇 차례의 질문만으로 나의 여행은 선명해졌고, 행복한 미소를 띄우고 있는 나를 발견했다. 행복한 여행이었다. 이어서 다양한 검은 실루엣 그림을 오려 큰 도화지에 붙여넣는 작업을 시작하였다. 그림을 그리라는 이야기는 없었지만 자연스레 검은 그림을 붙이다가 색을 칠해도 되느냐는 타 참여자의 의견을 토대로 그림을 그려 넣기 시작했다.

그림이 완성되었다면 말풍선을 그려 넣어 대사를 완성해 보라는 이야기에 나는 다양한 감탄수식어를 적어 넣었고, 이 모두 나의 언어고 내가 바라는 점, 나의 또 다른 모습이라는 생각이 들었다. 나눔의 시간에 질문과 대답하는 장면으로 더욱 선명하게 내가 원하는 것, 그리고 서로가 느낀 점을 공유하였고 나는 끝없는 수련을 해야 하는 인생의 길을 걷고 있다는 것을 확연히 느낄 수 있었다.

Q: 두 연인이 있는데, 본인이 그리시는 건가요?

A: 네, 저는 본능적으로 뜨거운 사랑을 그립니다. 뜨겁고 싶어요.

Q: 낚시하는 그림이 눈에 들어오는데 설명해 주실 수 있나요?

A: 네, 저는 인생을 낚는다는 생각이 들어요. 세월이 그렇듯 기다림과 사색의 순간이 필요하거든요. 고요하게 머물며 낚시하는 것을 즐깁니다.

Q: 자신의 모습이 있나요?

A: 네, 전부 나의 모습입니다. 이 포즈를 잡고 있는 것은 과거의 나로서 "잘하고 있죠?"라며 최선을 다하는 모습이구요, 패러글라이딩을 했을 때 감탄사와 물속의 고요하고 신비했던 기억을 그려 적어두었습니다.

Q: 그림들이 정적인 것보다는 동적인 부분이 많은 것 같은데요?

A: 네, 저는 사실 이 그림들이 행동은 동적이지만, 머리는 고요하고 정적으로 느껴집니다.
저는 행동은 많이 하더라도 고요하게 집중하여 세월을 걷고 있다는 생각이 듭니다.

마지막으로 주인공을 선정하여 타블로 기법으로 정지된 동작에서 변형시키고 싶은 욕구나 그림을 정지된 사람 동작으로 표현함으로써 통합하는 시간이 주어졌다. 이야기의 흐름에 따라 주인공은 자신이 원하고 바라는 것이 무엇인지를 찾아가는 과정을 느꼈으며, 평소와는 다른 행동양식을 선택함으로써 보다 새로운 생활이 펼쳐졌다.

CHAPTER 02

심리극 기법

심리극은 개인의 심리적 갈등 및 문제 상황을 언어로 설명하는 대신 즉흥적인 극으로 표현함으로써 심리적 갈등 및 문제를 해결하고 우리 내면의 자발성과 창조성을 찾아준다. 또한 주인공뿐 아니라 관객도 무대 위의 주인공과 동일시함으로써 심리적인 카타르시스 경험과 자신의 문제해결에 도움을 얻을 수 있다. 즉흥극 사이코드라마는 주인공과 관객 모두에게 새로운 체험이 된다. 행위 중심적이며 현실의 관계들에 초점을 맞춘다는 점에서 카타르시스를 획득하는 자발성의 공간이다. 드라마를 통해 나를 찾아가는 여행을 하는 동안 주인공은 옳다고 믿는 것들에 대해 두려움 없이 의문을 제기하는 방법을 배우고 한계를 시험하는 자신을 경험한다.

심리극을 구성하는 것은 첫째, 주인공이다.

주인공은 참여자 중에서 선택되며 그날의 심리극에서 다루어지는 중심이 되는 인물이다. 환자가 아니어도 가능한데 웜업을 하는 도중 집단의 자발성이 충분히 강해지면 자발적으로 주인공이 선정된다.

둘째, 심리극의 무대 감독이자 연출가인 치료사가 있다.

흔히 디렉터라고 불리며 준비단계, 행위화 단계, 종결단계까지 극의 전반을 이끌게 된다.

셋째, 심리극 연기를 도와주는 보조자아가 있다.

보조자아는 주인공이 그의 문제를 탐구하도록 돕기 위해 심리극 연기에 참가하는 사람들이다. 주로 관객 중에서 선택되어 나오게 되며, 전문적으로 훈련받은 심리극 배우들이 참여하는 경우도 있다.

넷째, 관객이 있다.

관객은 주인공에 대해서는 여론으로서의 의미를 가지며 또 관객 자신도 연극을 관람함으로써 자신이 지니고 있는 문제의 치료에 대해 도움을 받을 수 있다. 특히 관객들은 극이 시작되기 전에 주인공에게 우호적이고 공감적인 자세가 필요하다는 것을 알아야 할 필요가 있다. 누구도 비판적인 관객 앞에 서고 싶지는 않기 때문이다.

다섯째, 심리극이 펼쳐지는 무대가 있다.

초기 심리극의 무대는 정형화된 극장형식을 가지고 있었지만 현재에 와서는 형식보다는 상징적 의미의 공간으로서 무대가 강조된다. 즉 빈 공간에 빈 의자 하나만 있어도 무대의 기능을 하게 된다.

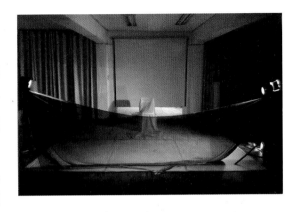

심리극이 진행되는 과정은 참여자, 시간, 장소, 연출의 특성, 보조자아의 특성 등에 따라 조금씩 다르게 진행되는데, 전형적인 사이코드라마의 공연의 개요(Adam Blatner, 1988)를 살펴보면 다음과 같다.

1) 준비단계(Warm up)

집단의 목표나 역할, 사례, 한계, 시간 배열 등에 관해 토론한다. 연출가는 집단응집력과 자발성을 길러주는 행동 연습을 집단에게 요구한다. 참가자들이 준비과정에서 무엇을 경험했나를 토론함으로 집단이나 개인 문제에 공통된 관심 주제를 이끌어 낸다. 집단구성원 중 한사람이 주인공으로 뽑히게 되고 자신 또는 집단의 문제를 연기한다.

2) 행위화 단계(Action)

갈등이 연기되어질 수 있는 구체적인 사례로 재구성된다. 주인공은 그 장면이 마치 지금-여기서(here & now) 일어난 것처럼 연기하도록 요구받는다. 연출가는 집단의 다른 성원들이 주인공의 극에서 중요한 역할을 하도록 보조자아로 초대한다. 보조자아들이 주인공과 역할을 바꿈으로(role-reversal) 주인공이 마음속으로 생각되는 식으로 장면들이 연기될 수 있도록 보조자아가 주인공에게서 자신의 역할을 배우도록 한다. 이러한 행위는 주인공과 보조자아의 Warming-up을 더 계속하게 해준다. 연출자는 표현된 감정들이 잘 나타나도록

다른 심리극적 방법을 쓰며 장면을 진행해 간다(독백, 대역, 방백 등). 연기가 진행되어 가면서 연출가는 주인공의 경험의 여러 면을 연구하기 위해 여러 기법들을 사용한다. 주인공의 억압된 행위들이 상징적으로 연기되었다고 느낄 때까지 계속되어진다. 즉 행동갈망의 충족으로 나아간다. 주인공은 그의 상황에 대해 순응적인 태도와 행위 반응들을 발달시키게 된다. 이것이 훈습(working-through)인데 역할놀이에서는 이 과정이 집단의 지배적인 과제가 된다. 갈등의 역할연기를 반복하여 주인공은 각 시도마다 다른 접근을 해본다. 다른 참여자들은 문제를 어떻게 다룰 것인가에 대해 다각적인 차원으로 변형시켜 보인다. 주인공과 다른 역할자 즉 반대자들과 역할 바꾸기를 해봄으로써 실제적으로 다른 사람의 상황을 이해해 보며 어떤 행위가 원하던 결과를 획득할 것인가에 대한 단서를 발견하게 된다.

3) 종결단계(Closing)

주연기가 끝난 후에 연출가는 주인공이 다른 참여자로부터 보조적 feed-back을 받도록 한다. 또 참여자들이 주인공의 문제를 분석하기보다 자신들이 연극과정에 참가하면서 느낀 감정을 주인공과 공유하도록 도와준다.

① 가족 심리극

비행청소년 아들의 가족

[주인공 한문식은 대기업 임원으로 성공한 50대 남자이다. 슬하에 외동아들이 있는데 최근 아들의 급작스러운 일탈로 고통스러워하였다. 평화롭던 가정에 위기가 닥쳐있다.

심리극은 필요에 의해서 여러 장면들이 상황극으로 전개된다. 사실을 기반으로 극은 시작되지만 대안적 역할을 모색하거나 심리적 통찰을 이끌어내기 위해 상상적인 장면과 보조자아들이 도움을 준다.

연출가는 한문식이 결혼하기 이전인 자신의 어린 시절로 돌아가 자신의 아버지를 만나는 장면으로 극을 시작하였다. 자신의 아버지역을 자신이 맡아 해봄으로써 아버지의 지혜를 얻을 수 있다. 한문식을 무대로 초대하여 자신의 아버지역할을 맡기고 빈 의자에 어린 자신이 있다고 생각하고 마주하게 한다.]

* 등장하는 인물의 이름은 가명이며, 상황 역시 필요에 의해 각색되거나 가공되었다.

연출가: 한문식님께서는 자신의 아버지가 되셔서 앞에 앉은 자신에게 말을 하시는 겁니다. 떠오르는 추억을 말씀하셔도 좋구요. 무엇이든 좋습니다. 자. 시작하시죠.

한문식(아버지역할): (한문식앞에 빈 의자가 놓여져 있다. 그 의자에는 자신이 앉아 있다고 상상하고 아버지역할을 입고 어린 자신에게 이야기를 시작한다.) 문식아, 네가 시골에 살 땐 참

좋았었는데...너는 나처럼 살지 않기를...(말을 잇지 못함)

연출가: 울컥 하는 것처럼 느껴지네요.

한문식: 막상 내가 우리 아버지가 돼서 말을 하려니 막막하네요. 그때 아버지 생각이 어떠했는지...... 다시 한 번 시도해 보겠습니다.

연출가: 아버지의 영혼이 당신에게 들어와서 이야기한다고 생각하십시오.

한문식(아버지역할): 고등학교 때 너는 영화 만드는 사람이 되고 싶다 했었잖아. 하지만 잘 안 되었지. 그렇게 포기하고 힘들어 하는 네 모습을 보는 게 아버지는 참 안스러웠단다. 그래도 다시 힘을 내서 그림을 그리며 네 길을 스스로 찾아가니까 그 모습을 보는 게 정말 기뻤단다. 그런데 최근에 네가 너무 힘들어해서 내 마음이 좋지 않구나. 네가 힘들 땐, 행복했던 순간들을 기억했으면 좋겠다. 그때 시골에서 충분하지는 않으나 부족함이 없었던 그 화목했던 시절을 기억하렴. 지금 네 아들의 일탈은 네가 한 번도 생각 못 해 본 일이라 많이 당황해 하는 것 같구나.

[이때 치료사가 관객석에서 앉아 있던 관객 중 한 명을 보조자아(이중자아로서 한문식역할)로 초대한다. 보조자아가 등장하여 빈 의자에 앉는다. 치료사는 보조자아에게 역할을 알려주고 필요할 때는 대사를 알려주기도 한다. 이제 무대 위에는 아버지역할을 입은 주인공 한문식과 어린시절의 한문식역할을 입은 보조자아가 대면하고 있다.]

연출가: 한문식씨는 어린 아이입니다. 지금은 어린 시절이 재현되고 있는 상황입니다. 현재 자신의 상황과 헷갈리시면 안 됩니다.

보조자아(한문식): 아버지, 저 어린애에요. 제 아들은 아직 태어나지도 않았어요. 그런데 아버지는 제게 자신처럼 살지 말라고 자주 말씀하셨지요. "왜 너는 나처럼 살지 말아라."라고 말하셨나요.

한문식(아버지): 너도 알잖아. 나는 젊은 시절 강제징용으로 끌려간 일본에서 노동만 하다 겨우 살아왔고, 한국에 돌아와 내가 할 수 있는 건 아무것도 없었단다. 내 꿈을 펼칠 수 없었다. 그냥 살아야만 했어. 사는 게 급급했으니까. 그래서 너는 네 꿈을 이루고 살았으면 좋겠다는 생각으로 한 말이었어.

연출가: 앉은 자리를 서로 바꿔보겠습니다. 한문식께서는 아버지역할에서 벗어나 자기 자신이 되는 것이구요. 보조자아가 아버지역할을 맡게 될 것입니다. 역할교대를 하십시오.

[한문식과 보조자아가 의자에서 일어나 서로 자리를 바꾸어 앉는다.]

한문식: 지금 생각해보면 아버지는 정말 대단하신 분 같아요. 저는 아들 하나 키우는 것도 이렇게 힘든데, 아버지는 아들, 딸 다섯을 훌륭하게 키우셨잖아요. 아버지의 그림자가 너무 커 보여요. 저는 아무리 마음을 잡으려고 해도 너무 힘들어요. 어떻게 해야 할지를 모르겠어요.

보조자아(아버지): 그런데 내 인생이 불쌍해 보인다고 느끼는 것 같구나. 왜 안쓰러움을 느끼니?

한문식: 저는 지금도 아버지가 강제징용 당하셨다는 부분이 안쓰럽게 느껴져요. 시대를 잘못 태어나신 것 같아요.

보조자아(아버지): 아들아, 너의 삶과 나와 삶이 무엇이 닮아 있느냐?

한문식: 가정을 첫 번째 가치로 두고 있는 것이요. 그게 닮아있는 것 같아요.

보조자아(아버지): 나는 너의 아버지로 잘 살았느냐? 가정을 지키며 잘 산 것 같으냐?

한문식: 네, 그러신 것 같아요.

보조자아(아버지): 나는 아버지로써 네게 사랑을 충분히 주었느냐?

한문식: 네.

보조자아(아버지): 너는 충분히 사랑을 받았느냐?

한문식: 어렸을 적에는 잘 몰랐는데, 요즘은 아버지께서 저를 사랑해 주셨다는 것을 많이 느껴요.

보조자아(아버지): 아버지의 아들로 태어난 것을 후회하지 않느냐?

한문식: 후회하지 않아요.

보조자아(아버지): 내가 너의 아버지임을 자랑스러워 할 수 있느냐?

한문식: 네. 자랑스럽게 이야기할 수 있습니다.

보조자아(아버지): 아들은 아버지로부터 이어진다. 그 아들은 아버지가 되고, 그 아들이 다시 아버지가 되지. 여기 너의 아들을 만나보자꾸나.

[빈 의자에 한문식의 아들이 앉아있다고 상상하고 이야기한다.]

보조자아(아버지): (빈 의자를 보며) 이 아이는 너의 아들이자 나의 아들이지.

한문식: 그런데 왜 이렇게 다를까요? 저는 그 시절 일탈도 안했고, 방황도 안 했어요. 이 아이와 저는 왜 이렇게 다를까요.

[이때 보조자아로 운명의 신이 등장한다.]

보조자아(운명의 신): 나는 모든 가족에게 똑같은 양의 에너지를 줘. 한 사람에게 같은 양을 주는 게 아니라 가족 단위로 에너지를 주지. 아들이 저렇게 행동하는 것은 네가 네 몫을 쓰지 않았기 때문이다. 그 양은 소비되어야 하고, 소비 되지 못한 양이 아들에게 간 것이다. 사람에게는 의무와 책임과 동시에 일탈의 에너지도 주어지는 것이거든. 너는 너에게 주어진 일탈에너지를 쓰지를 않았어.

한문식: 그렇게 말씀하신다면 제가 잘못한 것 같네요.

보조자아(운명의 신): 일탈에너지를 이제는 가지고 싶지 않은가?

한문식: 네. 가지고 싶어요. 너무 많은 책임과 의무의 에너지만 썼어요.

보자자아(운명의 신): 그 에너지는 즐거움이냐? 고통이냐?

한문식: 즐거움인 줄 알았는데 지금 생각해보니 고통이네요.

보조자아(운명의 신): 그렇지 그때는 그것이 즐거움이었을 거야. 아들 또한 순수한 즐거움 속에 있는 거야. 그것이 네게는 고통으로 다가오는 것일 뿐이지. 아들 또한 너의 가족에 대한 책임감이라는 이름 아래 강요되는 것들이 고통스러울 것이야.

[운명의 신 퇴장한다.]

보조자아(아버지): 운명의 소리를 들었느냐. 아들아. 그리고 무엇을 깨달았느냐?

한문식: 제가 고통의 늪에 계속 빠져있었던 것 같아요. 아들의 일탈이 심해지니 저는 더 강압적이게 되고 그게 악순환이 돼요. 그리고 두려워요. 아들이 제대로 성장할지 걱정이 돼요.

보조자아(아버지): 네, 이놈. 아직도 정신을 못 차렸구나. 나는 네 에너지와 네 즐거움에 대해 물어보는 것이다. 왜 자꾸 아들에게 그것을 미루느냐.

한문식: 제가 집착하고 있는 것 같아요.

보조자아(아버지): 이 아이는 지금 즐거울 뿐이다. 너는 그걸 고통으로 바라보고 있지.

운명의 신이 무엇이라고 말했느냐? 그 아이는 지금 즐거운 상태로 있을 뿐이라고 말하지 않았느냐. 그리고 즐거움을 나누라고. 아들아. 네 즐거움은 무엇이냐?

한문식: 지금까지는 아들과 애 엄마가 기쁘면 그게 제 즐거움이라고 생각했었던 거 같아요.

보조자아(아버지): 그것은 타인의 욕망이니라. 네 욕망은 아니지. 우리의 욕망은 결국은 타인의 욕망이지. 자신의 순수욕망을 어떻게 채울지 모르지. 그래서 끊임없이 타인의 욕망을 갈망하지. 너의 욕망을 봐라. 모든 것이 네 곁을 떠났을 때 남는 그 욕망을 봐라. 너는 가족이 사라지면 아무것도 남지 않을 것 같구나. 그냥 사라질 존재야. 넌 지금 어디에 있느냐? 왜 무엇으로부터 네 존재를 확인하려 하느냐?

한문식: 모르겠어요.

[자리를 바꾸어 앉아서 한문식과 아버지역할이 전환된다. 한문식은 아버지역할이 되고 보조자아 아버지는 한문식역할이 된다.]

보조자아(한문식): 모르겠어요. 제 욕망이 무엇인지 모르겠어요.

한문식(아버지): 답답하겠구나. 그냥 네가 하고 싶은 걸 해. 그걸 그냥 하면 되는 거야.

보조자아(한문식): 제가 뭘 하고 싶은 건지도 모르겠어요.

한문식(아버지): 너 예전에 고가의 카메라 샀잖아. 그걸 들고 나가서 사진 찍으면 돼. 미술관가는 것도 좋아하잖아. 그냥 그런 걸 하면 돼.

보조자아(한문식): 그 시절의 제가 아니에요. 이젠 나이가 너무 들었어요.

한문식(아버지): 멀리 가기 힘들면 가까운 곳으로 가면 돼. 너무 어렵게 생각하는 거 같아. 그냥 네 삶을 살아. 회사에 너무 집착하지 말고, 휴가도 잘 내고.

보조자아(한문식): 가족들이랑 같이 가면 될까요? 가족들이 같이 가줄까요?

한문식(아버지): 거기에는 가족이 꼭 함께 할 필요는 없단다. 너는 이미 가족들에겐 숨막히는 존재가 되어버렸어. 아내에게도 버림받을 지경까지 왔잖아.

보조자아(한문식): 가족들과 함께 가야 행복하잖아요.

한문식(아버지): 그것은 너의 행복이고! 왜 자꾸 네가 그리는 그림 속에 가족 모두를 가둬 놓으려고 하는 거니. 그것 때문에 네가 지금 힘들어 하는 거야. 거기에서 좀 벗어나야겠다.

보조자아(한문식): 어떻게요?

한문식(아버지): 운명의 신이 말씀하셨잖아. 너는 네 삶을 살고, 아들은 아들의 삶을 살고. 아내는 아내의 삶을 살고. 아주 충격적인 방법을 알려주겠다. 이혼하거라!

보조자아(한문식): 저는 못 살 것 같아요. 못 살아요. 아버지도 가족을 지키시면서 행복하게 살았잖아요.

한문식(아버지): 너는 너무 집착하고 있다.

보조자아(한문식): 아버지도 집착하시면서 사셨잖아요. 그런데 왜 저는 안 되죠?

한문식(아버지): 나는 너처럼 그렇게 가족들에게 에너지를 몰아 주지 않았어.

보조자아(한문식): 저는 아버지와 똑같다고 생각하며 살았습니다. 왜 저는 안되냐구요.

한문식(아버지): 생각해보니 다른 부분이 더 많은 것 같다. 나는 내 삶을 꾸미면서 살았다. 너처럼 자식에게 모든 걸 걸지 않았어. 자식문제로 아내를 힘들게 하지도 않았다. 죽기밖에 더하겠니. 집착을 버리거라.

보조자아(한문식): 그러다 진짜로 죽으면요? 어떻게 그렇게 말씀하실 수 있으시죠?

한문식(아버지): 지금 네가 처한 상황이 그렇다. 그렇지 않으면 넌 거기서 벗어나지 못할거야.

보조자아(한문식): 아버지는 제게 너무 가혹하신 것 같아요. 이혼이라니요?

한문식(아버지): 지금은 힘들지만, 시간이 지나면 그 말의 뜻을 알게 될 거야.

보조자아(한문식): 그걸 알기도 전에 제가 사라져 버릴 거예요. 버티지 못할 거라구요. 제가 행복하길 바라시는 거 아닌가요?

한문식(아버지): 행복이라는 게 뭐니? 네가 먼저 살아야지. 네가 편해야지. 가족보다 네가 먼저 죽게 생겼는데 가족이 다 무슨 소용이니?

[역할교대한다. 한문식은 아버지역할에서 자기 자신으로, 보조자아는 한문식역할에서 아버지역할로 돌아온다.]

보조자아(아버지): 네가 먼저 살아야지 가족이 다 무슨 소용이 있니?

한문식: 맞아요. 제가 먼저 살아야죠. 그런데 그게 잘 안 돼요. 아버지에게 배운 건 행

복한 가정을 지키는 거였는데, 가정을 버리라고 하시니 너무 힘드네요. 아버지 말씀처럼 이혼 후에 시간이 지나면 진정이 될지도 모르지만, 그 시간을 보내기가 두려워요. 그럴 바엔 차라리 지금처럼 고통 속에서 버티겠어요.

보조자아(아버지): 고통? 그래, 그게 바로 네 고통의 실체다.

한문식: 이혼하면 정말 행복해질까요?

보조자아(아버지): 지금이야말로 자신에게 진실할 때이다.

한문식: 진실하고 싶은데, 그게 잘 안 돼요. 제 삶을 버티게 해준 많은 가치들이 저를 붙잡아요.

보조자아(아버지): 그게 고통체다. 현재 일어나는 작은 고통이 평생에 누적된 고통체를 호출하려고 하고 있어.

한문식: 너무 힘들어요. 뭐가 뭔지 도대체 모르겠어요.

[역할교대한다. 한문식은 자신에서 아버지역할을, 보조자아는 아버지에서 한문식역할을 맡는다.]

보조자아(한문식): 도대체 어떻게 해야 하는지 모르겠어요.

한문식(아버지): 힘들지. 앞이 안 보일 거야. 이혼? 할 수도 안 할 수도 있겠지. 각자의 삶을 잘 살면 되는 거지.

보조자아(한문식): 그건 아버지께서 제게 보여주신 가정이 아니잖아요. 그건 행복이 아니잖아요.

한문식(아버지): 그래, 그렇지. 이젠 그 모습을 네가 버렸으면 좋겠다. 상황이 다르고 시대가 달라졌어. 이제는 네가 달라질 때야. 아들도 아직 어리고.

보조자아(한문식): 아버지, 제 아들 이야기 한 것이 아니에요. 제 이야기를 말하고 있는 겁니다. 당신의 아들이요. 저 고통스러워요. 저는 왜 이렇게 고통스러운 걸까요?

한문식(아버지): 가족을 너 마음대로 하려는 집착을 버려야지.

보조자아(한문식): 서운하게 들리실지 모르겠지만, 아버지가 많이 원망스럽습니다. 제 안에는 욕망과 분노가 가득해요. 다 아버지에게로부터 온 것입니다.

한문식(아버지): 아들아, 모든 사람들은 다 비슷해. 각자의 갈등을 안고 살아가는 거야.

보조자아(한문식): 제가 그걸 물려받았어요. 왜 저는 말하면 안 되죠? 왜 인내해야 되죠? 아버지는 제게 최악의 것을 물려주셨습니다.

한문식(아버지): 아니야. 누군가 그러더라 100원짜리 동전을 보면 어때? 앞면을 보면 돈이지만, 뒷면에 이순신 장군을 보면 하나의 조각품이지. 다르게 봐야지. 지금 힘들다고 어떻게 할거니? 포기하고 죽어서 내 곁으로 올 거야?

보조자아(한문식): 왜 그 중요한 말씀을 이제야 해주시나요. 당신이 삶으로 보여주시지 않고, 왜 이제야 말씀해 주시는 건가요?

한문식(아버지): 그땐 네가 그렇게 고통스러워하지 않았으니까. 넌 어린아이였고 내가 시키는 것을 충실히 잘 따랐으니까.

보조자아(한문식): 당신이 그걸 쓰지 않았고, 저도 쓰지 못해서, 그게 다 제 아들에게 간 것입니다. 참고 억누르고, 지키고, 억압하고, 표현하지 않은 것들이 세대를 건너서 폭발한 거예요. 아버지께서 자유와 방종의 에너지를 쓰셨어야죠! 그럼 저도 이렇게 안됐을 것이고, 제 아들도 저렇게 되지 않았을 거예요. 에너지가 골고루 나눠졌을 거예요. 아버지가 자유롭게 표현하시는 말씀을 보면서 저는 즐거웠을 거예요. 저도 아버지의 욕망이 아니라 제 욕망을 쫓아가며 내 삶이 즐거웠을 겁니다. 그러면 제 아들도 당연히 즐거웠겠죠.

한문식(아버지): 어찌 보면 그것도 맞는 말이다. 그런데 이제 와서 어떻게 하겠니? 현명하게 대처해야지. 내가 옳게 살았다고 말할 수는 없겠지만, 어쩌겠니. 넌 내 아들이고, 나는 네 아버지인걸. 네가 할 수 있는 일이 있을 거야.

보조자아(한문식): 답답합니다.

[역할교대한다. 한문식은 아버지역할에서 자기 자신으로, 보조자아는 한문식역할에서 아버지로 돌아온다.]

한문식: 현실이 그리 만만하지 않아요. 주말이 되면 병원으로 면회를 가야하는데, 아들이 좋아하는 치킨을 사들고 면회를 가서 녀석을 보면 그동안 힘들었던 게 눈 녹듯 없어져요. 다시 예전처럼 행복하게 살 수 있을까요?

보조자아(아버지): 여전히 그림을 그리는구나? 네가 그린 그림에 아들을 그려 넣으려 하는구나. 그래야 네가 안전함을 느끼니까. 불안은 그렇게 사라지지 않아.

한문식: 가장으로서 가족의 미래를 안 그릴 수가 없어요.

보조자아(아버지): 그건 네가 그린다고 이룰 수 있는 게 아니다. 사람은 다 독립된 존재야. 모든 사람들이 네가 그린 그림을 위해 태어나는 건 아니야. 넌 너의 부모를 위해 존재한 게 아니다. 넌 그냥 너로 존재 한 것이지.

한문식: 너무 어려운 것 같아요.

보조자아(아버지): 세상 그 누구도 다른 누군가를 위해 태어나지 않는다. 그저 자기 삶을 위해 태어난 거지. 그래서 네가 아픈 것이다. 고통스럽고.

한문식: 모르겠어요. 왜 저만 이렇게 힘들까요. 올 한 해는 저를 왜 이렇게 힘들게 하는지 모르겠어요.

보조자아(아버지): 힘들어 해야지. 갈등상황을 피하려는 순간, 영원히 갈등은 지속된다. 네가 고통을 받지 않으려는 마음이 있는 한 다른 사람이 너로 인해 고통 받게 된다. 다시 말하면, 네가 고통을 받고 싶지 않은 거야. 하지만 그건 불가능하지.

한문식: 맞아요. 저는 갈등상황이 싫어요. 그냥 둥글게 둥글게 살고 싶어요. 지금까지 그렇게 잘 살아 왔구요.

보조자아(아버지): 이래저래 고통은 피할 수 있겠지. 하지만 막다른 골목은 언젠가 마주치게 돼.

한문식: 피할 수는 없는걸까요?

보조자아(아버지): 그걸 운명이라고 부르는 거다. 버려야지 하는 순간 버리지 못하게 될 거고 고통을 회피하려는 순간, 그 고통은 피할 수 없어. 이제는 받아들여야 해. 저항하지 말아야 한다. '난 고통 받아도 돼'. 바로 거기서 출발하는 거다. 오십 중반에 삶에서 이제 다시 시작하는 거야. 삶은 녹록치 않다. 그동안 운명의 신이 잘 봐주신 거야. 감사히 생각하거라. 삶은 피할 수 없어. 사람은 모두 자유 의지를 가지고 있어. 우주의 원리에 의해 만들어 지는 거지. 그걸 통제할 수 있는 건 창조주 '신' 뿐이야. 네가 할 수 있는 것은 아무것도 없어.

한문식: 잘 모르겠어요.

보조자아(아버지): 쉽게 설명해 주지. 다른 생명체를 존중하는 거야. 자유의지를 존중해 주는 것. 네 자유의지로 살아가고자 하는데 누가 널 억압하면 좋겠니? 설령 그것이 사회적으로 바람직하고 모두가 존경하는 방향이라도 그게 과연 좋은 걸까?

한문식: 개인이 먼저 좋아야겠죠. 사람이 우선이니까요. 그런데 제 아들은 아직 미성년자잖아요. 제가 돌봐줘야 하는 게 맞는 거 같은데, 그게 틀렸나요? 아직 어리잖아요.

보조자아(아버지): 넌 최선의 것을 하고 있어. 그래서 이 무대 위로 아들을 불러올거야. 네가 얼마나 최선의 것을 하고 있는지 보자구.

[장면이 병원의 면회 장소로 전환된다. 보조자아가 한문식의 아들역할로 등장한다.]

한문식: 아들아, 너는 이제 중2야. 한참 놀고 싶은 나이고, 친구들하고 지내고 싶겠지. 아빠가 네게 많은 걸 바라는 게 아니야. 아침에 일어나 학교 가서 친구들 만나 놀고, 학교 끝나고 때 되면 집에 들어오고. 그걸 바라는 거야. 그런데 넌 학교도 안가, 담배도 펴. 아빠는 네가 평범하게 살았으면 좋겠다.

보조자아(아들): 아빠, 다 알고 있어. 되게 꼰대 같아. 몇달 전 드라마 치료할 때도 이야기 한 거잖아. 그때나 지금이나 변한 것이 아무것도 없어. 그래서 내게 하고 싶은 말이 뭐야?

한문식: 그냥 평범하게 살았으면 좋겠어.

보조자아(아들): 평범한 게 뭔데, 내 친구들 다 나랑 비슷해. 아빠, "병원에서 지내는 건 어때?" 나한테 그걸 먼저 물어봐야지. 아빠가 내 자유를 통제하고 죄책감에 시달린다고 상담선생님께 전해들었는데 거짓말 한 거야?

한문식: 죄책감 느끼는 거 맞아. 하지만, 네가 혹시나 더 안 좋은 길로 갈까봐 널 병원에 있게 할 수 밖에 없어.

[보조자아가 등장하여 한문식의 죄책감 역할을 맡는다.]

보조자아(죄책감): (한문식에게 소리친다) 야이, 자식아. 그 말이 아니잖아. 아들 자유를 구속해서 죄책감 느꼈다면서?

한문식: 그래, 그게 그 말이야. 하지만 반성은 없고 갑갑하다고만 하잖아. 엄마, 아빠와 의사선생님의 생각이나 마음은 신경 안 쓰고. 자기 생각만 하잖아. 그게 문제잖아.

보조자아(죄책감): 넌 죄책감을 느끼는 게 아니야. 그냥 답을 가지고 있는 거지. 넌 널 속이고 있는 거야.

한문식: 그래서 어떻게 하라고? 죄책감을 느끼니까 아들을 병원에서 꺼내줘야 돼?

보조자아(죄책감): 넌 그냥 죄책감 없는 거야. 알았지?

한문식: 들긴 하는데.. 아예 없는 것은 아니야.

보조자아(죄책감): 이제 그런 이야기 하지 마. 나한테.

[한문식의 죄책감 퇴장한다.]

한문식: (아들을 바라보는 눈빛이 강렬해진다.) 넌 거기 있는 게 마땅해!

보조자아(아들): 왜요?

한문식: 넌 너무 방탕하고 자유로웠어.

보조자아(아들): 난 한 번도 자유로웠던적이 없었는데.

한문식: 넌 그냥 뭐든 자유롭게 하려고 하잖아. 책임은 안지고.

보조자아(아들): 그래요. 나 자유로워. 병원만 아니면, 다 좋아요.

한문식: 넌 너만 생각해. 그래서 못 내보는 거야.

보조자아(아들): 아빠 아까 운명의 신이 이야기한 거 잊어버렸구나. 아빠만 고통으로 받아들인다는 말. 나는 내 맘대로 사는 게 신나고 즐거운데. 그 즐거움을 각각 나눠서 가지라고 했는데. 그렇게 그림 그리지 말라고 했는데.

한문식: 그럼 경찰서에서 전화 오면 안 나가도 돼? 그냥 너 사고치게 놔둬? 그래, 집착한 거 하나 있다. 너 학교 유급 안 시키려고 했던 거. 그런데 넌 진정한 자유와 행복에 대해 생각해 봐야 해.

보조자아(아들): 알았어. 생각해볼게. 그럼 아빠 그림에 날 집어 넣지마. 아빠는 내 자유와 방탕이 싫은거지? 책임 없는 자유가 싫은 거지? 그게 줄어들기를 원하지? 아까 답을 말해주시던데. 30%씩 내 것을 가져가라고. 내 방탕함을 아빠, 엄마가 가져가라고. 나눠가져가. 나한테 요구하지 말고. 날 바꾸고 싶지? 그럼 내 안으로 들어와야지. 밖에서 춤춘다고 내가 바뀌나. 누구든지 그 구조를 변형시키고자 하는 자. 그 구조 안에 들어가지 않으면 안 되는 거야. 내 삶을 살아보지 않고서는 나 못 바꿔. 당신들이 방탕이라고 생각하는 모든 게 나한테는 즐거움이야. 카메라를 사든, 여행을 떠나든. 그게 즐거움이면 그렇게 사시라고. 그게 진정으로 느껴질 때, 내 광기도 줄어들거야.

[장면전환, 병원에서 자살 소동이 일어났다. 응급처치를 받은 아들을 부모가 다시 면회 온다.]

보조자아(아들): (방백) 엄마, 나 꺼내줘! 엄마! 나 힘들어. 꺼내 달라고. 나 죽을 것 같아. 자살해 버릴 거야. 엄마가 나 이렇게 만들었잖아. 나 좀만 더 있으면 조폭 될거야. 나쁜 짓만 하고 다닐거야. 꺼내줘. 나 자유롭고 싶다고. 나 손목 긋는다. 나 죽는다. 엄마 앞에서 죽어버릴 거야.

보조자아(의사): 여보세요? 어머니시죠? 여기 병원인데요. 손목을 긋고 자해를 했습니다. 조치를 취했지만 많이 불안정한 상태입니다. 병원으로 빨리 오셔야겠습니다.

엄마: 네, 알겠습니다.

보조자아(아들): (울먹이며) 엄마..

엄마: 아들아, 왜 이랬어?

보조자아(아들): 내보내 달라고 했잖아. 나 자살할 거라고 했잖아.

엄마: 엄마 아빠한테 그렇게 말하는 아들이 어딨어. 자살할 거라니.

보조자아(아들): 나 못 죽었어.

엄마: 죽는다고 네가 원하는 걸 다 얻을 수는 없어. 네가 죽지 않았으면 좋겠고, 그렇다고 널 내보내 줄 수도 없어. 네가 했던 행동과 네 손목의 상처가 네가 누린 자유에 대한 책임이야. 네가 진정으로 책임을 질 때 네 자유를 인정해 줄 수 있어. 네가 아무리 협박해도 못 내보내줘.

보조자아(아들): 차라리 죽는 게 나을 뻔 했어.

엄마: 너 머릿속 목소리를 들어봐. 지금 말하고 있는 건 누구니? 네가 그렇게 말하고, 행동하도록 시키는 그 사람은 누구야? 어떻게 생겼니?

보조자아(아들): 멋있어. 키도 크고, 카리스마 있어.

엄마: 엄마가 스케치북하고 크레파스를 줄 테니. 한 번 그려봐. 내가 해줄 수 있는 건 그것 뿐이야. 그리고 그 사람이 왜 왔는지 물어봐. 그리고 또 언제 올 것인지도 물어봐줘.

그때 엄마 다시 올게. 그리고 이렇게 이야기 할 거야. "그 녀석이 또 왔구나?"

보조자아(아들): 다음엔 목 매달 거야. 진짜 죽을 거야.

엄마: 그렇게 말한다고 엄마 변하지 않아. 엄마는 네 안에 있는 그 아이에게 겁먹지 않아. 내가 그 아이보다 더 강하니까. 지금 말하는 네 머릿속에 있는 그 이야기는 겁나지 않아. 네가 더 큰 자유를 알게 될 때까지 엄마는 기다릴 거야.

보조자아(아들): 뭔 말 하는지 모르겠어.

엄마: 몰라도 돼. 엄마도 네가 알거라고 생각 안 해. 하지만 네 몸 어딘가에는 이 이야기가 남아 있게 될 거야. 나는 그 녀석에게 하는 이야기니까.

한문식: 많이 힘들었구나. 아들아. 너 힘든 거 보면, 엄마, 아빠도 정말 힘들어.

보조자아(아들): 아빠 힘든 건 내 관심사 아니야. 내가 힘들다고. 아빠가 아무리 힘들다고 해도 난 몰라. 관심 없다고. 당신들의 그 동정심 전략은 실패야. 빨리 꺼내달라고.

한문식: 누가 그렇게 말하라고 시키는 거야?

보조자아(아들): 엄마, 아빠 다 이상해졌어.

한문식: 아빠는 엄마 의견에 동의해. 네가 잘 생각했으면 좋겠어, 진정한 자유가 뭔지. 엄마가 다 이야기 했잖아. 우리 둘은 같은 생각이야.

보조자아(아들): 날 정말 사랑하면 날 풀어줘. 자유를 줘. 나 진짜 죽을거야.

한문식: 네게 더 큰 자유를 주려는 거야. 네가 죽어도 어쩔 수 없지. 네 운명이지. 어쩔 수 없잖아. 슬프겠지만, 어쩔 수 없는 일이지.

보조자아(의사): 면회 끝났습니다.

[장면이 전환된다. 보조자아가 아들의 내면자아로 등장하여 아들과 대화한다.]

보조자아(아들): 어떻게 하지. 실패했어.

보조자아(내면자아): 약점을 찔러야지. 엄마는 죄책감에 시달리고 있고, 아빠는 사회적 시선을 중요하게 생각하잖아. 더 깊이 흔들어야지. 그들의 고통체에 고통을 하나 더해주는 거지. 고통체는 우리가 태어나면서부터 가지고 있는 부정적 에너지의 집합체거든. 더 미친 척 하는 거야. 병원에서도 쫓겨날 정도로 미친 척 하는 거야. 의자 던지고, 거울 깨고, 간호사들 협박하고 더 강하게 나가.

[장면이 전환된다. 아들이 병원에서 난동을 부리다가 제지당해 묶여 있다.]

보조자아(의사): 어머니? 병원입니다. 아이가 난동을 부리고 있거든요. 빨리 좀 와주셨
으면 좋겠습니다.

보조자아(아들): 풀어줘. 답답해. 죽을 것 같다고. 엄마~ 나 좀 풀어줘. 엄마가 나 이
렇게 만들었잖아. 다 엄마가 한 거야. 다 엄마 때문이야.

엄마: 그 녀석이 또 왔구나. 이번엔 뭐라고 말하든?

보조자아(아들): 다 엄마 때문이래.

엄마: 이번에 그 녀석은 어떤 모습을 하고 있었어? 뿔이 나 있어? 멋있어?

보조자아(아들): 어. 멋있어. 똑똑하고. 아이디어도 많아.

엄마: 그랬구나. 그 녀석이 한 거구나. 그 녀석이 말하는 거구나. 엄마 죄책감 건드리
라고 작전을 짠 거구나. 이제 다 보여. 난 내 아들을 보러 온 거지. 그 놈을 보러 온 거 아
니야.

보조자아(아들): 엄마, 나한테 안 미안해?

엄마: 어, 안 미안해. 네 머릿속에 그 녀석은 다 엄마 탓이라고 하지. 잘 생각해 보렴.
네가 어떤 선택을 해서 한 건지. 여기 스케치북이랑 크레파스 있어. 여기다 잘 그려보고
써봐. 엄마가 해줄 수 있는 건 이것뿐이야. 다음에 엄마가 오면 그 놈이 또 찾아와 있겠
지. 그때 잘 지켜봐. 그 놈이 네게 어떤 말을 하고, 널 어떻게 힘들게 하는지. 엄마 바빠.
아빠도 바쁘고. 이제 우리 즐거움을 찾았거든. 드럼이 이제 수준급으로 늘었고, 공연도
할 거야.

보조자아(아들): 엄마, 나도 하고 싶어. 나도 할래.

엄마: 엄마는 엄마 즐거움을 말하는 거야. 그러니까 들어. 나도 내 자유를 말할 자유가
있는거야. 이제 엄마는 바리스타 자격증 공부도 시작했어. 새 일자리도 구할 거고. 밤늦
게 아르바이트도 할 거야. 알잖아, 아빠가 얼마나 고리타분한지. 그래도 아빠가 허락해
줬어. 내가 원하는 일이니까. 내가 즐겁고 행복해 하니까. 몸도 건강해지고 그래서 아빠에
게 더 잘하고 있어. 서로 원원 하는 거지. 이제 혼자 여행도 잘 다녀. 아마 다음 면회 때는
여행 중일지도 몰라. 그땐 여행을 포기하지 않을 거야. 이것 또한 네 몫이야.

한문식: 요즘은 아빠가 주말에 집에 없어. 아빠 비싼 카메라 있지? 요즘 시간 날 때마

다 사진 찍으러 다니고 있고 연말에 전시회도 열기로 했어. 동호회 사람들이랑 만나서 사진 인화도 해야 되고 엄청 바빠. 열심히 네 즐거움을 나누는 중이야.

연출가: 누군가 진정으로 무언가에 집중하고, 즐거움을 느끼면 주변 사람도 그걸 느껴요. 사랑에 빠지면 숨길 수 없는 것과 비슷해요. 두 분이 진정으로 삶의 재미와 즐거움을 느끼면 아들은 그때부터 변하기 시작할 겁니다. 즐거움을 느끼는 것에는 죄책감과는 관계가 없어요. 자신의 즐거움을 찾는다고 아이에게 미안해 하지 않으셨으면 좋겠습니다.

연출가의 이야기

중2병을 앓고 있는 가정은 의외로 많다. 홍역을 치루듯이 한 번씩은 앓고 지나가야 할 다리이긴 하나 간혹 그 정도가 사회적 일탈범위를 넘어서는 경우가 있다. 학교폭력은 가정폭력으로도 이어지고 부모의 통제를 벗어나 완전히 다른 세계로 탈출한다. 나는 그것을 탈출속도라고 부른다. 우주선이 지구중력을 벗어날 때 내는 속도이다. 공격성이 강한 아이일수록 내면의 취약성이 많을 확률이 높다. 다시 말해 내면의 힘이 약할수록 외부적 공격으로 자신을 강하게 보이게 하려는 것이다. 혼자의 힘으로 충분히 강함을 증명할 수 없어 무리를 찾고 세력을 형성하게 된다. 한 번 방아쇠가 당겨진 총알은 멈춤을 모르듯이 일탈은 계속 더 강하게 이어진다. 분명 방아쇠 역할을 하는 친구가 있기 마련이고 아이는 그 친구의 힘에 이끌리게 된다. 청소년 시기는 힘의 논리가 지배한다. 공부를 잘하면 잘하는 것도 힘의 논리가 되고 싸움을 잘 하는 것도 힘의 논리가 된다. 특히 폭력이라는 힘의 논리에 지배되기 시작하면 더이상 일상이라는 단어는 존재하지 않는다. 술, 담배, 갈취, 폭행 등을 통해서 힘을 더 길러가게 된다. 힘이라는 것은 어느 누구도 자신을 통제하지 못한다는 것을 보여줘야 하기 때문이다. 그러나 진정 힘이 있는 사람은 그것을 외부로 증명해 보일 필요가 없다.

아이들은 부모에게 순종하는 것으로 시작한다. 학교가 끝나면 학원을 다니고 숙제를 하며 잘 지내는 것처럼 보인다. 보수적인 부모는 그들의 상(像)을 아이에게 투영하기 마련이다. 아이들은 자신의 내면을 억압하고 따른다. 부모는 '얼씨구나'하고 점점 요구가 많아지게 된다. 그러나 언제까지나 이렇게 살 수는 없다. 아이는 언젠가는 반격한다. 큰 반란이냐 작은 반란이냐의 문제만 남아 있을 뿐이다. 그것은 지금 드러나지 않는다 해도 아이가 성장해 어른이 되어 찾아올 수 있다. 그때는 이미 당신이 죽은 후 일지도 모른다. 처음에는 소극적 반항으로 시작한다. 수동 공격형이라 부르는 방어기제가 아이에게 찾아온다. 숙제를 안 한다든지, 부모의 말을 못 들은 것처럼 행동한다. 그 다음 나를 좀 내버려 두세요. 라고는 것으로 바뀐다. 여기까지도 부모는 그 신호를 알아차리지 못 한다. "이 녀석이 어딜 감히" 이것이 아이에 대한 반응의 전부다. 교육과 훈육이 더 강해진다. 그러다 억압과 통제가 심해지면 아이는 "나 이런 사람이야. 그러니 날 건드리지 마"라는 방식으로 바뀐다. 그때부터 눈에 보이는 일탈이 시작되고 탈출속도를 내기 시작한다. 여기까지 오면 상황은 통제 불능이 되는 경우가 많다.

이번 생이 처음인 것처럼 자녀의 일탈이 처음인 부모는 어떻게 대처해야 할지 몰라 당황하게 된다. 자녀의 문제는 외부환경적인 요인도 있지만 대부분이 가정에서 출발한다. 열악한 환경에서도 가정이 건강하고 탄탄하면 아이는 가다가도 다시 돌아온다. 건강한 가정이란 무엇일까? 그것은 위기 앞에서 회복탄력성의 힘을 가진 가정이다. 아이들은 힘의 논리에 지배당한다. 그 힘이 가정에서 느껴지지 않을 때 가정의 서열을 아래 순위에 놓는다. 신체가 성장하는 청소년기에는 아버지와도 힘겨루기도 한다. 아이들은 신체적 힘은 있으나 정신적 힘이 부족하다. 그 정신적 힘이 가정에 있어야 한다. 아이에게 끌려 다니는 부모에게는 가정의 정신적 힘을 기대하기 어렵다. 탈출속도에 맞춰 아이의 요구에 힘없이 부응하고 끌려다니다 보면 아이는 자신이 세상에서 통제할 수 없는 힘을 가진 사람으로 착각하기 쉽다.

영성학자 에크하르트 톨레는 아이의 문제에 대해 다음과 같이 이야기하고 있다. 이미 문제가 발생해 아이가 고통이라는 공격을 받는 동안 부모가 할 수 있는 일은 감정적인 반응에 말려들지 않도록 하는 것 외에는 별로 없다. 아이의 감정을 너무 심각하게 받아들이지 않아야 한다. 아이는 부모가 제공한 그 심각한 감정으로 고통체가 더 커진다. 당신의 무반응에 아이의 고통체는 좌절하고 잠시 더욱 격렬해질 수 있지만 머지않아 진정된다. 다행히 아이들의 고통체는 어른보다 대개 활동 시간이 짧다. 이것을 모르고 아이에게 굴복하게 되면 아이는 이렇게 생각할 것이다. '내가 더 불행할수록 갖고 싶은 것을 더 많이 얻게 되는구나.'를 배우게 된다. 이것은 아이의 현재뿐만 아니라 미래 삶에도 장애적 요소를 초래한다.

부모는 일어나는 일에 의연해야 한다. 자아가 약한 아이는 힘의 논리에 의해 강한 쪽으로 자동적으로 이끌린다. 현재 부모의 이야기가 효과가 없는 이유는 자기를 이끌 힘을 부모로부터 못 느끼기 때문이다. 부모가 우왕좌왕 애걸복걸 난감해 할수록 아이는 힘이 더 강한 쪽으로 도망친다. 그 강한 힘을 가진 이가 처음에 방아쇠를 당겼던 친구이다. 그래서 친구에게 더 끌리고 그 친구이야기만 들으려 하고 의지하는 것이다. 적어도 그 친구는 아이에게 우왕좌왕 애걸복걸하지 않는다. 오히려 확실한 신념을 가지고 무엇인가를 행하는 것처럼 보일 것이다. 아이는 그것이 힘이라고 믿기 쉽다. 아이는 자기 문제를 해결해 줄 힘이 부모에게는 없다고 판단한다. 그래서 어떤 일이 있어도 의연해야 한다. 의연하다는 것은 평소처럼 일상을 살아내는 것을 말한다. 농부는 밭을 갈고, 나무꾼은 나무를 하고, 직장인은 회사에 나가고, 배울 곳이 있으면 등록하고, 가야할 곳이 있으면 평소대로 가는 것이다.

이것은 일종의 게임이다. 게임에는 규칙이라는 것이 있다. 그런데 아이가 게임의 규칙을 일방적으로 변경시키고 벗어난 것이다. 부모는 그것에 말려들었고 끌려다닌다. 패배를 인정해야 한다. 자식이라는 이름 하나만으로 칼자루를 자식이 쥐는 것이다. 부모는 칼끝을 쥘 수밖에 없다. 어떡해야 할까? 부모도 룰을 바꾸어야지만 이 게임에 승산이 있다. 부모가 가지는 룰은 '학교는 가야한다. 잠은 집에서 자야한다. 나쁜 애들과 어울리면 안 된다. 경찰서가면 안 된다. 소년원에 가서는 안 된다.' 등일 것이다. 이런 룰을 가지고 있는 한 부모는 자식이 시작한 게임에서 질 수밖에 없다. 아이는 더 이상 그 룰이 의미가 없기 때문이다. 필요 없는 규칙을 누가 지키겠는가. 부모는 룰을 다시 생각해야 한다. '우리는 때 되면 밥먹고 출근하고 일상을 그냥 살아낸다.' 그것이 부모의 룰이다. 그것이 부모가 아이한테 보여줄 수 있는 힘이고 의연함이다.

아이가 진정 국면으로 돌아서면 대화해야 한다. 사건이 생긴 후 24시간을 기다린 후 대화하라. "어제 그렇게 소리를 질렀던 건 왜 그랬던 거야? 기억나니? 어떤 기분이었니? 기분이 좋았니? 너한테 붙어 있던 건 대체 뭐였을까? 이름이 있니? 없어? 만약 이름이 있다면 무슨 이름일 것 같아? 모습이 보인다면 어떤 모습을 하고 있을까? 어떻게 생겼는지 그림으로 그려볼 수 있겠니? 그 녀석이 어딘가로 간 뒤엔 어떻게 되었을까? 잠자러 갔을까? 이 녀석이 또 올 것 같니?" 이 질문들은 한 예에 불과하지만, 어떤 질문이든 아이의 관찰능력을 일깨우는 것이 그 의도이다. 관찰능력, 이것이 아이가 고통체와의 동일시에서 벗어나도록 도울 것이다.

아이가 고통에 처해 있는 현실에서 부모는 특히 엄마입장에서 눈물이 나오는 것은 당연한 일이다. 그러나 나약함의 눈물은 도움이 되지 않는다. 그렇다고 울지 말라는 이야기는 아니다. 깊은 내면에서 오는 연민의 눈물은 힘을 가진다. 부모로서 아이에게 애걸하는 것은 그만 두어야 한다는 것이다. 그것은 구걸과 다를 바 없다. 우리가 자선을 베풀 경우 동정심이 느껴질 때 마음을 내어준다. 아이는 부모에게 동정심을 느낄 이유가 전혀 없는 상태이다. 부모라는 역할 정체성을 유지하기 위해 아이를 통제할 필요는 없으며, 아이를 통해 자신의 미해결 과제를 풀어내려고 해서도 안 된다. 자신의 결핍감이 아이에게 향하고 있지는 않은지 점검해야 한다. 아이가 어떠한 고통도 경험하지 않도록 보호할 수 있다면 얼마나 좋을까 생각하지만 그렇지 않다. 그런 경험이 없다면 아이는 인간존재로 성장하지 못 할 것이며 문제 해결능력도 갖추지 못 하게 될 것이다.

② 연인 드라마

#1. 사랑을 떠나보내지 못한 여자

헤어진 연인을 잊지 못하고 마음속에서 떠나보내지 못하는 경우가 있다. 연인을 잊으려 해도 잊혀지지 않는 한 여자 주인공의 이야기 속으로 들어가 본다.

[빈 의자를 주인공 앞에 놓고 빈 의자 위에 그 사람이 앉아 있다 생각하고 하고 싶은 말을 한다.]

연출가: 지금 이 순간 그 사람이 저 의자에 앉아 있다고 생각하시고 떠오르는 말씀을 해보세요.

주인공: 야, 너 진짜 너무한 거 아니냐? 어떻게 그렇게 한 순간에 인연을 끊을 수가 있어? 내가 얼마나 너를 좋아했는데 어떻게 그럴 수 있어? 그 이후에도 나는 너랑 멀어지고 싶지 않아서 네 손을 잡으려 했는데, 넌 아니었나봐... 난 아직도 네가 미워.

[연출가는 관객 중에 보조자아 역할을 할 사람을 무대 위에 초대하여 주인공을 바라보게 한다.]

보조자아(남자친구): 왜 날 미워하는데?

주인공: 꼴도 보기 싫어.

보조자아(남자친구): 왜?

주인공: 네가 날 아프게 했으니까.

보조자아(남자친구): 내가 뭘 아프게 했는데?

주인공: 몰라서 물어? 뻔뻔한 녀석. 내가 말하면 네가 들을 거야?

보조자아(남자친구): 들어줄게. 말해봐.

주인공: 내가 그동안 언질을 준 게 몇 번이었는데.

보조자아(남자친구): 다시 말해줘. 이제는 들을게.

주인공: 내가 말해서 네가 들으면 달라지는 게 뭔데? 말하기 싫어. 입도 아프고. 가슴
이 썩을 것 같아. 그냥 가.

[보조자아 잠시 퇴장 후 재등장한다.]

연출가: 당신이 거부했던 존재가 앉아 있습니다. 더 하고 싶은 이야기를 해 보실까요.

주인공: 내가 꺼지라고했지. 그런데... 네가 다시 돌아온다 해도 사실 내가 자신이 없
어. 난 부족한 사람이라서 안 돼. 그러니까 그냥 가. 너한테 어떻게 해줘야 할지도 몰라.
이야기 해 봤자 더 나빠지기만 할 거야. 그때 내가 가라고 했지만, 그건 내 진심이 아니었
어. 우린 너무 어렸고 서로 준비되어 있지 않았어, 그래서 상처만 남긴거야. 내가 미안하
다고 말하면 이제 받아줄 수 있겠어?

보조자아(남자친구): 네가 날 자꾸 부르잖아. 난 가고 싶은데, 그리고 넌 가라고 말하
지만 결국 네가 날 자꾸 부르잖아. 왜 너는 안가니? 네가 가면 되잖아? 계속 그 자리에 있
으면서 왜 나한테 가라고 해? 그냥 네가 가면 되잖아?

주인공: 가라고? 너한테 오라는 거야? 아니면 떠나가라는 거야?

보조자아(남자친구): 내게서 떠나가라는 것이지. 너도 알고 있잖아. 가지 못하는 건 너야.

주인공: 알려줘서 고맙네. 정말 못 떠나는 게 나라는 거, 나만 몰랐었네. 이제 네 앞에
서 사라졌어. 이제 됐냐? (소리를 치며 화를 낸다.)

보조자아(남자친구): 조금 더 솔직하게 말해줄 수 없어?

주인공: 난 네가 싫은데 좋아. 그런데 우린 너무 달라. 앞으로 더 그럴 것이고. 서로를 힘들게 할 거야. 네가 좋아했던 내 모습이랑 지금의 내 모습은 너무 달라, 그러니 넌 날 싫어할거야. 내가 솔직해져서 네가 얻는 건 뭐야?

보조자아(남자친구): 그럼 솔직하지 않아서, 네가 날 속여서 얻는 건 뭐야?

주인공: 난 널 속이지 않았어.

보조자아(남자친구): 넌 날 속였어. 믿음이 없잖아.

주인공: 그래, 난 바보야. 난 나 조차도 모르고, 남들도 못 믿고. 그냥 바보야. 내가 바보야. (흐느끼면서 울기 시작한다.)

연출가: 자신이 바보라고 생각하세요?

주인공: 네.

연출가: 만약 지금 새롭게 바꿀 수 있다면 어떻게 하시겠어요?

주인공: 글쎄요. 모르겠어요.

연출가: 떠나는 것이 편해요, 아니면 떠나보내는 것이 편해요?

주인공: 지금 이대로는 떠나보내고 싶지 않아요. 너무 미안해서 사과하고 싶고 고마웠다 이야기하고 싶고 그래요. 그 뒤에 떠나고, 떠나갔으면 좋겠어요.

[보조자아(남자친구) 퇴장한다.]

연출가: 그분이 색깔이 있다면 어떤 색일까요?

주인공: 남색이요.

연출가: 그분은 무대에서 퇴장했지만 그의 그림자는 저 의자 위에 그대로 앉아 있습니다. 이제 그분을 마주하고 떠나보낼 겁니다.

[빈 의자에 남색 천을 두르고 이야기한다.]

주인공: 이제는 너무 어린 시절의 추억이 되어 버린 우리. 내가 널 너무 놀라게 한 것 같아서 미안해. 너한테 미안하기도 하면서, 정말 고맙게 생각하고 있어. 내게 사랑받는 느낌을 알게 해 줬으니까. 너무 너무 고마워. 잘 지내고 있다는 소식 들었어. 이제는 술

먹고 연락하지 않을게. 언젠가 동창회에서 웃으며 볼 수 있으면 좋겠다.

[남색 천이 드리워진 의자에 보조자아가 남자친구 역할로 다시 등장하여 앉는다.]

보조자아(남자친구): 너 그대로구나. 하나도 안 변했네.

주인공: 나 엄청 변했는데. 너도 변한 거 같아.

보조자아(남자친구): 음. 결혼해서 그런가봐.

주인공: 결혼? 누구랑?

보조자아(남자친구): 마음속에 그녀랑.

주인공: 아. 정말? 그래, 넌 정말 잘 살거야. 넌 착하고 좋은 애니까.

보조자아(남자친구): 다 지난 이야기잖아. 사실 나도 너한테 고마워하고 있어. 여러 가지로. 이 자리에서 네 속마음 듣는 것도 고맙고. 너 원래 안 그렇잖아?

주인공: 난 솔직했다고 생각했는데, 아니었나보네. 고맙다. 그렇게 생각해줘서.

보조자아(남자친구): 사람 안 변해. 너도 마찬가지고.

주인공: 나를 잘 아는구나. 아주 미숙했던 나를 잘 아네.

보조자아(남자친구): 그땐 많이 어렸지. 나도 어렸고. 단지 네가 날 더 어른처럼 생각해 준 것뿐이야.

주인공: 가끔씩 널 떠올릴 때가 있어. 네가 내 오빠 같다는 생각이 들어. 그래서 너랑 헤어지는 것이 오빠가 없어지는 거 같아.

보조자아(남자친구): 미안한데, 난 네 오빠가 아니야. 그냥 나야. 그게 우리 관계를 더 힘들게 했던 것 같아.

주인공: 맞아. 넌 내 오빠가 아닌데. 네가 점심시간마다 아이스크림 사서 내 교실 앞에서 나 기다렸던 거 아직도 기억나.

보조자아(남자친구): 나도 그 순간 다 기억해. 네 표정, 그때의 기분.

주인공: 이제 넌 그냥 가도 돼. 이 자리에서는 가도 돼.

보조자아(남자친구): 이제 우리 쿨하게 헤어지는 건가?

주인공: 쿨하게? 아니 그건.

보조자아(남자친구): 우리 서로의 진심을 알았고. 그걸 나눴잖아. 더 하고 싶은 이야기라도 있는 거야?

주인공: 나는 남자인가봐. 남자들은 첫사랑을 못 잊는다고 하잖아. 꼭 너여서 그렇다기보다 그냥 그때 받았던 것들이 남아있는 것 같아.

보조자아(남자친구): 원래 사랑은 준비되지 않을 때 찾아와. 그리고 우린 이제 다 커서 어른이구. 언제까지 날 가둬 둘래? 너 지금도 날 좋아하잖아. 내가 네 새장 속의 새가 되길 바라니? 네가 날 사랑한다면 보내줘. 네가 떠나줘.

주인공: 내가 어떻게 떠나줄까?

보조자아(남자친구): 미련의 벽을 뚫고 나가줘.

[관객들이 보조자아로 등장해서 주인공을 중앙에 두고 원으로 에워싸 미련의 벽을 만든다.]

연출가: 이것들은 당신이 불러들인 미련의 벽입니다. 당신이 불러들인 것은 당신이 떠나야지만 사라져요. 처음부터 너무 강하게 힘쓰지 마시구요. 미련은 그리 쉽게 사라지지 않아요. 당신이 가졌던 미련만큼 이 미련의 벽은 당신을 쉽게 놓아주지 않을 거예요. 당신의 의지를 볼 겁니다.

[주인공이 나가려고 힘쓴다. 보조자아들이 그녀를 벽처럼 둘러싸고 보내주지 않는다.]

주인공: 나갈 거야!

보조자아(미련의벽): 우린 어떻게 하고?

주인공: 넌 갔잖아. 난 나갈 거야!

보조자아(미련의벽): 네가 불러서 왔는데, 우린 어떻게 하라고?

주인공: 난 갈 거라고.

보조자아(미련의벽): 정말? 그럼 증명해 봐! 난 네가 불러낸 미련이야. 넌 우리의 주인님이야.

주인공: 네가 나였다고? 웃긴다. 나 그냥 나갈래. 나 좀 놔줘. 나 힘들어. 이제 버리고 싶다고!

보조자아(미련의벽): 안 돼. 우린 네가 불러낸 존재야. 우린 너 없이 못 살아. 너도 우리 없이는 못 살거야. 같이 살자. 나와 함께 있어줘.

주인공: 아니야. 나 괴로워. 놔줘. 나 힘들어.

보조자아(미련의벽): 술 먹을 때마다 생각할 거잖아. 몇십 년째 같이 살았잖아.

주인공: 싫어. 싫어. 싫다고.

보조자아(미련의벽): 그럴 수 없어요. 평생 함께 해요. 주인님은 사람도 못 믿고, 자신도 못 믿고, '척' 대왕이잖아요. 솔직하지도 않고, 쿨하지 않으면서 척 만 하고 누구보다 약하면서.

주인공: 그래. 나 척 덩어리다. 그러니까 놔줘.

[주인공이 어느 정도 힘에 부치자 보조자아 한 명만 남고 모두 퇴장한다. 남은 보조자아는 긴 천을 주인공 허리에 묶고 뒤에서 잡아 당긴다.]

연출가: 당신의 노력으로 많은 미련들이 떨어져 나가고 이제 하나만 남았어요. 해볼 만 하겠지요? 보조자아는 주인공이 탈출을 위해 노력하는 것이 진정으로 느껴지면 놓아주세요.

주인공: 나 정말 놔줘. 이제 정말 달라질 거야.

보조자아(긴 천): 몸으로 보여주세요.

연출가: 당신은 그동안 너무 많은 말을 했어요. 이젠 몸으로 보여주세요. (탈출 선을 그

어놓으며) 이 선까지 오시면 됩니다. 아주 간단하죠. 더 힘을 써 봐요. 있는 힘을 다 써보세요. 그래야 본인의 의지가 확실해져요. 미련을 떨쳐낸 것을 몸이 기억할 만큼 최선을 다해보세요.

주인공: 제발, 꺼져. 야 꺼져. 꺼지라고. 엉엉 (울음이 터진다.)

연출가: 이제 한 걸음 남았어요. 포기하지 마세요.

[주인공이 탈출에 성공한다. 보조자아(미련의 벽)들이 등장하여 주인공을 안아준다. 주인공이 진정이 되고 내면의 자아가 등장하여 말한다.]

보조자아(내면의 자아): 그동안 많이 미안했어. 미안해. 고맙고 사랑해. 앞으로는 미안하고, 사랑하는 거 다 말할게. 이제는 다 표현할게. 정말 미안해. 그러니 이젠 날 용서해줘.

연출가: 지금 말하는 것은 당신 내면의 자아가 당신에게 해주는 말입니다. 귀담아 들으시고, 느끼세요. 그리고 다시 말해 보세요.

주인공: (내면의 자아가 들려준 이야기를 따라 말한다.) 미안하다고 이야기 할게. 고맙다고 표현할게. 사랑한다고 말할게. 이젠 날 용서해줘.

보조자아(내면의 자아): 난 네가 이렇게 말해주기를 오랫동안 네 안에서 기다려왔어.

주인공: 나도 네가 이렇게 말해주기를 오랫동안 네 안에서 기다려왔어.

보조자아(내면의 자아): 너도 나도 많이 힘들었지. 그리고 솔직히 네 안에서 사는 거 쉽지 않았어. 솔직하게 말도 못하고.

주인공: 나도 힘들었어.

보조자아(내면의 자아): 난 네 안에 있는 거인이야. 네가 날 일깨웠어. 사람은 누구나 자기 안에 거인을 가지고 있어. 하지만, 그걸 깨닫고 발견하는 것은 어려운 일이지. 넌 그걸 해낸거야. 네 안에 잠든 거인을 일깨운거야. 이제 집에 가는 거야. 넌 집에 왔어. 예쁘게 꾸미고 동창회 가야지?

[세월이 지난 후에 동창회 장면으로 전환되고 거기서 남자친구를 만난다.]

보조자아(남자친구): 안녕? 잘 지냈어?

주인공: 음, 잘 지내지.

보조자아(남자친구): 너 멋있어졌다. 아 참, 나 어제 이상한 꿈을 꿨어.

주인공: 무슨 꿈?

보조자아(남자친구): 네가 꿈에서 날 부르더라고. 보고 싶다고 날 막 부르더라. 그래서 다가갔더니 떠나가라고 했다가, 다시 잡았다가. 무슨 벽에 부딪쳐서 네가 막 힘들어하더라.

주인공: 너 돗자리 깔았니? (웃음) 그냥 이상한 꿈을 좀 꿨어.

보조자아(남자친구): 너 아직도 나보면 설레는구나?

주인공: 너 엄청 능글맞아졌다.

보조자아(남자친구): 나이 먹었으니까. 나도 이제는 솔직해 지기로 했어.

주인공: 그랬구나. 그래 넌 예전부터 멋있었지.

보조자아(남자친구): 넌 날 아직도 좋게 생각해 주는구나.

주인공: 그럼 넌 정말 좋은 애니까. 나한테 너만큼 잘해준 애는 없었으니까.

보조자아(남자친구): 고맙다. 나도 네게 감사해. 너로 인해 사랑을 주고받는 게 어떤 것인지 알았으니까.

연출가: 이제 동창회가 3분 남았습니다. 하지 못 했던 말이 있으면 다 말하세요.

주인공: 우리 이제 다 컸잖아. 그러니까. 이제 피하지 말고, 서로 잘 지내자.

보조자아(남자친구): 태어나서 처음 사랑했던 사람이 너여서 행복했어. 사랑하는 것만으로 설레었고, 그것을 표현할 수 있어서 감사했어. 그래서 후회는 없어.

주인공: 나도 그래. 나도.

보조자아(남자친구): 네가 마지막이었던 것 같아. 그 뒤로는 사랑이 잘 안 되더라. 여자들은 잘 해주면 금방 질려하고, 관심 없는 척 하면 떠나가고. 어떻게 해야 될지 모르겠더라구.

연출가: 사랑의 의미를 잘 간직하시고 주인공은 퇴장하세요.

[이야기는 여기서 주인공을 바꾸어서 다시 이어진다. 첫 번째 사례에서 헤어진 연인을 잊지 못 하는 주인공 여자는 퇴장한다. 사이코드라마에서는 주제가 같은 사람들이 있다면 자연스럽게 한 주인공의 이야기를 종료하고 다음 주인공으로 무대를 전환하지 않고 교체되는 경우가 있다. 지명해서 새로운 사람을 무대로 초대하여 주인공으로 삼을 경우에는 그 사람에 대한 문제를 연출가는 그전부터 알고 있어야 한다.]

#2. 사랑 못하는 남자.

연출가: (관객 속의 한 명을 무대로 초대한다.) 여기 사랑을 못하는 남자가 있습니다. 이제 그 남자의 이야기를 따라가 보죠. 김호식씨 올라오세요.

[김호식은 의자에 앉아서 독백한다.]

김호식: (빈 의자를 보면서) 난 좋아하는 걸 표현하는 것에 있어서 전달이 잘 안 돼. 관계가 오래 가지 못하고 상처만 남아. 그래서 소극적으로 변했어. 이젠 널 좋아했던 그 때만큼 관계형성이 잘 안 돼. 안 믿어지겠지만, 나한테도 화와 분노가 많아. 이제 그 이야기를 할까 해.

연출가: (빈 의자를 가리키며) 당신의 첫 사랑이 여기 앉아 있습니다. 이제 그분께 자기이야기를 해 보십시오.

김호식: 넌 항상 밝고 강해보였고, 그런 너의 당찬 모습에 내가 반했었나봐. 그리고 애들이 놀릴 걸 알면서 너 좋아하는 거 다 표현하고. 그래서 바보 취급도 당하고. 그땐 그래

도 좋았어. 그냥 널 좋아하는 거 그거 하나면 충분했어. 그런데 너와의 사랑이 잘 안 되고, 그 뒤로는 그때처럼 안 되더라. 그래서 점점 소극적이게 되고, 내가 뭘 잘못해서 그런 것 같다는 생각을 자주했어. 오랜 연인들을 볼 때면 참 부럽기도 하고. 솔직히 아직 잘 모르겠어.

[연출가는 보조자아로 한 여성을 무대로 초대한다.]

보조자아(여자): 왜 날 불러냈지?

김호식: 내 안에 네가 계속 있었나봐.

보조자아(여자): 무엇으로?

김호식: 내가 좋아하는 여성의 이미지? 느낌?

보조자아(여자): 근데 왜 분노를 느껴?

김호식: 그동안 여성과 잘 안됐던 마음이 쌓여서 화가 된 것 같아.

보조자아(여자): 너한테 화가 난 거구나?

김호식: 그런 것 같아.

[의자에 연출가가 김호식의 역으로 앉는다.]

연출가(김호식): 왜 나를 싫어해?

김호식: 분명 싫었는데, 그걸 표현하지 못 했잖아.

연출가(김호식): 그게 화날 일이야?

김호식: 답답했어. 차라리 말하고 한 번 깨지는 것이 낫지. 숨는 게 싫었어.

연출가(김호식): 그거 아무나 하는 거 아니야. 너 TV를 너무 많이 봤구나. 너 그러다 죽어!

김호식: 그 정도로 안 죽어.

연출가(김호식): 산다고 다 사는 게 아니야. 상처받고 사는 게 얼마나 고통스러운지 너 알아? 그걸 네가 극복할 수 있어?

김호식: 내가 그 이후로 10년 넘게 살았잖아. 안전하게 사는 게 좋은 것 같진 않네.

연출가(김호식): 너 그런 내공은 있어? 너 산소통 없이 바다로 들어갈 수 있어?

김호식: 내공까지는 모르겠고. 하면 하는 거지 까짓것.

연출가(김호식): 난 자신이 없어. 그리고 넌 이제 내 말을 안 들을 거 같아. 너 요즘 썩 마음에 안 들어.

김호식: 나도 알아. 네가 날 맘에 들어하지 않는 거. 그런데 어쩌겠어. 그냥 마음 가는 데로 사는 거지 뭐.

연출가(김호식): 너 생각보다 멀리 갔구나. 한 발 걸치는 거 이제 안할 거야?

주인공: 이제 너무 멀리 왔다. 돌아가기에는 너무 늦었어.

[이때 보조자아로 한 눈에 봐도 미모가 뛰어난 소개팅녀가 등장한다. 연출가는 김호식의 속마음이 되어 김호식 옆에 앉는다. 소개팅 장면이 전개된다.]

연출가(김호식): (김호식에게) 이쁘다. 내 이상형이야.

김호식: 안녕하세요.

보조자아(소개팅녀): 안녕하세요. (다음 말을 잇지 못해 김호식은 당황스러워 하며 어색한 정적이 흐른다.)

연출가(김호식): (김호식에게 코칭한다.) 틈을 주지 말 것!

김호식: (무미건조한 말투로) 예쁘십니다.

연출가(김호식): 이 바보야. 구체적으로 칭찬 해줘야지.

김호식: 옷을 잘 입으시네요.

보조자아(소개팅녀): (기계적인 미소를 띠며) 아 네. 감사합니다.

김호식: 남자친구 있으세요?

보조자아(소개팅녀): 없으니까 여기 나왔겠죠.

연출가(김호식): 이 바보야. 있어도 있다고 말 하겠냐.

김호식: 저 어떠세요.

연출가(김호식): 너무 쎄다. 너 처음부터 다시 배워야겠다.

보조자아(소개팅녀): 무척 당황스럽네요.

김호식: 취미가 어떻게 되세요?

보조자아(소개팅녀): 잘 놀고요. 술도 마시고, 책도 보고 그래요.

김호식: 저도 가끔 술 마시고, 책 읽는 것도 좋아합니다. 어떤 종류 책 좋아하세요?

보조자아(소개팅녀): 심리학책 좋아하고요. 최근 '나쁜 나르시시즘'이라는 책을 읽었는데 제 이야기 같아서 놀랐어요.

김호식: 자기 인생의 주인공은 자기이니까요. 그게 꼭 나쁜 것은 아니죠. 주변에 피해를 주지 않는다면요.

보조자아(소개팅녀): 저는 누가 돋보이는 것 보다 서로 잘 지냈으면 좋겠어요.

김호식: 저도 그렇게 생각해요.

[이야기가 진전이 안 되고 지지부진해지자 무대에 불이 꺼졌다가 다시 커지면서 100일 후의 미래장면으로 이동한다.]

보조자아(소개팅녀): 뭘 보냐?

김호식: 그냥 보고 싶어서. 이쁘네.

보조자아(소개팅녀): 간지럽게. 그리고 예쁘다는 말 너무 자주하지 말라고.

김호식: 알았어. 우리 서점갈까?

보조자아(소개팅녀): 그래, 나 여행 책 읽고 싶어.

연출가(김호식): 너도 그녀랑 여행 가고 싶잖아? 가고 싶다고 말해.

김호식: 우리 세계 여행이나 갈까? 네가 원하는 대로.

보조자아(소개팅녀): 나 사막이나, 인도 가고 싶어. 이번 겨울에 가고 싶어. 한 달 정도 갈까?

김호식: 그래, 우리 현지화 되어 오는 거야.

보조자아(소개팅녀): 그럼 일단 책을 좀 찾아보자. 요가 멋있다. 카레, 치킨 맛있겠다. 네가 이번에 계획 좀 짜봐. 나 바쁘잖아.

김호식: 바다도 있고, 사막도 있네. 배를 1박 2일 빌려 하루 종일 타고 놀 수 있네. 재미있겠다. 이것도 하자. 해 뜨고 지는 것도 볼 수 있고 멋지겠네. 사막에서 낙타도 탈 수 있고.

보조자아(소개팅녀): 나 좋아. 인도 꼭 가보자.

김호식: 명상 센터도 있어 체험할 수도 있대. 재미있겠다. 여행 경비는 비행기 70만 원,

하루 숙식 2만 원, 합하면 일인당 300만 원 정도 필요하겠다.

보조자아(소개팅녀): 그래 좋아. 나 왕처럼 놀다 오고 싶어. 각자 분담하는 걸로.

[이성과 대화하면서 자기표현에 어느 정도 익숙해지자 소개팅녀는 퇴장하고 이상형인 다른 여인이 보조자아로 등장한다.]

연출가: 이상형이 등장했습니다. 이 분의 속마음을 알 수 없어요. 이전의 소개팅녀와 경험을 되살려서 이야기 해보세요.

김호식: 안녕하세요. 식사는 하셨나요?

보조자아(이상형여자): 네.

김호식: 혹시 직업이 어떻게 되신다고 하셨죠?

보조자아(이상형여자): 예술심리치료쪽 일 하고 있어요. 한 번 참여해 보세요.

김호식: 네, 알겠습니다.

연출가(김호식): (김호식의 이중자아로 물어본다.) 네 마음대로 잘 안 돼?

김호식: 나한테 관심이 없는 거 같은데, 피곤해 보여.

연출가(김호식): 너 말 못 하던 바보 같은 마음 버린다고 해 놓고서는 이상형이 앞에 있으니까 또 작아지네.

김호식: 그러게. 이거 참 고쳐지지가 않네.

연출가(김호식): 이 여자야 말로 너 이상형이야. 서론 빼고 딱지 맞을 각오하고 고백하자.

김호식: 제 이야기를 좀 할게요. 당신이 제 이상형이에요. 근데 제가 이 자리에 서면 작아지네요. 앞에 있으면 안 될 것 같고. 제가 좋아하는 사람은 저를 안 좋아할 것 같다는 생각이 제게 있나 봐요.

보조자아(이상형여자): 키도 크고 멋지신데.

[무대에 불이 꺼졌다 다시 켜지고 100일 후의 미래장면으로 이어진다.]

보조자아(이상형여자): 처음 만났을 때, 너 얼마나 긴장했는지 알아? 온몸으로 떨고 그랬잖아.

김호식: 아 그랬구나. 편하게 못 대하는 게 내 고질병이네.

보조자아(이상형여자): 그래, 그러니까. 누군가를 만나더라도 그냥 좀 편하게 하면 훨씬 좋을 것 같아.

김호식: 그래, 알았어.

[모두 퇴장하고 관객들이 무대 위에 보조자아로 등장한다. 주인공을 뒤돌아 앉게 한 다음 한 사람씩 이야기하게 한다.]

연출가: 주인공은 자신에게 각박한 사람입니다. 스스로에게 주는 점수가 굉장히 낮아요. 이 분에게 칭찬 혹은 장점을 말씀해 주시면 좋겠습니다.

보조자아(관객1): 볼수록 책임감이 느껴져.

보조자아(관객2): 목소리가 좋아. 신뢰감을 주는 목소리야.

보조자아(관객3): 키도 크고, 얼굴도 봐 줄만 하고.

보조자아(관객4): 목소리 좋은 사람 중에 나쁜 사람 못 봤어. 그러니까 착할 거야.

보자자아(관객5): 자기 사람 잘 챙겨. 그런 모습이 좋아. 그리고 머리가 좋아. 공부한 티가 나.

보조자아(관객6): 목소리가 좋고, 그것이 신뢰감을 줘서 정말 좋은 것 같아.

연출가: 지금 칭찬한 것들 기억나세요? 기억나는 대로 말해보시죠.

김호식: 내 사람을 잘 챙기고, 키가 크고. 나름 멋있고. 목소리가 좋고 그 목소리에서 신뢰감이 느껴지고..음..

연출가: 이런 칭찬을 들은 지금 심정이 어때요? 믿어지나요? 가장 좋은 칭찬이 있나요?

김호식: 목소리가 좋다는 이야기는 가장 친한 친구가 전부터 말해줬었는데, 제가 인정하지 않았던 것 같아요. 그게 중요한 재능이 아니라고 생각했던 것 같아요. 전 카리스마 있는 모습을 원하는데, 부드러운 목소리는 그리 좋은 게 아니라고 생각했어요.

연출가: 자신이 새롭게 느껴지는 부분이 있나요?

김호식: 근래 들어 제가 꾸미면 주변에서도 멋있게 봐 주니까. 그게 좋아요. 변화를 주면 사람들이 알아봐 주는 게 좋네요.

연출가: 과거 이성에게 가졌던 부정적인 경험을 극복하고 자신이 하고 싶은 이야기를

편하게 할 수 있는 자리를 만들어보죠. 그리고 그걸 해낸 자신이 이 의자에 앉아 있습니다. 그런 자신에게 해주고 싶은 말이 있다면 해주세요.

[김호식이 빈 의자에 성장한 자신이 앉아 있다고 상상하고 이야기한다.]

김호식: 너 멋있다. 거기까지 갔구나. 한 20년 걸린 것 같네. 조금이라도 예쁜 사람 만나면 주눅 들고 그랬잖아? 근데 네가 가진 게 괜찮았어. 손질을 안 했을 뿐이야. 관리가 좀 필요했던 거야. 이 정도 성장했으니까. 앞으로 더 노력하면 네가 가고 싶은 그 곳까지 갈 수 있겠어.

연출가: 네, 여기까지 오느라 고생 많았습니다. 여기서 드라마를 마무리하고 주인공 한 분씩 느낌을 들도록 하지요.

[드라마가 끝나고 1, 2편 주인공의 쉐어링 작업이 이어진다.]

1편 주인공(여자): 미련이라는 것이 사람이 돼서 날 잡는 것이 신기한 경험이었어요. 몸으로 느낄 수 있어서 좋았어요. 젖 먹던 힘을 내 탈출 했을 때 정말 내 안의 거인을 느낄 수 있었던 것 같아요. 과거의 일을 너무 드라마화 하는 건 아닐까 불안했지만, 의미있고 통찰이 온 것 같아요.

연출가: 이번 작업을 통해 현실에서 어떤 변화가 있을까요?

1편 주인공(여자): 현실에 복귀한다면 이제는 미련을 제대로 직면할 수 있을 것 같아요. 이겨냈으니까요.

연출가: 혹시 다음에 다루고 싶은 장면이 있다면요? 얼핏 아버지 이야기가 나왔었는데.

1편 주인공(여자): 아버지와 함께 사는데, 아버지는 우울증이 있으신 것 같은데, 그 부분 때문에 아버지와 관계가 좀 힘든 것 같아요.

연출가: 그래요. 다음 번에는 아버지와의 관계를 다루어 보도록 하죠. 고생했어요.

[2편 드라마 주인공의 이야기가 이어진다.]

2편 주인공(김호식): 첫 장면에서 제 첫사랑이 생각나서 극에 몰입하기 좋았던 것 같고요. 제가 모든 것에 너무 극단적으로 생각하고 있다는 것을 느꼈어요. 이성을 대하는것에도요. 자신은 무가치하게 생각하고 원하는 것은 최고만을 원하고 인정하는 것 같아요. 그래서 이상형도 연예인으로 정해놓고 그게 안 되면 보지도 않고 막상 예쁜 사람을 만나면 긴장하고 결국 도망가는 것을 반복했던거죠.

1편 주인공(여자): (2편 주인공 김호식에게) 멋진 남자라는 어떤 고정된 틀을 가지고 계신 것 같아요. 특히 카리스마 있고, 마초적인 남자가 멋있다고 생각하시는 것 같은데 저는 그런 스타일 별로 안 좋아 하거든요. 그렇게 한 가지 틀을 가지고 바라보면 누가 칭찬해줘도 스스로 자신의 장점을 인정하기 힘들 것 같아요. 그 틀을 내려 놓는 것부터가 새로운 시작이 될 수 있을 것 같다는 생각을 해봅니다.

연출가: 영혼을 보고 사랑할 수 있는 경험이 필요할 것 같습니다. 외모가 아니라, 그 너머를 볼 수 있는 기회를 꼭 가져보길 바랄게요. 어떤 욕심 없이 누군가를 만나고 헤어지면 후회가 없어요. 미련도 없고요.

그럼, 이만 드라마를 마치도록 하겠습니다.

연출가의 이야기

사랑이라는 것은 사이코드라마에서 반복적으로 등장하는 주제이다. 사랑하고 있다는 느낌은 희망과 긍정적 에너지를 준다. 그런데 여기에는 과대희망과 가짜자기가 만들어 낸 긍정이 포함되어 있다. 가짜자기란 원하는 것을 상대방으로부터 얻기 위해 연기하는 역할연기 같은 것이다. 가짜자기가 만들어낸 과대희망과 긍정은 무엇인가? 그것은 반대의 개념이 있는 감정들에 휘말릴 때 생겨나는 것들이다. 이미 그 안에 반대의 것이 포함되어 있어서 순식간에 그 반대의 것으로 바뀔 수 있는 것들이 있다. 사랑이라 불리는 것들은 소유욕과 중독된 집착이기 때문에 한 순간 미움으로 변할 수 있다. 우리들이 말하는 사랑이란 소유와 중독된 집착의 다른 표현이다. 소유는 박탈감으로 집착은 허무함으로 순식간에 변질되어 고통체의 먹이가 된다.

'사랑에 빠졌다'고 믿는 어떤 남녀는 실제로는 그들의 고통체가 상호보완적이기 때문에 서로에게 끌리고 있는 것이다. 당신의 결핍감 때문에 그 사람에 대해 당신이 갖고 있는 이미지에 중독되는 것이다. 싸우고 난 뒤 그들의 눈빛은 비난, 고통, 슬픔, 분노를 띤다. 그때 말하고 있는 것은 당신의 연인이 아니다. 고통체가 말하고 있는 것이다. 그것은 고통스럽기를 자처한 고통체의 완벽히 왜곡된 현실이다. 반복적으로 연인관계에서 고통체가 벌이는 사건은 무엇인가? 그 고통체는 당신 삶의 역사만큼이나 오랫동안 축적되어 당신 안에 있다. 아주 사소한 감정으로도 언제든지 활성화될 준비를 하고 있다.

아예 연애를 못 하는 사람이나(정확히 말하면 그렇다고 스스로가 믿는 사람) 바람둥이처럼 여기저기 연애하는 사람(정확히 말하면 그렇다고 스스로가 믿는 사람)이나 그 근본원인은 같다. 부모로부터 초기 애착관계에 실패하면 믿음, 신뢰, 안전, 통제의 개념이 왜곡된다. 이성에 대한 오래된 패턴은 고통체로부터 기인한다. 연애가 내 뜻대로 안 된다고 할 때, 내 뜻은 무엇인가? 그것은 자기가 그려놓은 이미지에 상대방이 들어오지 않는다는 것을 말한다. 믿기지 않겠지만 상대방을 내 앞에 무릎을 꿇리게 하는 것과 다름없다. 복종과 통제의 원형을 알아차려야 한다. 고통체는 통제에 대해 무엇을 기억하고 있는가를 자문해봐야 한다. 그것은 생존의 위협이다. 통제와 생존. 통제를 할 수 없으면 생존의 위협을 느끼는 것인가? 그렇다 적어도 이 아이에게는 통제와 생존은 같은 무게를 지닌다.

> "Stop! 그 칼을 내려놓으시오." 뱃속의 아이는 병원의 의사에게 그렇게 말한다.
>
> "Stop! 어머니 나를 보내 주시오." 뱃속의 아이는 어머니 자궁에게 그렇게 말한다. 그러나 그 자궁은 두 번의 임신중절의 기억을 하고 있다. 세 번째 아이는 그 위험한 자궁 안에 들어 있고 모든 것은 통제 불능이다. 자신이 할 수 있는 것은 아무 것도 없다. 그저 신의 자비를 바랄 뿐이다.

제대로 양육을 받지 못했거나 결손 가정에서 자란 아이도 경중은 다르지만 같은 상황에 노출된다. 양육을 제대로 받지 못한 아이는 자신이 사랑받아야 하는 존재로 느끼지 못한다. 어른이 되어서도 같은 이유로 자신의 아이에게 사랑을 줄 수 없다. 부모로서 기능적 역할을 할 뿐 깊은 유대관계에서 오는 일체감을 느끼기 어렵다. 아이는 자기가 버려질지도 모른다는 불신과 불안감, 이 모든 것이 자기 때문인 것 같은 죄책감, 상황을 안전하게 제어하려는 통제감 등이 싹튼다. '나는 완벽한 어린 시절을 보냈어요.'라고 하는 사람도 그다지 신뢰할 만하지는 않다. 자신도 모르는 일들이 무의식에 저장된 것을 스스로도 인지하지 못 하기 때문이다. 가짜사랑은 아이도 금방 알아차린다. 말은 거짓말해도 에너지장은 거짓말하지 않는다. 아이들은 그 무엇보다 그것에 민감한 센서를 가지고 있다. 그러니 "우리 이제 애 앞에서는 싸우지 말아요."라고 하는 것은 고통 속에서 거짓웃음을 보이는 것과 같다.

자신만의 창조성의 모태로 찾아가 보라. 창조성의 모태, 나만의 자궁을 찾는 것이 필요하다.

그것이 다락방이든, 연탄창고이든, 차안이든 상관없다. 오롯이 혼자 있을 수 있는 공간이면 충분하다. 내면안에서 소리가 들려옴이 느껴질 것이다. "너 역시 복종 당하고 싶구나. 통제당하고 싶구나. 아주 안전한 공간에서 말이다. 그것이 사람에게 투사되어서 사랑을 그렇게 찾아다니고 있었구나." 좀 더 심리학적으로 말하면 이러한 것을 깨닫게 된다.

> "네가 말한 사랑은 신뢰, 안전, 복종의 투사이구나. 너의 투사는 바로 이것이었구나. 그리하여 투사적 동일시를 하는구나. 그 대상이 너에게 신뢰감을 느끼도록, 그 대상이 너에게 안전함을 느끼도록, 그 대상이 너에게 복종하기를! 너의 결핍감을 상대에게 강요하고 있었구나."

고통체를 전혀 가지고 있지 않은 연인을 만나기는 어렵지만, 적어도 고통체의 무게가 적은 연인을 선택할 수는 있다. 여러 개의 상황에서 단 하나만 선택할 수밖에 없을 때 그것을 중독이라고 한다. 다시 말해 선택을 할 수 없는 상황에 이를 때 중독된 것이다. 선택이란 중독된 상황에서 벗어 날 수 있게 하는 인간의 자유의지이다. 고통체인 당신이 다른 고통체인 타인을 구원할 수 없다. 그러나 이것을 잘 알고 있다 하더라도 연인과의 관계를 포기 할 수 없는 경우도 있다. 그럴 때는 끝까지 가 보아야 한다. 심리학적으로 말하면 반복강박의 굴레에 갇히는 것이다. 자아가 과거의 경험으로부터 교훈을 얻지 못할 때 그 일은 계속적으로 반복된다. 자신으로부터 투사된 감정을 깨달을 때까지 가슴 아픈 사랑을 계속해야한다. "더 이상 이대로는 살 수가 없어! 이제는 나한테 조차도 지겨워!"라는 말이 나올 때까지. 그때서야 자신의 목소리에 귀를 기울이고 소중히 대하는 시간이 찾아온다. 잃는 것은 분명히 있다. 그러나 얻는 것도 분명히 있다. 얻는 것이 훨씬 크다는 것은 진리이다.

대중가요도 이 단순한 논리를 노래하고 있다. '너무 아픈 사랑은 사랑이 아니었음을'

Part 04

연극치료 Interview

연극적 요소를 심리치료에 활용하는 예술치료는 다양하다. 연극전문잡지에 소개된 필자의 인터뷰 내용에 몇 가지를 더해서 소개한다.

Q1 반갑습니다. 제가 살펴보니까 다양한 연극, 공연을 통한 치료 방법들이 있던데 대표적인 치료방법은 어떤 것들이 있나요?

A1 연극, 공연을 이용한 치료 방법들은 연극치료, 사이코드라마, 공연예술치료 등이 있습니다.

우선 연극치료에 대해 말씀드리겠습니다. 연극치료는 심리치료에 연극적인 요소를 도입하여 고착된 역할을 넓히는 역할 레퍼토리의 확장과 개인내적으로는 역할을 좀 더 충실히 수행할 수 있도록 돕습니다. 연극치료는 드라마를 만드는 과정 그 자체가 내담자에게 치료적 영향을 미친다는 전제에서 출발합니다. 드라마를 만드는 과정이 필요하기에 내담자로 모두가 동등하게 참여할 수 있는 집단치료에 많이 이용됩니다.

심리극이라고 불리는 사이코드라마는 문제가 되는 상황을 재연하여 행위로 변환시켜 과거에 제대로 기능하지 못한 것을 재교정합니다. 사이코드라마는 연극적 행위 그 자체가 치료적 영향을 미친다기보다는 드라마를 매개로 하여 내담자(주인공)가 자신의 세계에 있는 중요한 인물들(사회원자)과 참만남을 가짐으로써 치료가 이루어집니다. 치료집단 안에서 주인공으로 선정된 한 사람에게 초점이 맞추어 진행이 됩니다.

공연예술치료는 내담자들의 치료과정 작업을 무대 위에서 다시 보여주는 치료적 공연과 내담자가 배역과 자신을 동일하게 자기 자신을 연출하는 자전적 공연의 형식을 동시에 띠게 됩니다. 연극치료나 사이코드라마가 치료공간에서 삶의 장면을 재연하고 치유하는 것이라면 공연예술치료는 연극치료와 사이코드라마를 통해 자신의 문제를 어느 정도 다루고 난 뒤 치료과정에서 나타난 미적요소를 치환하고 예술성을 더해 관객을 초대해서 보여주는 것입니다. 관객으로는 주로 가족이나 가까운 지인들을 초대하게 됩니다. 치료적 과정 못지 않게 예술성도 중요시 되기에 무대는 조명, 음향 등의 시설이 갖추어진 공연장소가 필요합니다. 배우는 내담자가 하게 되는데 보통은 많은 내담자들이 공동으로 참여하게 됩니다. 극의 완성을 높이기 위해 필요에 따라서 전문배우가 참여하기도 합니다.

Q2 얼핏보면 놀이만 하는 것 같은데 무슨 치료효과가 있나요?

A2 놀이는 인간의 속성입니다. 누구나 놀이를 할 수 있는 자질과 능력을 가지고 있다는 뜻입니다. 그것을 요한 호이징가는 호모 루덴스라고 명명했지요. 그는 인간의 본질을 '놀이'라는 유희적 인간관의 관점에서 정립했습니다. 놀이는 단순한 유희를 넘어 정신적인 창조활동을 말합니다. 에릭슨은 '놀이는 주요 자아기능의 표현'이며, 놀이를 통해 내적세계를 외적세계에 표현한다고 했습니다. 놀이는 상황에서 겪었던 슬프고, 화나고, 괴로웠던 감정을 달래주는 치료적 의미와 억압된 감정을 분출시키고 갈등과 좌절을 해소하며, 현실에서는 불가능했던 바람을 충족시키는 정화적 효과를 동시에 가집니다. 놀이기능이 없어진 사람들은 강박적이게 되고 이성에 의해서만 지배됩니다. 예술치료는 기본적으로 놀이의 기능에서 시작됩니다. 그것은 창조성을 부활시키는 작업이에요. 아예 놀이치료라는 전문적인 영역이 존재하기도 했으니까요.

우리가 놀이할 수 있는 능력을 회복할 수만 있다면 어린아이처럼 순수해 질 것입니다. 어린아이가 된다는 것은 자기감정에 솔직해 진다는 것입니다. 인류는 어른이 되면서 순수함을 잃어버리게 되지요. 놀이는 유치한 것이고 성숙하지 못한 것이며 남에게 놀림감이 되는 행위가 되어 버립니다. 그래서 성인들에게 놀이를 시키면 그 자리에서 한순간 얼어버리는 사람들이 생겨납니다. 놀이를 잊어버린 사람은 몸의 지혜를 잊어버리고 머리만 비대하게 발달되어 있는 것과도 같습니다. 즉시 어린 시절로 돌아가서 뛰고 뒹구르고 울고 웃고 소리치고 뭐든지 마음대로 허락하면 정신적인 창조활동이 시작됩니다. 그땐 몸이 알아서 합니다.

Q3 네, 듣고 보니 연극인들이나 무용가들이 이 작업을 하기에 최적화된 사람들처럼 보이는데 어떠한가요?

A3 네 맞습니다. 그러나 그렇지 않은 경우도 있습니다. 아주 특별하게 그렇지 않았던 경험에 대해서 이야기해 드리겠습니다.

어떤 배우가 있었습니다. 그는 훌륭한 배우였지요. 그러나 연극치료에서 만나는 자신은 연기자가 아닌 바로 자기 자신이 되어야 하는 사실을 받아들이지 못했어요. 그는 비디오기법에서 화면을 응시하는 자신의 모습이 재생되는 것을 보고

"죽느냐 사느냐 이것이 문제로다."라고 말하더군요. 저는 그 말이 자연인의 톤이 아닌 무대 위에서 연기하는 연기자의 톤이 나오는 것을 보고 몇 번이나 취지를 설명하여 자기 자신으로서 만나도록 부탁해야 했습니다.

대개의 사람들은 자신의 모습이 찍힌 비디오를 보고 있노라면 여러 감정에 휩싸입니다. 어느새 늙어 초로의 여인이 된 자신을 보고 경악을 금치 못하는 사람도 있고, 또 어떤 이는 살려고 애처롭게 발버둥치는 자신의 모습이 투영되어 두 눈에 눈물이 맺히기도 합니다. 그런데 훈련을 받은 배우는 거기에 자신을 투사하는 것을 힘들어하는 경우가 종종 목격됩니다. 이것을 하나의 배역으로 관찰하면서 연기자로 접근하려는 것이지요. 자신이 알고 있던 모르던 자연인으로의 자신과의 대면에 저항이 있는 경우가 있습니다.

또 한 사람은 고전무용을 전공한 무용가였습니다. 즉흥 움직임에서 자신의 고유한 움직임을 찾아보라고 했지요. 그림에서 느껴지는 것이든, 글에서 느껴지는 것이든 그것이 몸에게 어떤 소리를 내는지 들어보고 움직임으로 자연스럽게 옮겨가보도록 요청했습니다. 그 무용가는 한참을 무대 위에서 움직이지 않고 서 있었어요. 도무지 할 수가 없다는 것이었습니다. 안무나 교수님의 지도 없이 스스로 움직여 본 적이 없다는 것이었습니다. 아무 움직임이나 좋으니 해보라고 요청했지만 팔 하나 드는 것도 못 하겠다 하더군요. 실제로 그녀는 아무 미동도 없이 그저 얼음처럼 얼어붙어 있었어요. 무척이나 곤란한듯 금방이라도 울음이 터져 나올 것만 같은 표정이었구요. 걷는 것, 팔 올리는 것 하나도 못 하였지만 훈련받은 움직임을 기억하여 아무 동작이라도 해 보자 했을 때는 너무나 정확하게 손짓 하나 손가락 마디마디까지 섬세하게 움직였습니다.

이 작업이 끝나고 저널을 쓰는 시간에 참여원 중 배우도 무용가도 아닌 누군가가 이런 글을 적었습니다.

아무도 자기 자신에게는 물어보지 않는 듯 하다.

원형은 태양에서부터 왔다. 우리는 태양의 플라스마에서 떨어져 나왔다. 그러나 너무 오래되어 태양에서 나왔음을 잃어버렸고 각자의 개체로서 행성을 만들어 살아가고 있다. 뿌리가 끊어진 행성은 돌아갈 엄마별을 찾지만 너무 오래된 일이라 그 엄마별은 기억이 나지 않는다. 엄마별은 의식에서는 완전히 사라지고 무의식의 저 깊은 언덕에서만 우리가 아주 간절할 때 가끔씩 손짓할 뿐이다. 이제 각자의 독립된 행성들은 답을 찾기 위해 여행을 떠나지만 그들이 만난 것은 엄마의 존재를 잊은 같은 수준의 행성들 뿐이다. 그러나 그들은 그 사실을 모른 채 새로 만난 행성들이 마치 자기에게 길을 알려주는 엄마별일지도 모른다며 반가워 한다.

그 행성들이 내면의 소리를 듣는다면 태양을 찾아갈 것이다. 그리고 주위의 행성들도 같은 자아의 조각들임을 알게될 것이다. 서로가 같은 엄마에게서 나온 것임으로. 그리하여 너와 내가 아닌 그냥 "나"로서 존재할 것이다.

너무 멀리가지는 마라. 그것 또한 독이 되며 자신이 어디에서 왔는지를 까마득히 잊어버리게 할 것이다.

전문 배우들은 배역을 맡아서 연기하는 것에는 어려움이 없습니다. 그러나 정작 본인들이 내담자로서 참여할 때는 적잖은 어려움을 겪기도 합니다. 주어진 역에 대해서는 소화를 잘 해내는데 역을 벗고 자신으로 참여하는 것에는 어려움이 있어 보입니다. 예술에 묻혀 자기를 잃어버린 것이지요.

Q4   잘 들었습니다. 이때까지 다양한 교육과 치료과정을 보셨을 거 같은데요. 기억에 남는 사례가 있다면 말씀해 주시면 감사하겠습니다.

A4   어느 날 방송국에서 연극치료 의뢰가 왔습니다. 직장에서 임원으로 성공한 가장인데 슬하에 외동아들이 있었습니다. 최근에 아들의 급작스러운 일탈로 평화롭던 가정에 위기가 닥쳐왔습니다.

자녀가 갑자기 비행청소년이 되었다는 것입니다. 부모님을 먼저 상담하고 아이를 만났는데 비행으로 치부하기엔 정신병리적으로도 문제가 심각해 보였습니다. 아이의 치료가 진행되는 과정에서 부모님 치료도 같이 병행되었습니다. 상황은 좀처럼 나아지지 않고 아이는 경찰서와 법정을 오갔고, 부모님은 쇠약해질대로 약해져서 거의 삶의 끈을 놓을 지경까지 갔었습니다.

아이와 사이코드라마를 하면서 부모님이 모르던 많은 사실들이 터져나왔습니다. 부모님 입장에서는 갑자기 사건이 터진 것처럼 보였겠지요. 왜냐하면 불과

며칠 전까지 부모님 말씀을 잘 듣고 학교에서도 모범생이었으니까요. 그러나 아이는 이미 몇 년전부터 갈등의 역사가 있었던 것입니다. 갈등이 축적되면 어느 순간에 터져나오기 마련입니다.

아이는 사이코드라마가 진행되는 도중 부모님의 원망을 엄청나게 쏟아내었습니다. "난 당신의 장난감이 아냐!", "난 당신들이 죽어버렸으면 좋겠어!", "그동안 당신들 말을 듣기 위해 나는 죽을 만큼 노력했어! 하지만 이젠 아냐. 나 이대로 살다가 죽을 테니 날 내버려 둬!" 부모님에게 말한다고 할 수 없을 만큼의 심한 말과 욕설도 했습니다. 아이는 말로는 다 담을 수 없는 분노와 원망의 이야기를 쏟아 내었고 마침내 바닥에 털썩 주저앉아 울었어요. 그 자리에 있던 부모님도 눈물바다가 되었죠. 부모님의 요구에 부응하기 위해 아이가 얼마나 치열하게 살아왔는지 부모님은 미처 알지 못 했던 것이지요.

이번 생이 처음인 것처럼 자녀의 일탈이 처음인 부모는 어떻게 대처해야 할지 몰라 당황하게 됩니다. 자녀의 문제는 환경적인 요인도 무시할 수 없지만 대부분이 가정에서 출발합니다. 열악한 환경에서도 가정이 건강하고 탄탄하면 아이는 일탈하다가 다시 돌아옵니다. 건강한 가정을 회복하기 위해 아버지는 아버지교육을, 어머니는 개인치료를 받았습니다. 교육과 치료가 이루어지는 동안에 부모님은 자신들의 삶과 부부관계, 그리고 자녀교육에 대한 새로운 통찰을 얻게 되었습니다. 치료가 진행된 지 6개월이 지난 무렵 아이는 진정을 되찾게 되었고 부모님은 다시 일상으로 복귀하여 평화로운 가정으로 되돌아갔습니다.

Q5 일을 하시면서 좋은 점도 있고 나쁜 점도 있으실 텐데요. 가장 보람을 느끼시는 순간과 힘든 순간도 듣고 싶습니다.

A5 모든 상담자들이 그렇듯이 보람을 느끼는 순간은 내담자가 자기를 찾고 건강해져서 시간이 지난 뒤에도 잊지 않고 감사 인사를 해 올때죠. 최근에 가장 보람 있는 순간은 위의 예에서 아들의 문제로 찾아온 가족이 가장 기억에 남습니다. 아들을 위해 지방으로 최근에 이사를 했더군요. 환경을 바꾸는 것이 다시 일탈상황에 놓이는 확률을 줄이는 데 도움이 되니까요.

아들한테 전화가 왔어요. "선생님 저를 이해해주시고 마음껏 표현하게 해 주서셔 감사해요."

그리고 어머님에게서 손 편지가 왔습니다. "선생님이 안 계셨다면 아마 저는 이 세상 사람이 아니었을 거예요. 선생님께서 우리 가정을 구해 주셨다고..." 스승의 날에는 감사의 선물도 보내주셨구요. 치료는 종결되었지만 전화와 SNS로 꾸준히 연락이 옵니다. 이런 만남은 치료사로서가 아닌 인간 대 인간으로 깊은 유대감을 느끼게 합니다.

힘든 순간은 아무래도 치료에 진전을 보이지 않는 내담자를 만날 때입니다. 길게는 몇 년씩 이어지기도 하는데 서로가 관성이 되어버렸을 때 가끔씩 회의가 들기도 합니다. 치료할 때 내담자와 신뢰관계가 중요한데 그러기 위해서는 내담자의 삶을 온 마음으로 듣는 것이 중요하죠. 하지만 언제까지나 듣고 있기보다 적극적 개입이 필요할 때 무대 위에서 심리극을 이용해서 새로운 도전을 합니다. 그때 내담자와 치료사는 가상의 역할을 입고 상황을 풀어나가는데 가끔씩 내담자들이 현실과 가상을 분리하지 못 해 치료사를 공격적으로 대하기도 합니다. 이 과정에서 치료사도 역할을 입고 때로는 강하게 대응하기도 하는데 연극적 상황이 끝나도 내담자들이 역할에서 벗어나지 못 해 치료사에게 불만을 가지는 경우가 종종 있습니다. 전문용어로 투사와 전이라는 현상인데 아무리 조심하려 해도 가끔 발생합니다. 이런 경우 신뢰가 깨져버리기 때문에 치료를 진행하는 게 어렵게 됩니다.

Q6 그렇다면 내담자들은 보통 어떻게 찾아오시며 대개 어떤 문제로 많이 찾아오시나요?

A6 내담자들은 소개로 옵니다. 전에 치료받았던 분들이 주변에 힘든 분을 모시고 옵니다. 또한 방송을 보거나 인터넷을 검색해서 오시는 분들도 있습니다.

오시는 분들의 문제는 다양합니다. 대인관계 문제로 오시는 분, 부부문제로 오시는 분, 자녀문제로 오시는 분들, 직장문제로 오시는 분, 가까운 사람의 상실 때문에 오시는 분, 무속인들도 가끔씩 옵니다, 증상은 주로 소외되어 있고 분노감, 우울감 등을 호소합니다. 그 외 성격장애, 대인공포, 불안증, 낮은 자존감, 망상증, 발달장애, 조현병 환자들이 옵니다.

Q7 내담자들이 가장 힘들어 하는 부분도 얘기해 주실 수 있나요?

A7 내담자들의 주 호소 내용은 낮은 자존감으로 인한 우울감이 많습니다. 원인은 대개 대인관계에서 제대로 대처하지 못하는 자신을 쓸모없는 인간이라고 여기는 경우가 많습니다. 그 대상이라는 것이 주로 가족에서부터 출발하여 사회성 결여로 이어집니다. 아버지, 어머니로부터 받은 트라우마가 생각보다 많고 또 그 역사도 오래되어 치료되지 않은 채 사회로 나가서 대인관계도 악순환이 반복되는 거지요.

상담이 어느 정도 진행되면 내담자는 통찰과 이해는 하지만 행동으로 연결시키는 것을 힘들어합니다.

이해와 실행의 문제는 별개지요. 머리에서 가슴까지 내려오는 데 한강이 놓여 있다면 가슴에서 다리까지 내려오는 데는 태평양이 놓여있다 할 수 있어요. 그래서 꾸준히 치료목표를 설정하고 일상생활에서 행동할 수 있도록 과제를 함께 진행합니다.

Q8 인터뷰 전에 보내주신 원고에 불안감 성인사례를 들어주셨는데요. 보내주신 상황극이 이루어지게 된 내담자의 전반적인 상황을 자세히 듣고 싶어요.

A8 네, 마마보이 CASE 말이지요. 어머니가 데리고 온 대학생인데요. 모범생이에요. 그런데 사고방식이 너무 경직되어 있고 역할 레퍼토리가 제한된 친구였어요. 어머니의 자기고백으로 알게 된 사실인데 너무 품안에 끼고 키웠더라구요. 그래서 어머니말을 절대적으로 알고 어머니 말만 듣고 자랐어요. 어릴 때야 좋았겠지만 성인이 되어서도 그러고 있으니 어머니도 뭔가 잘못 되었다는 것을 아신 것이지요. 어머니는 이제 자기 품에서 벗어나 아들이 자신의 삶을 살았으면 좋겠다고 하셨어요.

이 내담자는 스스로 결정하는 것에 심각한 장애가 있었어요. 자기주장이 결여된 것은 주로 어머니가 다 결정해 준 탓이었지요. 본인이 결정할 일이 있으면 불안감이 생기는 거예요. 그 불안감을 해소하기 위해서 질문을 되돌려 준다던지 다른 사람의 도움을 요청해야 하는 것입니다.

시선공포도 있었고 표정공포도 있는 친구라 치료하는 것이 쉽지 않았어요. 타인의 눈치를 살피느라 정작 자신은 잃어버린 상태였습니다. 이 내담자는 우선 어머니와의 분리를 목표로 정하고 독립된 성인으로 기능하는 것에 집중하였습니다. 타인의 부탁을 거절하는 것, 안면근육이완, 시선처리, 여러 명이 예스할 때 혼자 노 하는 것 등 자기의견을 말하는 것이 잘못된 것이 아니라는 것을 알게 되었죠. 상담 후반기에는 어머니도 같이 와서 상담을 받았는데 아들의 변화된 사실에 너무 감격스러워 하셨어요. 이 내담자는 현재 군대에 가있는데 훈련소 입소하는 날 어머니에게서 연락이 왔어요. "우리 아들을 이렇게 걱정 없이 군대에 보내게 될 줄 몰랐어요. 걸어 들어가는 모습이 당당하고 듬직했어요. 그래서 선생님께 이렇게 연락드립니다. 감사합니다."

Q9 감사하게 잘 들었습니다. 연극치료, 심리극, 공연예술치료가 특히나 필요하다고 생각되는 분들이나 이런 사람들이 접해 보면 좋을 것 같다고 생각되는 부분이 있나요?

A9 현대인들은 현시대를 살아가면서 크고 작은 정신적 질환을 가지고 살아가고 있다고 해도 과언이 아니죠. 그만큼 사회가 복잡해지고 사람들도 태초의 인간이 지닌 순수성을 잃어감에 기인한다고 볼 수 있습니다. 단지 현재를 살아가는 우리는 그것을 알고 모르고의 차이만 있을 뿐인 것이죠. 이상행동이나 심리장애를 겪는 대부분의 개인은 의학적인 교육배경을 가진 정신과의 정신치료나 약물치료에 의존하거나 심리학적 관점의 심리치료에 의존하고 있는 현실입니다.

　　그러나 현재에 와서 그것이 지닌 한계성을 극복하고자 예술을 이용한 치료요법이 제3의 의학으로 부각되고 있습니다. 예술치료는 연극, 공연을 기반으로 정신질환자 뿐만 아니라 일반인에게도 카타르시스를 통한 심리적 안정과 정화작용을 줌으로써 병을 경감시키거나 정신과 병원을 찾기를 꺼려하는 현대인들에게 더 나은 삶의 질을 제고할 수 있습니다.

　　특히 연극치료, 공연예술치료, 사이코드라마(Psychodrama)는 개인의 심리적 갈등 및 문제상황을 말로 설명하는 대신 극으로 표현함으로써 심리적 갈등 및 문제를 해결하고 우리 내면의 자발성과 창조성을 찾아줍니다. 또한 내담자뿐만 아니라 관객도 무대 위의 내담자와 동일시 함으로써 심리적 카타르시스의 경험과 더불어 자신의 문제해결에 도움을 얻을 수 있습니다.

무엇하나 내 맘대로 되지 않는 현실과 해결되지 않는 인간관계, 내 마음을 알아주는 이 없는 세상, 눈치 안 보고 소리지르고 싶은 마음, 분노가 산처럼 쌓이지만 억지로 가면을 쓰고 살아갈 수밖에 없는 자신에게 한 번쯤 답답함을 느꼈다면 심리극의 주인공, 연극치료의 힐링그룹, 더 나아가 공연예술치료의 자전적 공연의 배우가 되어볼 만합니다. "자기 자신으로 살고 싶은 사람"은 모두가 해당됩니다.

Q10 이때까지 얘기를 들어보니 궁금해지는데요. 대표님은 '한국공연예술치료협회'를 이끌어 가고 계신데 협회가 최종적으로 바라는 지향점과 목표는 무엇인가요?

A10 "우리의 상처가 우리를 예술가이게 합니다." 이것이 협회의 기본이념입니다. 삶, 예술, 치유가 따로 있지 않고 연결되어 있다는 신념에서 출발한 것이지요. 협회는 각 개인 모두가 아티스트이기를 지향합니다. 아티스트란 자신의 삶에 창조적 예술가가 되는 것을 말합니다. 그 누구도 아닌 자신의 삶의 주인공이 되는 것. 자기 존재의 꽃을 피우는 것입니다.

해바라기 씨앗으로 태어난 존재는
해바라기 꽃으로 피어나는 일
그것이 내 삶의 아티스트가 되는 것입니다.
그러니 모두 같은 꿈을 꿀 필요는 없습니다.

참고문헌

김숙현(2013). 연극치료와 변형 – 데이비드 리드 존슨(David Read Johnson)의 발달변형(Developmental Transformations)이론을 중심으로. 한국연극학회

김정규(2000). 게슈탈트심리치료. 학지사

김정일(1995). 정신치료극에 적용한 꿈의 분석. 싸이코드라마의공간 통권 제1권 제7호

김정일(1995). 비행청소년 심리극을 통해본 청소년 비행에의 접근. 임상예술학회 v8(1)

김진숙(1993). 예술심리치료의 이론과 실제. 중앙적성출판사

김진영(2010). 수 제닝스(SueJennings)와 로버트 랜디(Robert J. Landy)의 연극치료 이론 비교 연구. 한양대학원대학원. 석사학위논문

김태은(2018). 연극치료사 1급 양성과정 창의적 수업발표. 한국공연예술치료협회

김태은(2018). 감정카드활용워크숍. 한국공연예술치료협회

김현택외 공저(2000). 심리학(인간의 이해). 학지사

노안영(2013). 게슈탈트 치료의 이해와 적용. 학지사

두창혁(2018). 연극치료사 1급 양성과정 창의적 수업발표. 한국공연예술치료협회

박일봉(2006). 법구경(동양고전신서 10). 육문사

선원필(2017). 연극치료사 양성교재. 한국공연예술치료협회

선원필외 2인(2018). 더 뉴라이프 교재 – 인생 제2막을 여는 12주간의 여행. 한국공연예술치료협회

선원필(2017). 사이코드라마 힐링워크샵. 한국공연예술치료협회

선원필(2003). 사이코드라마 초심자의 자발성과 창조성 증진을 위한 사례연구: 상황극을 중심으로. 한국예술치료학회

선원필, 소희정(2019). 예술치료. 박영스토리

소희정(2018). 예술심리치료의 이해와 적용. 박영스토리

소희정(2017). 통합예술심리상담사 양성교재. 마음과공간예술심리연구소

소희정(2017). 사진심리상담사 양성교재. 마음과공간예술심리연구소

소희정(2017). 영화심리상담사 양성교재. 마음과공간예술심리연구소

이부영(1985). 한국인 성격의 심리학적 고찰. 한국정신문화연구원

이선형(2013). 연극치료에서 자전공연의 의미 연구. 한국연극학회

이선형, 정미예(2010). 연극 영화로 떠나는 가족치료. 시그마프레스

최다솜(2017). 자매간 관계증진을 위한 연극치료 프로그램 적용연구. 동덕여자대학교 문화예술치

료대학 연극치료전공. 석사학위논문

최상진(1993). 한국인의 문화－심리적 자기(self). 한국심리학회 학술발표논문

최윤주(2013). 한국연극치료의 역사적 고찰과 실태. 동덕여자대학교 공연예술대학원. 석사논문.

최헌진(1996). 마음의 극장－잉여현실. 한국사이코드라마학회 마음의극장 제5호

최헌진(2003). 사이코드라마 이론과 실제. 학지사

현진건(2017). 현진건 단편소설 B사감과 러브레터. 히얼앤나우

홍유진(2001~2). 연극치료수업. 원광대학교

Adam Blatner(1973), Acting－In: Practical Applications of Psychodramatic Methods. New York: Springer

Adam Blatner, 이근후외 공역(1988). 싸이코드라마. 하나의학사

Adam Blatner, 한국사이코드라마학회 역(1997). 싸이코드라마의 토대. 중앙문화사

Anna Halprin, 임용자외 공역(2002). 치유예술로서의 춤. 물병자리

Ben Stiller(2013), The Secret Life of Walter Mitty. 20th Century Fox Film Corporation

Charles S Carver, Michael F Scheier, 김교헌 역(2013). 성격심리학. 학지사

Daniel L Schacter, Daniel T Gilbert 외, 민경환 역. 심리학 개론. 시그마프레스

David R. Hawkins, 박찬준 역(2014). 놓아버림. 판미동

David read. Johnson, Renee Emunah(2000). Current Approaches in Drama Therapy. Spring Field

David read. Johnson(2005), Developmental Transformations: Text for practitioners one. New York, NY; Institute for the Arts in Psychotherapy

David read. Johnson(2013), Developmental Transformations: Text for practitioners two. New York, NY; Institute for the Arts in Psychotherapy

Eckhart Tolle, 류시화 역(2013). 삶으로 다시 떠오르기. 도서출판 연금술사

Elisabeth Kubler－Ross, David Kessler, 김소향 역(2007). 상실수업. 이레

Franz Josef Wetz, 송명희 역(2013). 불륜예찬－뻔뻔한 외도를 위한 변명. 율리시즈

Frederick Perls(1957), Finding Self Through Gestalt Therapy. a transcript of a talk given at the Cooper Union

Freddie Mercury, Queen(1985), Live AID 공연. Wembley Stadium

J. C 네마이어, 유범희 역(1993). 정신병리학의 기초. 민음사

Jung, Carl(1973), The Psychology of the Unconscious. Dvir Cov

Judy weiser(2016), 영화치료워크숍. 한국사진치료학회

Julia Cameron, 임지호 역(2003). 아티스트웨이. 경당

Kahlil Gibran(1923), The prophet. Alfred A Knopf

Kahlil Gibran, 김기태 역(1990). 사랑의 언어는 침묵입니다. 도서출판 선영사

Kellerman, P.F(1992), Focus on Psychodrama:Therapeutic Aspects of Psychodrama. Jessica Kingsley Publisher

Krishnamurti, 이용호 역(1987). 크리슈나무르티와의 대화. 문학생활사

Lahad, S.(1993), Tracing Coping Resources Through a Story in Six Parts — The 'BASIC-Ph' model. In: Psychology at School and the Community During Peaceful and Emergency Times. Tel-Aviv, Levinson-Hadar

Lahad, S.(1984), Evaluation of a Multimodal Programme to Strengthen the Coping of Children and Teachers under Stress of shelling. Columbia Pacific University PHD Dissertation.

Lahad, S.(1981), Preparation of Children and Teachers to Cope With Stress: A Multi-Modal Approach. Jerusalem, Hebrew university, An MA thesis.

Lauren B Alloy, John H Riskind, Margaret J Manos, 홍창희 역(2010). 이상심리학: 현재의 조망 (개정판 9판). 박학사

Lits Pisk, 조한신 역(1997). The actor and his body(배우와 신체). 공연예술서전문출판사 예니

Madeline 외, 이효원 역(2009). 연극치료 접근법의 실제. 시그마프레스

Marthe Robert, 이재형 역(2000). 정신분석 혁명(프로이트의 삶과저작). 문예출판사

Moreno, J. L.(1934), Who Shall Survive? A new Approach to the Problem of Human Interrelations. Beacon House

Moreno, J. L.(1951), Sociometry, Experimental Method and the Science of Society: An Approach to a New Political Orientation. Beacon House

Osho Rajneesh(2005), Body Mind Balancing—A Guide to Making friends with you body. Osho International foundation

Osho Rajneesh, Deva Wadud(1996), Meditation: The First and Last Freedom. St.Martin's

Penny McFarlane, Jenny Harvey, 최윤미 역(2013). 학교에서의 연극치료와 가족치료. 시그마프 레스

Robert J. Landy(2004), 연극치료워크샵—Story making and Role playing in Drama therapy. 한 국심리드라마연구소/동덕여자대학교

Robert J. Landy(1993), Persona and performance. New York: The Guilford Press. 이효원 역 (2010). 페르소나와 퍼포먼스. 학지사

Robert J. Landy(1994), Drama therapy: Concepts, theories and practices

Robert J. Landy, 이효원 역(2002). 억압받는 사람들을 위한 연극치료. 울력

Robert J. Landy, 이효원 역(2012). 카우치와 무대(심리치료에서 말과 행동을 통합하기). 울력

Sigmund Freud(1908), Civilized Sexual Morality and Modern Nervous Illness. The Journal Sexual Problems

Sigmund Freud(1923), The Ego and the Id. Internationaler Psycho－ analytischer Verlag (Vienna), W. W. Norton & Company

Sting(1988), Englishman in New York. Nothing Like the Sun

Sue Jennings, 이효원 역(2003). 수 제닝스의 연극치료 이야기. 울력

Sue Jennings(2009), 연극치료사를 위한 심화워크숍. (사)한국연극치료협회

Sue Jennings(2003), Embodiment－Projection－Role 2: video. London Actionwork

Sue Jennings and Minde(1993), Art Therapy and Dramatherapy: Masks of the Soul. London Jessica Kingsley

Sue Jennings(2005), Creative Storytelling with Adults at Risk. Bicester Speechmark

Sue Jennings(1986), Creative drama in group work. Winslow Press

V Mark Durand, David H Barlow, 정경미 역(2017). 이상심리학. 사회평론아카데미

Zerka T. Moreno's(2016), Zerka T. Moreno's passing. The UK Sociodrama & Creative Action Network. September 20. 2016

―――― 저자약력

선 원 필
現 한국공연예술치료협회 대표
    연극치료 수련임상감독 및 슈퍼바이저, 사이코드라마 디렉터
    서울호서예술대학 예술치료사 자격관리위원장

경력
국립서울병원 발달장애교육치료학회 총무이사
대한통합의학교육협회 이사
한국사진치료학회 이사
원광예술치료공연단 단장
극단 라컴퍼니 예술감독

자격
연극치료사 임상감독자
심리상담사1급
예술치료사1급
미국공인최면상담사
요가지도자TTC
감마(GAMMA)트레이너

저서
사이코드라마의 실제 – 한국공연예술치료협회
연극치료의 실제 – 한국공연예술치료협회
(공저)예술치료 – 박영스토리
(공저)교육과 치유사이에서의 교육연극 – 한국공연예술치료협회
(공저)강강술래 치유프로그램 실천기술론 – 땅끝문화
(공저)한국비영리조직의 생동과 성공 – 불휘미디어

출강경력
미국 ACADCI COLLAGE 중독상담학과 초빙교수
원광대학교 보완대체의학대학원, 동덕여자대학교 예술치료대학원, 추계예술대학교 강사

방송
TV조선시그널<매맞는 남편>, KBS1동행<17년만의 재회>, KBS2속보이는TV<세월호의 의인><폭
군이 된 아들>, MBC생방송오늘아침<위기의 가족, 화해의 기술>, MBC즐거운 문화읽기<마음에서
몸짓으로>, MBC특집다큐멘터리<아름다운도전>, KBS비타민<정신건강특집>, K–TV<장애인과 함
께하는 예술치료>, 파이플<지쳐있는 나를 위한 치유여행 – 연극치료>, 폴리피플<특별초대석 – 예술
치료>

연극치료의 이해와 적용

초판발행	2019년 5월 10일
저자	선원필
펴낸이	노 현
편 집	윤혜경
기획/마케팅	노 현
표지디자인	박현정
제 작	우인도 · 고철민
펴낸곳	㈜ 피와이메이트
	서울특별시 금천구 가산디지털2로 53 한라시그마밸리 210호(가산동)
	등록 2014. 2. 12. 제2018-000080호
전 화	02)733-6771
f a x	02)736-4818
e-mail	pys@pybook.co.kr
homepage	www.pybook.co.kr
ISBN	979-11-89643-87-4 93180

정 가   18,000원

박영스토리는 박영사와 함께하는 브랜드입니다.